Deuxième édition

LE CONTRAT D'EMPLOI

Deuxième édition

LE CONTRAT D'EMPLOI

A. Edward Aust   Lyse Charette

LES ÉDITIONS
YVON BLAIS INC.

C.P. 180 Cowansville (Québec) Canada J2K 3H6
Tél.: (514) 263-1086   Fax: (514) 263-9256

Données de catalogage avant publication (Canada)

Aust, A. Edward

    Le contrat d'emploi

    2e éd. –

    Traduction de la 2e éd. de: The employment contract.

    Comprend des réf. bibliogr.

    ISBN 2-89073-880-9

    1. Contrat de travail – Québec (Province). I. Charette, Lyse. II. Titre.

KEQ428.A9714 1993   344.714'01891   C93-097433-6

Dépôt légal: 4e trimestre 1993
Bibliothèque nationale du Québec
Bibliothèque nationale du Canada

ISBN: 2-89073-880-9

ABRÉVIATIONS

A.C.W.S.	All Canadian Weekly Summaries
All E.R.	All England Reports
B.L.R.	Business Law Report
B.R.	Recueil de jurisprudence de la Cour du Banc de la Reine du Québec
C.A.	Recueil de jurisprudence de la Cour d'appel du Québec
C.C.E.L.	Canadian Cases on Employment Law
C.H.R.R.	Canadian Human Rights Reporter
C.P.	Recueil de jurisprudence de la Cour provinciale du Québec
C.S.	Recueil de jurisprudence de la Cour supérieure du Québec
D.L.R.	Dominion Law Reports
D.L.Q.	Droits et libertés au Québec
D.T.E.	Droit du Travail Express
J.E.	Jurisprudence Express
L.C.J.	Lower Canada Jurist
L.N.	Legal News

Man. R.   Manitoba Law Reports

N.R.   National Reporter

R. du B.   Revue du Barreau (Quebec)

S.Q.   Quebec Statutes

R.D.J.   Revue de Droit Judiciaire

R.D.T.   Revue de Droit du Travail

R.J.   Rapport de Jurisprudence

R.L.   Revue légale

R.P.   Rapports de Pratique

S.C.R.   Supreme Court Reports

R.S.Q.   Revised Statutes of Quebec

PRÉFACE

La plupart des travailleurs au Canada sont employés en vertu de contrats d'emploi. Les obligations découlant de la relation légale d'emploi dictent aux employés la conduite à adopter au travail. Toutefois, à l'exception des employés qui sont représentés par un syndicat et qui bénéficient d'une convention collective, la grande majorité des employés ne sont pas régis par un contrat individuel de travail écrit. Pour cette raison, il est souvent difficile de cerner clairement toutes les obligations et les droits respectifs des employeurs et des employés. Comment peut-on alors, dans ce contexte, parvenir à dégager les obligations et les droits implicites des parties à un contrat d'emploi?

Au Québec, bien peu d'ouvrages ont été écrits sur cette question, et la plupart ne sont pas véritablement accessibles au grand public. Notre désir de combler ce vide et le grand intérêt que suscite pour nous cette question nous ont incités à écrire cet ouvrage.

Nous voulons rendre hommage à Marie Manuelita Murray et Edward Girardot Aust aussi bien qu'à Yvette (Reed) et Gilles Charette, qui ont été des modèles et qui nous ont démontré l'importance et la puissance d'une synergie lorsqu'elle s'établit entre deux ou plusieurs personnes.

Nous désirons également souligner le support de plusieurs de nos collègues de Stikeman, Elliott, dont l'aide précieuse nous a permis d'élargir notre pratique du droit de l'emploi. Nous nous devons de mentionner particulièrement Jean-Pierre Belhumeur, Patrick Benaroche, Pierre Jauvin et S. Alexandra Girard, qui nous ont aidés tout au long de la rédaction de cette deuxième édition.

Nous remercions Claire Brouillette, professeure de linguistique, pour sa précieuse contribution à cet ouvrage.

Nous souhaitons finalement à remercier Danielle Caron, Cecilia Ponzi, Stéphanie Leclaire, Claudine Pioger, Jacynthe Landry, Louis-Robert Lemire, Martin-Charles Frenette et Hélène Bussières. Cet ouvrage n'aurait pu être réalisé sans leur contribution.

Le 1er juin 1993, Montréal, Canada

Lyse Charette   A. Edward Aust

Je tiens à remercier François Marcotte, mon mari, et Robert, mon fils, pour leur soutien et leur compréhension alors que je concentrais mon attention sur cet ouvrage.

Lyse Charette

Je remercie sincèrement Claire Laporte, mon épouse, ainsi que Thomas et Charles, mes fils, qui enrichissent ma vie et qui sont une source constante d'inspiration. Je voudrais également mentionner feu Frank R. Scott, professeur émérite de l'Université McGill, qui m'encouragea à écrire ce livre, ainsi que son épouse, l'artiste Marian Scott, dont l'amitié et le support furent essentiels à la rédaction de la première édition de cet ouvrage.

A. Edward Aust

LE CONTRAT D'EMPLOI
2ᵉ édition

TABLE DES MATIÈRES

CHAPITRE 1

INTRODUCTION

Au Québec, les principes de base régissant les droits et les obligations d'un employeur et d'un employé à l'intérieur de la relation d'emploi sont énoncés dans le Code civil du Bas-Canada[1]. Cependant, sauf pour les articles régissant les contrats, le Code ne contient que quelques obligations précises sous le titre «louage d'ouvrage»[2]. Par conséquent, les droits et obligations qui découlent du contrat d'emploi sont soumis aux règles générales régissant les contrats et trouvent leur source dans l'entente entre les parties ou dans l'usage, la loi ou l'équité.

Pour bien comprendre l'éventail de ces droits et obligations contractuels, le présent volume passe en revue plusieurs des plus importantes décisions rendues par la Cour provinciale, la Cour supérieure, la Cour d'appel ainsi que par la Cour suprême du Canada en ce qui a trait au contrat d'emploi au Québec.

Avant d'analyser en profondeur les obligations implicites du contrat d'emploi, nous étudierons les sources du droit du travail, le partage législatif en cette matière entre les gouvernements fédéral et provinciaux ainsi que la nature de la relation d'emploi.

Il est intéressant de noter que, durant les cent premières années de la Confédération, les tribunaux de droit commun du Québec ont rendu relativement peu de décisions en matière de contrat d'emploi.

---

1. Ci-après, le «Code civil».
2. Le 1er janvier 1994, un nouveau Code civil entrera en vigueur. Les articles du Code mentionnés dans les chapitres qui suivent peuvent ne pas correspondre à ceux du nouveau Code. De plus, ce dernier contient plusieurs nouveaux articles qui créent de nouvelles obligations pour les parties ou clarifient certains droits implicites. En effet, plusieurs de ces articles sont une reconnaissance statutaire des principes élaborés par les tribunaux au cours des années précédentes, tels que discutés dans ce volume.

Depuis lors, toutefois, les tribunaux civils ont été appelés à rendre de plus en plus de jugements sur des causes se rapportant aux obligations des employeurs et des employés.

Si les droits et obligations de base sont demeurés sensiblement les mêmes, la société à laquelle s'appliquent de tels principes a, pour sa part, évolué de façon considérable.

Le vingtième siècle a vu la relation d'emploi devenir l'un des plus importants contrats sociaux. Dans un laps de temps relativement court, la société agricole, qui prédominait au début du siècle et qui était composée essentiellement de travailleurs autonomes, a cédé le pas à l'ère industrielle.

De nombreux employés acceptent aujourd'hui de perdre une partie substantielle de leur autonomie en échange de la sécurité matérielle que leur procure leur salaire. Ainsi, en tant qu'employés, ils acceptent de se subordonner à la direction d'un employeur.

Alors que, dans la société agricole, la sécurité des travailleurs autonomes provenait de la famille ou de la communauté, c'est le lien d'emploi qui procure cette sécurité dans notre société industrielle. En outre, l'employé compte de plus en plus sur l'employeur pour satisfaire un grand nombre de ses besoins: services de garderie, régimes d'épargne, régimes d'assurance-maladie ou dentaire, services de conseillers propres à l'entreprise ou fonds de retraite.

Très souvent, une relation est déterminée par une variété de relations légales. Un même employé peut être à la fois actionnaire, employé, directeur et administrateur, chacune de ces fonctions impliquant diverses obligations légales devant être remplies simultanément. De plus, ces obligations de travail peuvent parfois entrer en conflit avec celles qui découlent d'autres liens régis par la loi. Par exemple, un tel conflit se produit dans le cas du père et de la fille, ou encore du mari et de la femme oeuvrant dans l'entreprise familiale à titre d'employés.

L'intervention sans cesse grandissante du législateur dans ces relations de nature essentiellement privée s'est manifestée par des lois portant sur le salaire minimum, les vacances et les jours fériés, la réintégration au travail, les pratiques discriminatoires, la santé et la sécurité, les accidents du travail et le droit à la négociation collective.

À l'intérieur de ces lois et règlements, des recours ont également été institués de façon à permettre aux parties d'exercer leurs droits. Étant donné les conséquences sociales liées à la perte du statut d'employé, la majorité de ces lois prévoient maintenant la réintégration de l'employé dans les cas de congédiements injustes.

Bien que le présent volume fasse parfois référence à certains aspects de ces lois qui ajoutent au contenu implicite des droits et obligations des employeurs et des personnes à leur emploi, il ne traitera pas de ces sujets en profondeur pour autant.

Un nombre grandissant d'employés bien informés se rendent compte aujourd'hui des avantages reliés à un contrat d'emploi individuel fait «sur mesure» qui leur permet de tirer le maximum d'une activité à laquelle ils consacrent une bonne partie de leur vie. Par ailleurs, les employeurs ont de plus en plus tendance à mettre par écrit les obligations spécifiques les plus importantes d'un contrat.

Le but du présent ouvrage est non seulement d'informer le lecteur des droits et des lois connexes qui découlent des relations de travail sur le plan juridique et qui gouvernent le secteur privé (nous ne traitons pas ici des relations de travail dans le secteur public), mais aussi de s'attarder sur quelques droits explicites qu'il serait possible d'inclure dans une relation individuelle d'emploi.

CHAPITRE 2

DROIT CONSTITUTIONNEL

Au Canada, le pouvoir de légiférer prend sa source dans la *Loi constitutionnelle de 1867*[1]. Cette Loi crée un partage législatif entre le Parlement du Canada et les législatures provinciales selon le sujet traité[2]. Le Parlement du Canada détient la compétence sur les sujets d'ordre général ou d'intérêt national tels que les banques, les services postaux, les lois criminelles ainsi que la navigation et les lois maritimes. Les provinces ont le pouvoir de légiférer sur les sujets d'ordre plus local tels que l'éducation, les services sociaux, la propriété et les droits civils.

En matière d'emploi et de relations de travail, la *Loi constitutionnelle de 1867* ne confère de juridiction exclusive à aucun de ces gouvernements. Cette situation a donné lieu à plusieurs conflits entre les gouvernements provinciaux et fédéral quant à savoir lequel d'entre eux pouvait légiférer ou réglementer en cette matière. Plusieurs années de litige ont révélé qu'aucun de ces deux paliers n'avait l'autorité exclusive sur la question des relations de travail. Il fut plutôt établi que les relations d'emploi seraient sujettes à l'un ou à l'autre des champs de compétence énumérés aux articles 91 et 92 de la *Loi constitutionnelle de 1867*. Ainsi, le pouvoir législatif sur les relations d'emploi et de travail est partagé entre le Parlement du Canada et les législatures provinciales[3].

La juridiction exclusive conférée aux provinces sous le titre de «propriété et droits civils» permet à chacune d'elles, dans sa juridiction respective, d'élaborer des règles juridiques régissant le contrat d'emploi. De telles règles englobent les conditions de formation d'un contrat, les règles d'interprétation du contrat, les conséquences en

---

1. 30 & 31 Vict., R.-U, c. 3, art. 91.
2. Articles 91 et 92.
3. *A.G. Canada* c. *A.G. Ontario*, [1937] A.C. 326 (C.P.); *Toronto Electric Commissioners* c. *Snider*, [1925] A.C. 396 (C.P.).

cas de bris de contrat ainsi que les recours appropriés[4]. Toutefois, en matière de réglementation des relations employeur-employé définissant les normes minimales quant aux heures de travail, aux congés fériés, aux vacances annuelles, aux avis de cessation d'emploi, à la santé et sécurité au travail, aux accidents de travail[5], aux syndicats et à plusieurs autres aspects de la relation d'emploi, la juridiction est alors divisée entre le Parlement du Canada et les provinces, selon le genre d'industrie.

En effet, la Cour suprême du Canada a décidé que le pouvoir de réglementer les activités des entreprises fédérales comprenait nécessairement le pouvoir de réglementer les relations d'emploi au sein de ces mêmes entreprises[6]. Les conditions de travail et les particularités des relations d'emploi sont des parties vitales de la gestion et du fonctionnement de toute entreprise commerciale ou industrielle. Il s'ensuit que le pouvoir de réglementer les relations d'emploi à l'intérieur d'une industrie qui, de par sa nature ou ses activités, se situe dans le champ de compétence du Parlement fédéral, appartient au Parlement et non aux gouvernements provinciaux[7].

Ces entreprises sont notamment des compagnies oeuvrant dans le domaine de la navigation, des chemins de fer inter-provinciaux, du transport routier inter-provincial, de l'aéronautique, des télécommunications, des compagnies de téléphone, etc.

Par conséquent, une employée d'une entreprise régie par les lois fédérales qui désire obtenir un congé de maternité devra se référer au Code canadien du travail afin de déterminer ses droits, alors qu'une employée dont la compagnie est assujettie aux lois provinciales se référera à la législation de cette juridiction.

---

4. A. Tremblay, *Les compétences législatives au Canada et les pouvoirs provinciaux en matière de propriété et de droits civils* (Ottawa: Éditions Université d'Ottawa, 1967) p. 227-253; G.-A. Beaudoin, *La Constitution du Canada* (Ottawa: Wilson & Lafleur Ltée, 1990); P. Hogg, *Constitutional Law of Canada*, 3e éd. (Toronto: Carswell, 1992); B. Laskin, *Canadian Constitutional Law,* 5e éd. (Toronto: Carswell, 1986).

5. *Workmen's Compensation Board c. C.P.R.*, [1920] A.C. 184; (1919) 48 D.L.R. 218 (C.P.).

6. *Re Industrial Relations and Disputes Investigations Act*, [1955] R.C.S. 529.

7. *Bell Canada c. Québec (Commission de la santé et de la sécurité du travail)*, [1988] 1 R.C.S. 749; *Union des facteurs du Canada c. M. and B. Enterprises Ltd.*, [1975] 1 R.C.S. 178; *Commission du salaire minimum c. The Bell Telephone Co.*, [1966] R.C.S. 767; *Re Validity and Applicability of the Industrial Relations and Disputes Investigation Act*, [1955] R.C.S. 529; *Re As to the Applicability of the Minimum Wage Act of Saskatchewan to an Employee of a Revenue Post Office*, [1955] R.C.S. 248.

Nos tribunaux ont maintes fois répété que la juridiction fédérale s'étendait aux industries qui sont «partie intégrante ou nécessairement accessoire» à une entreprise de juridiction fédérale. Ce principe s'applique principalement dans le cas d'entreprises qui sont accessoires ou qui fournissent des services à une entreprise de juridiction fédérale.

À titre d'exemple de la doctrine d'une «partie intégrante ou nécessairement accessoire», les tribunaux ont décidé que la juridiction fédérale sur le transport maritime donnait au gouvernement fédéral le pouvoir de réglementer les relations d'emploi dans l'industrie du débardage parce que ces activités faisaient partie intégrante du transport maritime[8]. Les tribunaux ont aussi déclaré que les employés d'une compagnie affectés à la construction d'une piste d'atterrissage sont assujettis à la législation provinciale parce qu' une compagnie de construction n'est pas une entreprise fédérale comme le serait une compagnie d'aéronautique. De plus, le travail effectué par ces employés n'est pas une partie intégrante ou nécessaire au fonctionnement d'un aéroport[9]. Dans *C.P.R.* c. *A.-G. B.C. (Empress Hotel)*[10], le Conseil privé décida que tous les employés d'une compagnie de chemin de fer inter-provinciale ne se trouvaient pas nécessairement sous juridiction fédérale: les employés des hôtels, propriétés de la compagnie, se trouvaient sous juridiction provinciale puisque, dans ce cas, les hôtels n'étaient pas une partie vitale ou essentielle au fonctionnement d'un chemin de fer inter-provincial. Le Conseil privé ajouta que les hôtels étaient gérés comme une entreprise séparée.

En résumé, les lois provinciales qui réglementent les relations d'emploi, telles que la législation sur les normes du travail, sur la santé et la sécurité, ne s'appliquent pas aux entreprises de juridiction fédérale. De plus, il a été judiciairement déterminé que les chartes et codes provinciaux qui régissent la discrimination dans les lieux de travail ne s'appliquaient pas aux entreprises fédérales[11].

Malgré de nombreux litiges et d'innombrables décisions judiciaires tentant de circonscrire les limites de l'autorité de chaque

---

8. *Re Industrial Relations and Disputes Investigations Act*, [1955] R.C.S. 529.
9. *Construction Montcalm Inc.* c. *Commission du salaire minimum*, [1979] R.C.S. 754. Voir aussi *C.P.R.* c. *A.G.B.C. (Empress Hotel)*, [1980] 1 D.L.R. 721 (C.P.).
10. [1980] 1 D.L.R. 721 (C.P.).
11. *Forest Industrial Flying Tankers Ltd.* c. *Kellough*, [1980] 4 W.W.R. 13 (B.C.C.A.); *Canadian Pacific Ltd.* c. *Alberta (Attorney General)*, (1980) 108 D.L.R. (3d) 738 (Alta. C.A.).

palier de gouvernement, il existe encore aujourd'hui plusieurs domaines où le palier de juridiction reste obscur en matière de relations
d'emploi. En conséquence, l'identification de l'autorité législative
ayant juridiction sur une industrie particulière n'est certes pas toujours une tâche facile.

Au Québec, l'importance de déterminer si une relation d'emploi
tombe sous la compétence fédérale ou provinciale se situe au niveau
de la législation statutaire qui s'appliquera. Dans les deux cas, le
contrat d'emploi sera sujet au droit civil. Toutefois, selon le genre
d'industrie, les lois sur la santé et la sécurité du travail, les droits et
libertés de la personne, de même que les normes du travail qui
s'appliqueront seront celles qui auront été adoptées soit par le gouvernement fédéral soit par le gouvernement provincial.

CHAPITRE 3

FORMATION ET CONTENU DU CONTRAT D'EMPLOI

Les règles de droit qui s'appliquent au contrat sont la base de la relation légale entre l'employé et l'employeur. Un contrat est une entente entre deux ou plusieurs personnes qui crée une obligation de faire, de ne pas faire ou de donner quelque chose. Pour qu'un contrat d'emploi soit valide selon le droit civil québécois, il doit rencontrer certaines conditions essentielles. L'article 984 du Code civil établit ces conditions: des parties ayant la capacité légale de contracter, un consentement donné légalement, un objet pour le contrat et une cause ou une considération licite.

A. Conditions essentielles à un contrat

1. *La capacité de contracter*

La capacité de contracter se réfère à l'habilité d'une personne à jouir de ses droits et à les exercer. Règle générale, toute personne est capable de contracter. Le législateur a cependant restreint l'habilité à contracter de certaines personnes dans certaines circonstances en raison de leur inexpérience ou de leur incapacité à discerner le bien du mal.

Sont légalement incapables de contracter les personnes mineures et les personnes interdites. Un mineur est une personne qui n'a pas encore atteint l'âge de dix-huit ans[1]. Une personne interdite est celle qui ne peut discerner le bien du mal pour raison de folie, d'ivrognerie, d'accoutumance aux drogues ou de prodigalité, et qui a été déclarée telle par un tribunal. L'article 987 C.c. stipule que l'incapacité des mineurs et des interdits est établie en leur faveur, ce qui signifie que la partie légalement capable de contracter ne peut

---

1. Art. 246 C.c.

invoquer l'incapacité du mineur ou de l'interdit avec qui elle est entrée en relation contractuelle afin d'annuler le contrat pour ainsi échapper à une entente légale qu'elle ne croit plus être dans son intérêt. Le contrat conclu par un mineur ou un interdit est annulable seulement si la personne frappée d'incapacité décide d'invoquer son droit[2].

2. *Le consentement*

Chacune des parties capables de contracter doit, pour former une relation contractuelle, donner un consentement éclairé et volontaire[3]. Par conséquent, si une des parties n'est pas en mesure de donner son consentement lors de la réalisation d'un contrat, celui-ci ne sera pas valide[4].

Le consentement est la manifestation apparente des parties de leur intention de contracter. Il est obtenu par la voie de l'offre et de l'acceptation. L'offre est un acte unilatéral qui démontre la volonté d'une partie de contracter et d'être liée par les termes de l'offre, donnant par ce fait même le pouvoir à l'autre partie de rendre le contrat valide par sa seule acceptation. Une offre peut être exprimée ou tacite, écrite ou verbale, adressée spécifiquement à un individu ou à tous en général. L'offrant peut retirer son offre en tout temps avant l'acceptation de l'autre partie, sauf s'il a promis de maintenir son offre ouverte pendant une certaine période et que celle-ci n'est pas encore écoulée. Même si l'offrant ne retire pas son offre, celle-ci ne sera pas considérée ouverte indéfiniment puisque qu'il n'est pas raisonnable de considérer que l'offrant avait l'intention d'être lié pour une période illimitée. Une fois révoquée ou expirée, une offre ne peut plus être acceptée.

Le contrat est formé dès que l'acceptant consent à l'offre. L'acceptation de l'offre est un acte qui démontre sans équivoque l'intention de consentir aux termes d'une offre.

Dans la plupart des relations d'emploi, il n'y a pas de contrat d'emploi écrit. Un employé éventuel se voit offrir un poste chez un employeur. Une telle offre peut être acceptée expressément, lorsque l'acceptant déclare qu'il consent à prendre le poste, ou tacitement, lorsqu'il commence effectivement à exercer l'emploi qui lui a été

---

2. En matière de capacité, voir *Tardif* c. *Montréal*, D.T.E. 87T-320 (C.S.) où l'employé ne réussit pas à établir que son état dépressif l'empêchait d'avoir donné une démission valide et légale.
3. *Ville de Montréal Est* c. *Gagnon*, [1978] C.A. 100.
4. *Ross* c. *Hawker Siddely Canada Inc.*, D.T.E. 88T-589 (C.A.).

offert. Un silence de la part du destinataire de l'offre d'emploi peut signifier qu'il l'accepte lorsque, par exemple, les parties ont contracté ensemble auparavant[5].

Afin de protéger la validité du consentement, le législateur a énuméré certains défauts de consentement qui sont cause de nullité d'un contrat. Par conséquent, si le consentement est entaché de l'un ou l'autre des défauts prévus au Code civil, le contrat pourra être annulé. Les défauts reconnus par le Code civil comme cause de nullité sont l'erreur, la fraude, la violence ou la crainte de la violence et la lésion.

(a) L'erreur

L'erreur est la croyance incorrecte quant à l'existence de certains faits. L'article 992 du Code civil énumère trois types d'erreurs qui sont cause de nullité: l'erreur qui porte sur la nature même du contrat, sur la substance de la chose qui en fait l'objet ou sur une des considérations principales qui ont amené la partie à contracter.

(b) La fraude

La fraude est une distorsion intentionnelle de la vérité dans le but d'induire l'autre partie à contracter. L'article 993 du Code civil stipule qu'un contrat peut être annulé lorsqu'une des parties utilise ou a connaissance de l'utilisation de ruses qui font en sorte que l'autre partie n'aurait pas contracté n'eût été de ces subterfuges. La fraude n'est jamais présumée. Elle doit être prouvée. Dans *Taskos c. 104880 Canada Inc.*[6], la Cour a annulé le contrat parce que le défendeur avait fait des représentations frauduleuses relativement à la valeur de l'entreprise de restauration.

Il est à noter qu'un contrat d'emploi peut être déclaré nul et invalide dans le cas où un employé fait de fausses déclarations lorsqu'il ou elle sollicite un emploi.

Dans *Ville de Montréal-Est c. Gagnon*[7], la formule d'application à un emploi enjoignait les candidats à faire des déclarations solennelles comme si elles avaient été faites sous serment. Le plaignant, Gagnon, avait affirmé sur ladite formule qu'il ne possédait pas de

---

5. *Sherwin c. Quebec Fish & Fruit Exchange Ltée*, (1925) 27 R.P. 387.
6. [1987] R.J.Q. 2574 (C.S.).
7. [1978] C.A. 100.

casier judiciaire. Il fut découvert par la suite qu'il en avait un au moment où il avait produit la déclaration. Pour envenimer les choses, il fut déclaré coupable de vol à l'étalage pendant que l'enquête sur son dossier était en cours. Il fut congédié sur la base de sa malhonnêteté. Monsieur le juge Bélanger, au nom de la Cour d'appel, énonça:

> «[...] il ne s'agissait pas de congédier un salarié à cause d'un événement survenu au cours d'un contrat valide de louage de service mais plutôt de cesser de reconnaître et de donner effet à un contrat entaché d'un vice de consentement.» (p. 101)

Une personne devrait avoir la prudence de ne pas exagérer ses qualifications ou ses expériences de travail dans son curriculum vitae. Cependant, en général, les tribunaux considéreront insuffisant pour invalider le consentement le fait qu'une personne embellisse ses qualités, à condition toutefois qu'elle n'émette pas de fausses déclarations[8].

De même, une personne devrait fournir toute information pertinente lorsqu'elle sait ou devrait savoir que ce renseignement constituerait un facteur déterminant pour l'employeur éventuel. La marge est souvent très mince entre le fait de présenter ses qualités de la façon la plus favorable, ce qui est tout à fait légitime, et celui de fournir de fausses informations ou d'omettre volontairement de transmettre des informations pertinentes, ce qui devient inacceptable.

Une cour a déclaré qu'un employé qui, au moment où il avait été engagé, avait dissimulé le fait qu'il avait été congédié par son employeur précédent pour avoir utilisé sans autorisation des fonds de la compagnie, avait été légitimement congédié pour cause quand son nouvel employeur avait découvert ce fait[9]. De même, le fait pour une employée d'avoir prétendu qu'elle travaillait toujours au moment où elle fut engagée, alors qu'il n'en était rien, constituait un bris de son obligation de loyauté[10].

La question de malhonnêteté avant l'embauche soulève le problème du casier judiciaire et des limites pour une personne à révéler l'existence d'un tel dossier. La *Charte des droits et libertés de la personne*[11] interdit à un employeur de congédier, de refuser d'en-

---

8.   *Tanguay c. Scanway Corp.*, D.T.E. 85T-65 (C.S.).
9.   *Jarret c. Henry Morgan & Co.*, (1881) 12 R.L. 58.
10. *Gobeil c. C.L.S.C. Saguenay-Nord*, J.E. 82-524 (C.S.).
11. L.R.Q., c. C-12, article 18.2.

gager ou d'autrement pénaliser une personne dans son emploi en raison du fait qu'elle a été reconnue coupable d'une infraction pénale ou criminelle si cette infraction n'a aucun lien avec le poste qu'elle occupe ou si cette personne en a obtenu le pardon.

Bien que ces auteurs ne croient pas qu'une personne doive aller aussi loin que de divulguer volontairement l'existence d'un casier judiciaire qui pourrait avoir un lien avec son emploi, il y va de son obligation de ne pas nier l'existence d'un tel dossier si cela lui est demandé par l'employeur au moment de l'embauche[12].

Inversement, négliger de dévoiler au moment de l'embauche l'existence d'un casier judiciaire qui n'affecte en rien l'habileté du candidat à exercer son emploi ne sera pas retenu comme cause de congédiement[13]. En fait, l'employeur ne peut s'enquérir d'un casier judiciaire qui n'aurait pas de lien avec l'emploi.

L'obligation de ne pas induire en erreur s'applique aussi aux employeurs[14]. En fait, certaines lois provinciales sur les normes de travail énoncent spécifiquement que les employeurs ne peuvent induire ou persuader une personne à devenir leur employé par des moyens détournés, de fausses représentations ou prétentions, ou par de la publicité trompeuse. En particulier, il est interdit d'induire un employé en erreur en ce qui a trait à la disponibilité du poste, à la nature du travail à effectuer, au salaire à percevoir ou aux conditions de travail[15].

(c)   La violence ou la crainte

La violence est le fait de provoquer chez une personne la crainte qu'une blessure lui soit infligée ou soit infligée à un membre de sa famille ou à un proche afin de lui soutirer son consentement. Pour évaluer la crainte, les tribunaux considèrent l'âge, le sexe, le caractère de la personne et l'état dans lequel elle se trouve. Dans *J.J. Joubert Limitée* c. *Lapierre*[16], la Cour annula un contrat puisque la peur avait été utilisée pour forcer le conducteur-vendeur à le signer.

---

12.   Voir *Ville de Montréal-Est* c. *Gagnon*, [1978] C.A. 100.
13.   *Renda* c. *Lachine*, J.E. 83-368 (C.S.).
14.   Voir *Queen* c. *Cognos Inc.*, D.T.E. 93T-198.
15.   Art. 57 *Employment Standards Act*, R.S.B.C. 1979, c. 107.1.
16.   [1972] C.S. 476.

(d) La lésion

La lésion est une perte monétaire encourue par quelqu'un qui ne reçoit pas le plein équivalent de ce qu'il a donné dans un contrat. La lésion n'est cause de nullité que dans certaines circonstances et en rapport avec certaines personnes (les mineurs et les interdits). La personne mineure ou interdite peut faire annuler un contrat si elle démontre que la partie avec laquelle elle a conclu un contrat a pris avantage de son inexpérience ou de son innocence.

3. L'objet

L'objet d'un contrat est l'activité principale à laquelle les parties se sont engagées l'une envers l'autre. Cette obligation peut en être une de donner, de faire ou de ne pas faire: vendre (ou acheter), louer, travailler, employer, etc. L'objet de l'obligation – ce sur quoi les parties se sont entendues pour donner, faire ou ne pas faire – doit, à son tour, remplir trois conditions. D'abord, l'objet de l'obligation doit être déterminé. L'article 1060 C.c. précise qu'il faut que l'obligation ait pour objet une chose déterminée au moins quant à son espèce. La quantité de la chose peut être imprécise pourvu qu'elle puisse être déterminée. Cette exigence est particulièrement importante dans le cas où l'objet du contrat est la fourniture de matériaux comme de l'essence, du grain ou de tout autre matériau vendu en vrac. Ensuite, l'objet de l'obligation doit être quelque chose de possible. Finalement, l'objet doit être légal.

4. La cause

Une considération ou une cause licite est la quatrième condition de validité d'un contrat. L'article 990 C.c. précise que la considération est illégale quand elle est prohibée par la loi ou contraire aux bonnes moeurs ou à l'ordre public. Dans *Marieville (Ville de) c. Guernon*[17], une municipalité avait conclu un contrat d'emploi avec un policier à l'effet que ce dernier paierait les coûts de son cours d'entraînement et les dépenses inhérentes à ce cours à moins qu'il ne travaille pendant plus de trente-six mois. Cette entente contrevenait à la convention collective qui régissait la relation d'emploi entre les parties ainsi qu'à la *Loi sur la police*[18] qui est une loi d'ordre public. Par

---

17. J.E. 83-1064 (C.A.).
18. L.R.Q., c. P-13.

conséquent, il fut décidé que le contrat dérogeait à l'ordre public et ne pouvait être executé.

Ce n'est que lorsque les quatre conditions essentielles à un contrat d'emploi sont réunies qu'un contrat est réputé valide et qu'il devient exécutoire devant un tribunal.

B.   Contenu d'un contrat d'emploi

Comme c'est le cas pour la plupart des contrats, le contrat d'emploi n'a pas besoin d'être écrit pour être valide. Dans la pratique, la grande majorité des ententes de travail ne sont pas incorporées dans un document écrit. Par conséquent, il est parfois difficile de déterminer l'étendue et le contenu du contrat d'emploi. L'une des principales raisons pour lesquelles certains employés désirent qu'un contrat d'emploi soit rédigé est justement d'éviter cette confusion. En général, tous les contrats d'emploi comprennent l'obligation tacite pour l'employeur de fournir le travail à l'employé, de le rémunérer et d'assurer sa sécurité, au même titre qu'ils comprennent pour l'employé l'obligation tacite d'exécuter le travail et d'être loyal envers l'employeur. Chacune de ces obligations sera étudiée plus en profondeur dans les chapitres 7 à 11.

Les parties sont aussi libres d'établir des dispositions spécifiques par le biais d'un contrat d'emploi écrit. De telles dispositions peuvent toucher à des sujets tels que les niveaux de productivité, les critères d'assiduité, les accords de non-concurrence, les congés de maladie, la contribution de l'employeur à un régime de retraite et autres avantages sociaux, ainsi qu'à des dispositions relatives à la terminaison de l'emploi. Ces dispositions seront plus approfondies au chapitre 18 – «Le contrat d'emploi écrit: les dispositions expresses».

CHAPITRE 4

NATURE DE L'EMPLOI

L'article 1665a du Code civil définit le louage d'ouvrage comme un contrat par lequel le locateur s'engage à faire quelque chose pour le locataire moyennant un prix. Le contrat d'emploi se distingue de tous les autres contrats de par la nature même des bénéfices échangés entre les parties, lesquels demandent une habileté personnelle, mentale et physique. Cet aspect personnel a amené à caractériser le contrat d'emploi comme un contrat «intuitu personae» (de nature personnelle qui ne peut être transféré).

C'est la nature de la relation, et non la fonction ou le statut conféré à un individu par contrat ou par lettre, qui déterminera s'il agit à titre d'employé ou à tout autre titre (tel qu'entrepreneur indépendant ou associé)[1].

A. Éléments essentiels d'une relation d'emploi

Peu importe la façon dont les parties ont défini leur relation, un contrat d'emploi existe lorsque les trois éléments suivants sont présents: un individu travaille pour un autre, il reçoit une rémunération pour son travail et il est subordonné à l'employeur. On ne peut déterminer l'existence d'une relation d'emploi qu'en examinant tous les éléments de la relation.

Lorsqu'on se réfère à la jurisprudence pour déterminer le statut d'employé d'un individu, il faut examiner avec soin le contexte dans lequel le dilemme a pris sa source. En effet, la question de savoir si une personne est ou n'est pas un employé peut avoir été déterminée dans un contexte autre que celui d'une action pour congédiement illégal ou d'une poursuite opposant un supposé employé et son sup-

---

1. *Investors Syndicate Limited* c. *National Financial Brokerage Center Inc.*, non rapportée, Montréal 500-09-000463-851, 24 janvier 1986 (C.A.).

posé employeur». Par exemple, une tierce partie peut désirer que le statut d'une personne soit déterminé dans les cas de responsabilité face aux actes ou omissions d'un employé dans l'exécution de son travail[2]. La même question peut également être soulevée dans le contexte de l'application d'une loi particulière. Toutefois, il est à noter que, en vertu d'une telle loi, la définition d'employé peut différer de celle du Code civil; par le fait même, les éléments requis pourront également varier. S'il en est ainsi, c'est que certaines lois circonscrivent la définition d'employé afin de restreindre le champ d'application de la loi.

1.   Un individu doit travailler pour un autre

Un individu peut travailler pour une autre personne, une société, une entreprise ou pour toute autre entité légale ou groupe de personnes.

L'individu qui incorpore sa propre compagnie et qui s'engage contractuellement à fournir des services à une autre entreprise n'est généralement pas un employé de la compagnie qui reçoit les services[3]. Cependant, les tribunaux ont maintenu que, lorsqu'un employeur demande à un employé de s'incorporer et qu'il continue d'utiliser les mêmes services par le biais de la compagnie de l'employé, la relation d'emploi peut continuer et ce, malgré l'incorporation[4].

2.   L'individu doit recevoir une rémunération

Ce qui constitue la rémunération de l'employé demeure une question de faits. La rémunération peut s'effectuer sous forme d'argent, de biens ou de matériaux. Elle peut être fixée à la pièce, à un taux horaire ou entièrement à la commission. Chaque situation doit être analysée afin de conclure à l'existence réelle de la rémunération.

---

2. *Côté* c. *Turmel*, [1967] B.R. 309 (C.A.). L'article 1054(7) du Code civil énonce: «Les maîtres et les commettants sont responsables du dommage causé par leurs domestiques et ouvriers, dans l'exécution des fonctions auxquelles ces derniers sont employés.» Quant à la portée de cette obligation, voir Jean-Louis Baudouin, *La responsabilité civile délictuelle*, 3e édition (Cowansville: Éditions Yvon Blais, 1990) p. 251-296, et Chapitre 9 «La sécurité des employés», *infra*.
3. *Habitabec Inc.* c. *Cloutier*, D.T.E 90T-1266 (C.S.); *Dazé* c. *Messageries Dynamiques*, J.E. 90-678 (C.A.); *Vachon* c. *Martin*, D.T.E 88T-606 (C.S.), affirmant *Vachon* c. *Prudentielle (La) Cie d'assurances Ltée*, D.T.E 88T-221 (T.A.); *Donaldson* c. *C.F.C.F.*, D.T.E. 84T-658 (C.S.); *Watchstraps Inc.* c. *Poupart Limitée*, [1962] C.S. 273 (C.S.).
4. *Systèmes de communication Incotel Ltée* c. *Marcotte*, D.T.E. 88T-355 (C.P.).

Celui qui offre ses services gratuitement est un bénévole et non un employé.

La rémunération est l'un des indices permettant de déterminer l'existence d'une relation d'emploi. Dans le cas de celui qui est rétribué selon un arrangement de partage des profits et des pertes, les tribunaux seront plutôt enclins à déclarer qu'il est un entrepreneur indépendant[5].

3. *L'individu doit être subordonné à l'employeur*

L'état de subordination de l'employé face à l'employeur et le droit de contrôle simultané de ce dernier sur le travail que doit accomplir l'employé est l'essence même de la relation d'emploi[6]. Cette caractéristique distingue le contrat d'emploi, ou louage d'ouvrage, du contrat d'entreprise ou autres formes de contrat, dont le mandat[7].

L'obligation de respecter les directives légales et de se soumettre aux ordres est un élément caractéristique des relations d'emploi. L'employeur est en droit de donner des ordres et de s'attendre à ce qu'ils soient suivis par l'employé.

Alors que le degré de contrôle ou d'autorité peut varier selon les circonstances et la nature de la fonction, l'élément de subordination reste indispensable pour permettre à un tribunal de conclure qu'un individu est un employé. Le pouvoir de congédier, le contrôle exercé sur le travail exécuté et le degré de supervision sont des éléments qui permettent de définir la relation d'emploi[8]. Évidemment, le degré de subordination d'un employé dans le cadre d'un travail étroitement supervisé diffère considérablement de celui du professionnel ou de l'employé spécialisé qui bénéficie d'une plus large discrétion ou autonomie professionnelle. Dans *Brosseau* c. *Villeneuve*[9], la Cour a maintenu qu'un individu était un employé lorsqu'il devait se rapporter au travail entre 8h00 et 16h00 quotidiennement et compléter un horaire de ses activités.

---

5. *Isabelle* c. *Dame Isabelle*, [1967] C.S. 498; *Montréal* c. *Montréal Locomotive Works Ltd.*, [1947] 1 D.L.R. 161 (C.P.).
6. *Lemay Construction Ltée* c. *Poirier*, [1965] B.R. 565 (C.A.); *Montréal* c. *Montréal Locomotive Works Ltd.*, [1947] 1 D.L.R. 161 (C.P); *Grimaldi* c. *Restaldi*, [1933] R.C.S. 489.
7. *Verochio Limited* c. *Temiscouata Railway Co.*, (1941) 71 B.R. 311 (C.A.); *Lambert* c. *Blanchette*, (1926) 40 B.R. 370 (C.A.); *Quebec Asbestos Corporation* c. *Couture*, [1929] R.C.S. 166.
8. *Trans-Quebec Helicopters* c. *Heirs of Lee*, [1980] C.A. 596.
9. D.T.E. 90T-850 (C.S.).

Par contre, celui qui s'engage à exécuter un travail spécifique, qui fournit son propre équipement et exécute le travail entièrement selon ses idées ou selon un plan qui lui a été remis par la personne pour qui le travail est accompli, sans être sujet aux ordres de cette personne quant aux détails du travail, est généralement un entrepreneur indépendant et non un employé[10]. Fournir ou non des services exclusifs et encourir ou non le risque de pertes ou de profits représentent d'autres facteurs qui permettent de déterminer si une personne est entrepreneur autonome ou employé[11].

Dans *Beaulieu* c. *Picard*[12], le Juge Greenshields a déclaré, relativement à l'employé non spécialisé:

> «J'accepte comme un énoncé juste de notre droit et de notre jurisprudence qu'il importe peu de savoir si l'employé est payé à la pièce, ou au pied comme dans cette cause, pourvu que le travail soit fait dans l'établissement des défendeurs et sous leur supervision.
>
> Pour être un entrepreneur indépendant comme le prétendent les défendeurs, un travailleur ne doit pas recevoir d'ordres et ne doit pas être sujet à recevoir d'ordres de quiconque quant à la façon dont le travail doit être exécuté.»
> (traduction libre)

B.   Employeur et employé à l'intérieur de différentes structures corporatives

1.   Qui est l'employeur

Dans la plupart des situations d'emploi, il est facile d'identifier qui est l'employeur. Cependant, ce n'est pas toujours le cas. La règle générale veut que l'employeur soit celui qui contrôle et dirige les employés. Dans certaines circonstances, il peut sembler y avoir plus d'un employeur. Il faudra alors se référer aux éléments fondamentaux d'une relation d'emploi afin d'identifier clairement l'employeur.

Il est particulièrement important d'identifier le véritable employeur dans les cas où un employé tente d'obtenir un dédommagement pour congédiement illégal ou bris de contrat. Toutefois, dans

---

10. *Lambert* c. *Blanchette*, (1926) 40 B.R. 370 (C.A.).
11. *Quebec Asbestos Corporation* c. *Couture*, [1929] R.C.S. 166.
12. (1912) 42 C.S. 455 (C. Rev.), p. 458.

une cause où l'identité du véritable employeur était confuse et où le plaignant avait poursuivi deux prétendus employeurs, la Cour décida que le fardeau de la preuve quant à déterminer le véritable employeur revenait aux défendeurs[13].

(a) Des compagnies sous la même administration

Dans *Castagna* c. *Design Hydrolics Inc.*[14], deux compagnies (Design Hydrolics "DH" et Normont Hydrolics "NH") ont été tenues conjointement et solidairement responsables des pertes découlant du bris du contrat d'emploi de Castagna, même si Castagna était uniquement à l'emploi de NH. La Cour a maintenu que les deux compagnies étaient des employeurs conjoints pour les raisons suivantes: DH était un agent de NH; les deux compagnies avaient le même président, et ce dernier avait même écrit à Castagna en utilisant alternativement les en-têtes de NH et de DH. En outre, le président avait offert à Castagna un emploi avec DH une fois son mandat terminé avec NH.

De la même manière, dans *Denis Pépin Automobiles Ltée* c. *Longchamps*[15], la Cour d'appel a rejeté la prétention de la compagnie à l'effet qu'elle ne pouvait être tenue de compenser le plaignant pour son congédiement injustifié puisque, à la suite d'une réorganisation corporative, elle n'était plus l'employeur du plaignant. La Cour décida qu'une réorganisation n'exonérait pas l'employeur original de ses responsabilités là où l'employé conservait les mêmes fonctions et se rapportait aux mêmes individus et ce, aussi bien avant qu'après la réorganisation. Par conséquent, les deux compagnies furent tenues responsables des dommages causés par le bris du contrat d'emploi.

(b) Le contrôle par une tierce partie (agence de placement de personnel)

Dans certaines circonstances, l'employeur peut transférer le contrôle d'un employé à une tierce partie. Cette situation se retrouve fréquemment parmi les agences de placement de personnel qui louent les services d'employés sur une base temporaire. Dans ces cas, le contrôle quotidien sur le travail effectué n'est qu'un facteur dans la détermination de l'employeur. Le processus de sélection, l'embauche, la discipline, la formation, l'évaluation, la rémunération, l'assignation des fonctions et la durée des services sont essentiels lorsqu'il faut

---

13. *Léger* c. *Groupe S.M. Inc.*, D.T.E. 90T-147 (C.S.).
14. D.T.E. 88T-1006 (C.S.). Voir aussi *Choquette* c. *F.O.I.S.I. Forces immobilières & stratégies d'investissement Inc.*, D.T.E. 91T-1187 (C.S.).
15. D.T.E. 88T-852 (C.A.).

déterminer le véritable employeur dans une relation tripartite. Règle générale, cependant, la relation employeur-employé dépendra surtout des éléments de contrôle et de supervision plutôt que du droit d'engager et de congédier. Tel fut le cas dans *Royal Victoria Hospital c. Vassart*[16], où la Cour décida que celui qui loue les services de personnes n'est pas un employeur s'il n'exerce aucun contrôle sur ces personnes et s'il ne fait que leur remettre leur chèque de paie. De la même manière, la Cour d'appel a maintenu que l'élément de subordination pouvait être transféré à un tiers par celui qui engage et qui rémunère l'employé[17]. C'est ce qui se produisit dans le *Syndicat des fonctionnaires provinciaux du Québec Inc. c. Gouvernement du Québec*[18] alors que la Cour décida que le travailleur était un employé de la compagnie où il travaillait. L'une des principales raisons qui amenèrent la Cour à rendre cette décision était la prépondérance du travail pour le locateur de services plutôt que pour l'agence de placement. La conclusion aurait pu être différente si les services des employés avaient été loués à plusieurs employeurs au lieu d'un seul.

(c)   Les ententes d'affectation d'un employé à un tiers

Il peut s'avérer nécessaire d'identifier l'employeur dans des situations où un employé est affecté temporairement à un poste chez une autre personne ou une autre compagnie. La question soulevée est alors la suivante: l'employeur qui a affecté (prêté) l'employé demeure-t-il son employeur ou bien le rôle d'employeur échoit-il à la nouvelle personne ou compagnie qui utilise les services de l'employé?

Le terme «affectation» dans ce contexte est peu courant en droit de l'emploi. Le terme «affecter» en tant que verbe est défini ainsi: «transférer provisoirement (un employé) à une autre succursale ou département». Le Webster's Third New International Dictionnary définit le mot «affectation» comme étant le détachement d'une personne de sa compagnie habituelle pour une assignation temporaire.

---

16. [1990] R.J.Q. 1961 (C.S.). Voir aussi *Canadian Offshore Marine Ltd. c. Seafarers International Union of Canada*, [1974] 1 N.R. 292 (C.A.F.) où il fut décidé que l'affréteur du bateau sur lequel travaillaient les employés n'était pas l'employeur et ce, même s'il avait remboursé la compagnie pour toutes les dépenses des marins.

17. *Auberge le Martinent Inc. c. Arial*, [1972] C.A. 704. Sur la question de déterminer qui exerce le contrôle sur l'employé, voir aussi *Watchstraps Inc. c. Poupart Limitée*, [1962] C.S. 273.

18. [1984] T.T. 353.

Bien que la jurisprudence canadienne révèle plusieurs considérations pertinentes, elle n'établit pas de «test» uniforme qui pourrait être utilisé afin de déterminer qui est l'employeur réel de la personne affectée, pas plus qu'elle ne détermine l'étendue des obligations de chaque partie.

Dans *Alberta Union of Provincial Employees c. Farran*[19], la Cour d'appel de l'Alberta fait une distinction entre des postes permanents à l'intérieur de l'organisation générale d'un département et un poste par affectation. Le poste par affectation était «clairement désigné comme une étude de projet». L'employé affecté à un poste provisoire devait conserver sa classification première pendant toute la durée du projet. «À la fin du projet, l'employée devait retourner à son ancien poste et continuer d'assumer les fonctions qu'elle exerçait avant l'affectation au poste temporaire». La Cour souligna que l'affectation provisoire était un poste où l'employée effectuait «des tâches particulières de nature temporaire». En outre, la décision reprenait et s'appuyait sur la définition d'«affectation» telle qu'on la retrouve dans le Webster's Third New International Dictionnary.

Dans *Balisle c. Public Service Commission Appeal Board*[20], la Cour d'appel fédérale a considéré que le personnel affecté à la Commission de l'emploi et de l'immigration par le ministère des Affaires extérieures n'avait pas, par ce seul fait, été nommé à de nouveaux postes à l'intérieur de la Commission. En comparant les responsabilités et l'autorité de ces deux entités, la Cour a conclu que le ministère des Affaires extérieures détenait l'«autorité sur le personnel» affecté. Cependant, pendant la durée de l'affectation, les «fonctionnaires tombaient sous l'autorité de leurs supérieurs à la commission». Il n'était pas possible de prendre de mesures disciplinaires sans consulter au préalable les Affaires extérieures, et les rapports d'évaluation des employés affectés étaient préparés selon les instructions des Affaires extérieures. Les activités des personnes affectées étaient déterminées par la Commission, mais le ministère des Affaires extérieures avait le dernier mot quant à la sélection de ces personnes. Un accord avait été rédigé, lequel prédéterminait la durée de l'affectation. Cet accord d'affectation prévoyait également que, à l'échéance du terme, l'employé demeurerait à la disposition du ministère des Affaires extérieures. Cette cause tend à démontrer que l'employeur-prêteur demeure l'employeur véritable malgré un accord d'affectation, du moins dans les cas où ce dernier maintient un certain

---

19. (1980) 110 D.L.R. (3e) 183.
20. (1983) 149 D.L.R. (3e) 352.

contrôle sur les employés quant à la discipline ou à l'évaluation, par exemple.

Dans les cas précités, les tribunaux ont rapproché la notion d'«affectation» à celle de «transfert temporaire» à une assignation spécifique, au terme de laquelle l'employé est réaffecté à son poste original.

Plus récemment, dans *Atkinson c. Gulf Canada*[21], la Cour suprême de l'Ontario a tenu l'employeur-prêteur responsable du salaire redevable à l'employé affecté après que celui-ci eut été remercié de ses services avant la fin de la période d'affectation. En déterminant ainsi les obligations de l'employeur, la Cour souligna que l'employé injustement congédié était un employé de l'employeur-prêteur (Gulf Canada) puisqu'il était payé par Gulf, qu'il participait à son régime de retraite et qu'il continuait de recevoir les bénéfices consentis aux employés de Gulf, tels que les régimes d'assurance et les autres avantages sociaux.

Dans le cas de *Snead c. Agricultural Development Corporation of Saskatchewan*[22], la Cour du banc de la Reine (Régina) a insisté sur la phraséologie du contrat d'affectation. En lisant l'accord, il semblait évident à la Cour que l'employeur-prêteur considérait le plaignant comme son employé. De plus, la Cour considéra comme preuve révélatrice un nombre de messages par télex envoyés à l'employé par l'employeur-prêteur concernant des instructions spécifiques relativement au travail de l'employé pour l'entreprise à laquelle il avait été prêté. La Cour, en conséquence, a tenu l'employeur-prêteur responsable du congédiement fait par l'entreprise à laquelle l'employé avait été prêté.

Dans un troisième cas, *Commission scolaire de Sept-Îles c. Club de ski Gallix*[23], la Cour a maintenu que l'employeur par affectation ne pouvait congédier sans cause l'employé affecté. Cette cause pourrait éventuellement être utilisée afin d'établir qu'un employeur par affectation est le véritable employeur dans un contexte d'accord d'affectation[24].

---

21. (1989) 36 A.C.W.S. (2e) 433.
22. A.D. 1986 (Sask. Q.B.).
23. D.T.E. 91T-653 (C.S.) (présentement en appel).
24. La Cour, par ailleurs, n'émet pas de commentaires sur la responsabilité de l'employeur-prêteur qui avait en fait payé le salaire de l'employé pour être remboursé plus tard par l'employeur par affectation.

En raison du nombre relativement peu élevé de décisions disponibles sur le sujet, il demeure difficile de prédire quelle sera la conclusion des tribunaux dans une situation particulière.

Néanmoins, les auteurs croient que les tribunaux analyseront les éléments suivants pour établir qui est le véritable employeur dans les cas d'emploi par affectation:

- qui donne les directives aux employés;

- y a-t-il un contrat d'affectation et quel en est le contenu;

- les parties ont-elles agi de manière à énoncer leur intention d'être l'objet d'une affectation temporaire;

- qui paie, discipline et évalue les employés;

- qui se présente à des tiers comme étant l'employeur;

- un régime de retraite couvrant l'employé affecté est-il maintenu et, si oui, par qui;

- qui décide des augmentations de salaire pour les employés;

- les tribunaux pourront aussi analyser tout autre renseignement pertinent.

(d) Les sociétés en commandite

Une société en commandite est constituée d'une ou plusieurs personnes appelées «commandité» et d'une ou plusieurs personnes appelées «commanditaire» et où le commanditaire investit dans les actions de la compagnie, alors que le commandité est autorisé à administrer l'entreprise et à lier la société[25].

De nombreuses questions ont été soulevées au cours des dernières années à savoir si un commanditaire ou un commandité peut être employé de la compagnie ou si la société en commandite elle-même peut être un employeur.

Puisque seuls les commandités sont autorisés à administrer et à lier la société, il est évident que les commanditaires ne peuvent être considérés comme des employeurs puisqu'ils ne peuvent, au nom de

---

25. Voir les articles 1870 et s. du Code civil.

la société, contracter avec un employé, pas plus qu'ils ne peuvent diriger, engager, congédier ou autrement contrôler l'employé[26].

(e)   La société en participation

Lorsqu'un employé et un employeur s'engagent dans une société en participation, la nature de la relation est transformée et la relation d'emploi initiale est rompue.

«Lorsque le plaignant s'est engagé dans la société en participation, il a cessé d'être employé du défendeur. On ne peut non plus le considérer comme employé de la société en participation. Avec le défendeur, il est devenu un co-participant.»[27] (traduction libre)

Par conséquent, quand les parties sont liées par une entente de société en participation, on ne peut alléguer de congédiement injustifié lorsque prend fin cette entente.

2.   Qui est l'employé

L'employé doit être un individu particulier. La nature personnelle des services représente un aspect fondamental du contrat d'emploi. Un employé ne peut, sans le consentement de l'employeur, désigner une autre personne pour le remplacer dans ses fonctions. Cet aspect personnel en a amené plusieurs à caractériser la relation comme représentant un contrat «*intuitu personae*»: là où une partie contracte en fonction de l'identité de l'autre partie.

Une personne peut être à l'emploi de plusieurs employeurs simultanément.

(a)   Employé, associé, officier et administrateur

Il n'est pas rare aujourd'hui qu'un employé cumule plus d'une fonction et titre à l'intérieur de son emploi dans une entreprise. Fréquemment, le personnel de gestion de petites entreprises tout comme le personnel cadre de plus grandes organisations se retrouvent dans cette situation. Par exemple, un individu peut cumuler les fonctions d'officier, d'actionnaire et d'employé.

---

26.   *Gagnon, de Billy* c. *Beaulieu*, [1977] C.P. 250.
27.   *Semenoff* c. *Saskatoon Drug & Stationary Co.*, (1988) 49 D.L.R. (4e) 102 (Sask. Q.B.) p. 106.

Évidemment, un individu ne peut être à la fois associé et employé de l'association puisqu'il serait son propre employeur[28]. Cependant, la participation d'un individu aux profits de l'entreprise ne fait pas nécessairement de lui un associé. L'intention réelle des parties doit être examinée afin de déterminer si le partage des profits n'est pas tout simplement une forme de rémunération[29]. De même, là où il semble y avoir une entente d'association mais où l'un des associés détient toutes les actions alors que les autres reçoivent un salaire mensuel non relié à leur rendement, on pourrait conclure que l'associé qui reçoit cette mensualité est effectivement un employé[30].

Finalement, mettre fin au statut d'administrateur ou d'officier d'un individu qui est aussi employé ne met pas fin à la relation d'emploi, à moins d'une entente à cet effet.

M. le Juge Collins de la Cour supérieure énonçait à la page 15 de l'arrêt *Van Alstyne c. Rankin*[31]:

«Le président d'un conseil d'administration, le président d'une compagnie ou, en fait, chacun de ses officiers ou employés sont tous dans la même position en ce qui a trait à leur emploi par une société commerciale. Il est possible d'y mettre fin en tout temps pour cause, sous réserve de toute réclamation en dommages de la part de l'employé qui voit son contrat d'emploi prendre fin et aux conditions particulières qui peuvent exister dans un contrat d'emploi entre l'employeur et l'employé. La différence dans le rang et la fonction n'a aucune conséquence quant au droit de mettre fin à la relation d'emploi. Le fait que le plaignant ait été élu ou nommé directement par les administrateurs ne lui confère aucun droit supérieur à celui de tout autre employé de la société commerciale défenderesse, sauf celui de n'être démis que par les administrateurs eux-mêmes.» (traduction libre)

---

28. *Craig Brothers & Craig c. Sisters of Charity*, [1940] 4 D.L.R. 561 (Sask. C.A.); *Ellis c. Joseph Ellis & Co.*, [1905] 1 K.B. 324.
29. *Guildford c. Anglo-French Steamship Co.*, (1883) 9 R.C.S. 303. Voir aussi *Overing c. Communication Services (C.S.)*, D.T.E 92T-1112 (C.S.).
30. *Rooney c. Creative Laminating Concepts*, non rapportée, Doc. n° 181/87/CA, 23 février 1988 (N.B.C.A.).
31. [1952] C.S. 12.

CHAPITRE 5

SOURCES DU CONTRAT D'EMPLOI

Pour être en mesure de bien saisir les règles qui gouvernent les relations d'emploi, il serait profitable de passer en revue les sources du droit en cette matière, soit la législation, la jurisprudence et la doctrine.

A. Législation

1. Le Code civil

Les règles régissant le droit de l'emploi prennent leur source dans le Code civil et découlent des principes généraux applicables aux contrats. L'article 1665a C.c. définit le louage d'ouvrage comme étant «un contrat par lequel le locateur s'engage à faire quelque chose pour le locataire moyennant un prix»; et l'article 1670 C.c stipule que les droits et obligations résultant du louage d'ouvrage sont assujettis aux règles qui régissent les contrats. Ainsi, l'article 1024 C.c., qui s'applique au contrat d'emploi, énonce que «les obligations d'un contrat s'étendent non seulement à ce qui y est exprimé mais encore à toutes les conséquences qui en découlent, d'après sa nature, et suivant l'équité, l'usage ou la loi».

Puisque relativement peu d'articles dans le Code civil sont consacrés aux obligations spécifiques à l'emploi, les tribunaux s'appuient fortement sur la jurisprudence pour interpréter les droits des parties.

Toutefois, le nouveau Code civil, qui entre en vigueur le 1er janvier 1994, ajoute plusieurs nouveaux articles relatifs au contrat d'emploi.

2.   Les lois

Les lois auxquelles on se réfère le plus souvent en droit de l'emploi sont celles qui se rapportent aux normes du travail (*Loi sur les normes du travail*, L.R.Q., c. N-1.1), aux droits et libertés (*Charte des droits et libertés de la personne*, L.R.Q., c. C-12), à la langue française (*Charte de la langue française*, L.R.Q., c. C-11), à la santé et à la sécurité au travail (*Loi sur la santé et la sécurité du travail*, L.R.Q., c. S-2.1) ainsi qu'aux lésions professionnelles (*Loi sur les accidents du travail et les maladies professionnelles*, L.R.Q., c. A-3.001). De plus, ces lois font l'objet d'une réglementation imposante qui vise à atteindre les buts fixés par le législateur.

La *Loi sur les normes du travail* confère en général des garanties minimales au travailleur individuel. Elle comporte des dispositions quant au salaire minimum, au nombre d'heures maximales de travail, au paiement des heures supplémentaires, aux vacances payées, au préavis de fin d'emploi, aux bénéfices de congé de maternité et parental, aux congés statutaires et aux autres protections semblables.

La *Charte des droits et libertés de la personne* sert à protéger l'employé contre les pratiques discriminatoires basées sur le sexe, la nationalité ou l'origine ethnique, la couleur, la religion, la race, l'âge, l'incapacité mentale ou physique.

La *Loi sur la santé et la sécurité du travail* vise à assurer la santé, la sécurité et l'éducation des employés relativement aux méthodes de travail utilisées.

La *Loi sur les accidents du travail et les maladies professionnelles* a été établie afin d'assurer que soit indemnisé l'employé qui subit un accident du travail ou une maladie professionnelle.

Enfin, le *Code du travail* (L.R.Q., c. C-27) vient protéger certains droits individuels d'organisation et de participation à la formation d'une association de salariés, à ses activités et à son administration. On parlera alors de droit du travail (droit collectif) par opposition au droit de l'emploi (droit individuel).

B.   Jurisprudence

La jurisprudence désigne l'ensemble des décisions rendues par les tribunaux qui définissent et interprètent les droits et obligations des parties au contrat d'emploi. De plus, on doit tenir compte des nombreuses décisions des tribunaux administratifs et corps judiciaires qui voient à l'application et à l'interprétation des lois dans ce domaine.

La jurisprudence sert de guide quant à la façon dont les droits ont été interprétés par le passé et illustre l'étendue des droits et obligations créés par la législation.

C. Doctrine

On entend par «doctrine» les articles et autres écrits d'auteurs appelés à se prononcer sur divers aspects du droit. Ces auteurs appliquent leur savoir à élucider certains points obscurs et difficiles dans l'interprétation de la loi. La doctrine attire également l'attention sur les lacunes dans la loi et sur la confusion qui existent dans certains domaines particuliers.

CHAPITRE 6

DISCRIMINATION ET HARCÈLEMENT SEXUEL

A. Discrimination

Au Canada, toutes les juridictions provinciales ont adopté des lois visant à protéger l'égalité des personnes et à enrayer la discrimination. Dans le domaine du droit de l'emploi, la législation ayant trait à l'égalité des droits a évolué, principalement en matière d'accès à l'égalité dans l'emploi en interdisant la discrimination fondée sur la race, l'origine, l'âge, le sexe et sur bien d'autres motifs.

Lorsque les relations d'emploi sont assujetties aux lois fédérales, la *Loi canadienne sur les droits de la personne*[1] s'applique. Lorsqu'elles se trouvent sous juridiction provinciale, elles sont gouvernées par la charte ou le code particulier à chaque province. Au Québec, il s'agit de la *Charte des droits et libertés de la personne*[2]. En outre, les employés du gouvernement canadien, des agences fédérales et des sociétés appartenant au gouvernement fédéral sont protégés par la *Loi de 1982 sur le Canada*[3].

La section 10 de la Charte québécoise stipule:

«Toute personne a droit à la reconnaissance et à l'exercice, en pleine égalité, des droits et libertés de la personne, sans distinction, exclusion ou préférence fondée sur la race, la couleur, le sexe, la grossesse, l'orientation sexuelle, l'état civil, l'âge sauf dans la mesure prévue par la loi, la religion, les convictions politiques, la langue, l'origine ethnique ou nationale, la condition sociale, le handicap ou l'utilisation d'un moyen pour pallier ce handicap.

---

1. L.R.C. (1985), c. H-6.
2. L.R.Q., c. C-12.
3. 1982, c. 11 (R.U.) Ann. B dans L.R.C. (1985), App. II, n° 44.

Il y a discrimination lorsqu'une telle distinction, exclusion ou préférence a pour effet d'invalider ou de compromettre ce droit.»

Pour démontrer qu'il y a effectivement discrimination, les tribunaux ont reconnu que trois éléments étaient nécessaires. Tout d'abord, il doit y avoir une distinction, une exclusion ou une préférence. Ensuite, la distinction, l'exclusion ou la préférence doit être fondée sur l'un des motifs prohibés de discrimination. Enfin, la distinction, l'exclusion ou la préférence doit avoir pour effet d'invalider ou de porter atteinte à la reconnaissance et à l'exercice des droits et libertés de la victime[4]. Pour enfreindre la Charte, il suffit que la discrimination soit l'une des raisons motivant l'action reprochée; elle n'a pas à être l'unique raison[5].

Une analyse de la structure de l'article 10 de la Charte québécoise démontre que l'usage du mot «fondé» réfère aux raisons qui motivent l'action reprochée et qu'il n'est pas nécessaire de prouver l'intention de discriminer. C'est plutôt la présence d'un effet discriminatoire résultant d'un acte ou d'une décision qui est recherchée. Le mot «effet», que l'on retrouve au second alinéa de l'article 10, reçoit la même analyse. Ainsi, pour qu'il y ait discrimination, la mauvaise foi ou la malice n'a pas à être prouvée. Il suffit que l'acte dont se plaint la victime engendre un effet discriminatoire[6].

Il est vrai qu'un «effet discriminatoire» est plus facilement identifiable lorsqu'on peut s'appuyer sur plus d'un exemple. Dans les cas isolés et non systématiques de discrimination, il peut s'avérer plus difficile de reconnaître un tel effet. Ainsi, dans les cas isolés où la discrimination est alléguée, la victime doit démontrer une corrélation entre l'acte dont elle se plaint et le motif discriminatoire. Par exemple, dans une cause, un homme qui prétendait avoir été frappé par

---

4. *Forget* c. *Québec (A.G.)*, [1988], 2 R.C.S. 90; *Johnson* c. *Commission des affaires sociales*, [1984] C.A. 61; *Commission des droits de la personne du Québec* c. *Beauport*, [1981] C.P. 292.
5. *Commission de l'emploi et de l'immigration du Canada* c. *Lang*, D.T.E. 91T-881 (C.A.F.); *C.D.P.Q.* c. *Entrepôt tapis du manufacturier M.E. Inc.*, J.E. 93-430 (T.D.P.Q.).
6. *Québec (Ville de)* c. *C.D.P.*, [1989] R.J.Q. 831 (C.A.); *Commission des droits de la personne du Québec* c. *L'Homme*, [1982] 3 C.H.R.R. 849 (C.A.). Concernant l'obligation d'accommoder de l'employeur de façon à ce que ses actes ne produisent pas d'effet discriminatoire, voir les arrêts *Commission des droits de la personne du Québec* c. *Ekco Canada Inc.*, [1983] C.S. 968 et *Commission ontarienne des droits de la personne* c. *Simpson-Sears Limited*, [1985] 2 R.C.S. 536.

des policiers en raison de sa race dut faire la preuve d'éléments précis qui démontraient une telle corrélation[7].

Nul ne peut exercer de discrimination dans l'embauche, l'apprentissage, la durée de la période de probation, la formation professionnelle, la promotion, la mutation, le déplacement, la mise à pied, la suspension, le renvoi, les conditions de travail d'une personne ou l'établissement de catégories ou de classifications d'emplois[8]. De plus, dans un formulaire d'emploi ou lors d'une entrevue relative à un emploi, il est interdit d'exiger d'une personne qu'elle fournisse des renseignements sur les bases prohibées de discrimination. Il y a cependant une exception à cette règle: si l'état matrimonial, l'âge, le sexe ou tout autre motif prohibé de discrimination est une exigence valable et raisonnable de par la nature spécifique de l'emploi, la demande de renseignements sera permise. Cette exception se retrouve à l'article 20 de la Charte:

«Une distinction, exclusion ou préférence fondée sur les aptitudes ou qualités requises par un emploi, ou justifiée par le caractère charitable, philanthropique, religieux, politique ou éducatif d'une institution sans but lucratif ou qui est vouée uniquement au bien-être d'un groupe ethnique est réputée non discriminatoire.»

Quiconque contrevient aux articles 10, 10.1 et 16 commet une infraction[9]. Si une corporation commet une telle infraction, tout officier, administrateur, employé ou agent de cette corporation qui a prescrit ou autorisé l'accomplissement de l'infraction ou qui y a consenti ou participé est réputé être partie à l'infraction, que la corporation ait été ou non poursuivie ou déclarée coupable[10].

Les motifs de discrimination prohibés par la Charte sont les suivants:

1. *La race, la couleur et l'origine ethnique ou nationale*

Ces motifs de discrimination laissent peu de place à l'interprétation. Le client d'une compagnie de taxi qui, sans aucune autre raison,

---

7. *Commission des droits de la personne du Québec c. Communauté urbaine de Montréal*, [1987] R.J.Q. 2025 (C.A.).
8. Article 16 de la Charte.
9. Article 87 de la Charte.
10. Article 88 de la Charte.

refuse d'utiliser les services d'un chauffeur de race noire commet un acte de discrimination. Il en va ainsi de la compagnie de taxi qui menace de renvoyer ses chauffeurs noirs parce que les clients refusent d'utiliser les taxis conduits par ceux-ci. Les bénéfices commerciaux ou la rentabilité ne justifient pas la discrimination et ne rendent pas la distinction, l'exclusion ou la préférence non discriminatoire[11].

Dans l'affaire *Commission des droits de la personne du Québec c. Compagnie Bombardier M.L.W. Ltée*[12], un commentaire à connotation raciale émis de façon isolée ne constituait pas de la discrimination puisqu'il n'avait pas eu pour effet de compromettre un droit protégé par la Charte. De plus, la personne qui avait passé cette remarque, un contremaître, s'était excusée publiquement. La preuve démontrait également que l'employeur n'approuvait pas la discrimination, qu'il ne l'encourageait pas et qu'il ne manifestait lui-même aucune attitude discriminatoire.

2.   *Le sexe*

Refuser d'embaucher, de promouvoir ou de transférer est un acte discriminatoire si la décision est fondée uniquement sur le sexe du candidat. La décision constituera de la discrimination et ce, même si l'employeur est de bonne foi. Ainsi, préférer un homme à une femme professeure pour la raison que les trois derniers professeurs embauchés étaient des femmes constitue de la discrimination[13]. De même, refuser une promotion à une personne pour le motif qu'elle est une femme constitue un acte discriminatoire interdit par la Charte, même si la décision était prise pour la protéger de difficultés reliées au poste dont, par exemple, le travail de nuit[14].

De la même façon, mettre fin à l'emploi d'une femme représentante en vente d'automobiles parce que ses collègues ainsi que la direction considéraient qu'il était plus agréable de travailler dans un milieu de travail composé uniquement d'hommes est une violation flagrante de la Charte[15].

---

11. *P.G. Québec c. Service de taxis Nord-Est (1978) Inc.*, [1984] C.S.P., renversée en partie, J.E. 85-407 (C.S.).
12. [1983] 4 C.H.R.R. 1447 (C.P.). Mais voir également *Commission des droits de la personne du Québec c. Communauté urbaine de Montréal*, [1987] R.J.Q. 2025 (C.A.).
13. *Commission des droits de la personne du Québec c. Collège de Sherbrooke*, [1981] C.S. 1083.
14. *Commission des droits de la personne du Québec c. Cité de Magog*, [1983] 4 C.H.R.R. 1369 (C.S.).
15. *C.D.P.Q. c. Up-Town Automobiles Ltée*, non rapportée, n° 500-053-000005-924, le 12 novembre 1992 (T.D.P.).

Bien que la Charte interdise la discrimination fondée sur le sexe, elle n'affecte pas le droit de l'employeur de préférer un employé de sexe masculin ou féminin plus compétent ou plus productif que l'employé du sexe opposé[16]. Cependant, la préférence ne doit pas être fondée sur une présomption ou supposition que l'un des sexes est plus compétent ou productif que l'autre. Elle doit se baser sur des éléments concrets et impartiaux.

3. La grossesse

Ce motif de discrimination s'explique de lui-même. Le législateur a dû amender l'article 10 de la Charte pour y inclure la grossesse comme motif de discrimination. En effet, certains tribunaux ne considéraient pas que la grossesse était incluse dans le «sexe» ou l'«état civil» d'une personne. Ainsi, depuis 1982, la discrimination fondée sur la grossesse est interdite.

4. L'orientation sexuelle

L'orientation sexuelle a été définie comme toute tendance ou orientation sexuelle prise par une personne, y compris le comportement extérieur engendré par cette tendance. Cette expression couvre donc l'hétérosexualité, l'homosexualité, la bisexualité de même que le transsexualisme. La Charte ne vise pas à protéger certaines personnes contre l'application de lois de nature punitive (le Code criminel, par exemple) ou à promouvoir certaines formes d'orientation sexuelle. Elle vise plutôt à protéger le droit à l'intimité dans les relations personnelles.

5. L'état civil

L'état civil désigne le statut de célibataire, marié[17], divorcé[18], ou veuf. Il est interdit de faire des distinctions, exclusions ou préférences en se basant sur l'un de ces facteurs. La Cour, dans l'arrêt *Commission des droits de la personne du Québec* c. *Poisson*[19], ajoute le statut de personne séparée à la liste des éléments inclus dans la définition de l'état civil. Ainsi, dans l'affaire *Commission des droits*

---

16. *Commission des droits de la personne du Québec* c. *Équipe du Formulaire L.T. Inc.*, [1982] 3 C.H.R.R. 114 (C.P.).
17. *Johnson* c. *Commission des affaires sociales*, [1984] C.A. 61.
18. *Commission des droits de la personne du Québec* c. *L'Homme*, [1982] 3 C.H.R.R. 849 (C.A.); *Aronoff* c. *Hawryluc*, [1981] 2 C.H.R.R. 534 (C.P.).
19. Non rapportée, C.P.M. 500-02-046915-786, le 16 janvier 1980 (C.P.).

de la personne du Québec c. *École de conduite St-Amour Inc.*[20], l'employeur fut trouvé coupable de discrimination puisqu'il avait pour politique, lors de mises à pied pour manque de travail, de garder à son emploi une personne mariée plutôt qu'une personne célibataire.

De même, dans *Commission des droits de la personne du Québec* c. *Courtier provincial en alimentation (1971) Inc.*[21], la Cour déclara que le fait de congédier une employée parce que son époux travaillait chez un compétiteur, alors qu'aucun préjudice n'avait été démontré, constituait de la discrimination fondée sur l'état civil.

La Cour en est arrivée à la même conclusion dans *C.D.P.Q.* c. *Entrepôt Tapis du Manufacturier M.E. Inc.*[22] L'employeur avait présumé que l'employée serait déloyale simplement parce que son conjoint travaillait pour un compétiteur. Le tribunal estima que la situation n'avait rien en commun avec celle de *C.D.P.Q.* c. *Les Immeubles NVDia Inc.*, où l'attitude et le comportement antérieurs de l'employé démontraient que les craintes de l'employeur face à un manque de loyauté de la part de l'employé étaient fondées et raisonnables[23].

Congédier quelqu'un en raison de ses relations familiales étroites avec le maire de la municipalité (gendre) constitue une violation de la Charte[24].

Une clause qui donne préséance aux enfants des administrateurs d'une compagnie au détriment de la convention collective est jugée discriminatoire quant à l'état civil[25].

D'après les décisions rendues dans *Blanchette* c. *Compagnie d'assurance du Canada sur la vie*[26] et *Bourque* c. *Sous-ministre du Revenu du Québec*[27], le statut de concubin n'est pas un élément de l'état civil d'une personne.

---

20. [1983] C.P. 16.
21. [1982] 3 C.H.R.R. 1134 (C.S.).
22. J.E. 93-430 (T.D.P.Q.).
23. Non rapportée, n° 760-53-000001-915, le 26 octobre 1992 (T.D.P.Q.). Voir aussi *Cashin* c. *Canadian Broadcasting Corp.*, (1988) 9 C.H.R.R. D/5353; *Canada (A.G.)* c. *Druken*, (1988) 9 C.H.R.R. D/5359; *Chiang* c. *Conseil de recherches en sciences naturelles et en génie du Canada*, D.T.E. 92T-486 (T.C.D.P.).
24. *Mille-Îles (Municipalité de) et Rowen*, D.T.E 88T-116 (T.A.).
25. *Syndicat national des employés de garages de Québec Inc. (C.S.D.)* c. *Roy*, [1987] D.L.Q. 409 (C.S.); *Placement G.P.C. Inc.* c. *Union des employés de commerce, Local 504 – T.U.A.C. – F.T.Q.*, [1987] D.L.Q. 93 (T.T.).
26. [1984] C.S. 1240.
27. [1986] D.L.Q. 79 (C.P.).

Il semble que les tribunaux aient élargi le sens de l'expression «état civil» pour y inclure toutes les relations créées par les liens de parenté. Telles furent les conclusions obtenues dans *Les Biscuits associés du Canada Ltée* c. *Commission des droits de la personne du Québec*[28] et *Ville de Brossard* c. *Commission des droits de la personne du Québec*[29].

6. *L'âge*

On ne doit pas confondre le refus d'embaucher un candidat en raison de son inexpérience avec la discrimination basée sur l'âge[30].

7. *La religion*

Dans *Commission des droits de la personne du Québec* c. *Ekco Canada Inc.*[31], les plaignants étaient membres de la Universal Church of God. Selon les préceptes de cette Église, les fidèles doivent s'abstenir de travailler les vendredis après-midi durant une période de douze à quinze semaines consécutives chaque année. Les plaignants furent congédiés pour avoir manqué à leur obligation d'être présents au travail. Ils alléguèrent qu'il y avait discrimination fondée sur la religion. Le tribunal conclut qu'il ne s'agissait pas d'un cas de discrimination puisque les plaignants ne respectaient pas les termes de leur contrat d'emploi. La Charte n'impose pas à l'employeur l'obligation de modifier les heures de travail en fonction des besoins créés par les croyances religieuses de ses employés. Notons toutefois que cette décision a été rendue avant que la Cour suprême du Canada ne se prononce, dans *Ontario Human Rights Commission* c. *Simpson Sears*[32], à l'effet que la non-discrimination dans l'emploi impose à l'employeur l'obligation d'accommoder ses employés et ce, même si le Code ontarien des droits de la personne (R.S.O., c. 340) ne contient aucune clause expresse quant à l'obligation d'accommodement. Cette obligation est telle qu'il est du devoir de l'employeur de prendre les dispositions raisonnables pour accommoder les employés, mais sans que cela n'interfère indûment avec les opérations de l'employeur ou n'occasionne de coûts démesurés. En effet, la Cour suprême a décidé

---

28. [1981] C.A. 521.
29. [1988] 2 R.C.S. 279. Voir aussi *Commission des droits de la personne du Québec c. Courtier provincial en alimentation (1971) Inc.*, (1982) 3 C.H.R.R. 1134 (C.S.); *Johnson c. Commission des affaires sociales*, [1984] C.A. 61.
30. *Automobiles de Montréal-Ouest Inc. c. General Motors du Canada Limitée*, [1986] D.L.Q. 294 (C.S.).
31. [1983] C.S. 968.
32. [1985] 2 R.C.S. 536.

que l'obligation d'accommodement était incluse implicitement et
découlait de l'interprétation libérale de la Charte ontarienne. Cette
décision aura sûrement une incidence sur l'évolution de la Charte
québécoise.

L'exigence qu'une personne soit catholique pratiquante fut considérée comme élément non discriminatoire selon l'article 20 puisque
cette exigence avait été posée dans le cadre d'un emploi de responsable des relations publiques dans un collège privé catholique[33].

8. *Les convictions politiques*

En ce qui concerne l'expression «convictions politiques», la Commission des droits de la personne y apporte une interprétation beaucoup plus large que celle d'une simple approche partisane. En fait,
toute distinction, exclusion ou préférence basée sur l'un des facteurs
suivants est interdite:

1. souscription ou identification à une idéologie, indépendamment
    de toute adhérence à un parti politique;

2. adhérence à une organisation dont le seul but est la conquête du
    pouvoir (parti politique, par exemple);

3. adhérence à une organisation qui n'est pas exclusivement vouée
    à la conquête du pouvoir, tels les groupes de pression, auquel cas,
    la distinction, exclusion ou préférence doit aussi prendre en
    considération l'idéologie que recherche cette organisation, que
    l'employé y soit identifié ou qu'il en soit un ancien membre.

Rappelons qu'une personne qui se croit victime de discrimination devra prouver que la différence de traitement qu'elle reçoit
résulte d'un motif prohibé de discrimination, en l'occurrence, de ses
convictions politiques. La question n'est pas de savoir si le traitement
reçu découle d'une raison juste et satisfaisante. Ainsi, dans l'affaire
*Commission des droits de la personne du Québec c. Collège d'enseigne-
ment général et professionnel St-Jean sur Richelieu*[34], la Cour a
maintenu que la plaignante n'avait pas apporté la preuve que le refus
du collège de renouveler son contrat d'emploi de professeure découlait
de son orientation marxiste-léniniste. Il n'y avait aucune preuve
directe de discrimination, et les présomptions de faits auxquelles

---

33. *C.P.D. c. Collège Mérici*, [1990] R.J.Q. 604 (C.Q.).
34. [1984] R.D.J. 76 (C.A.).

faisait allusion la plaignante n'étaient pas suffisamment sérieuses pour que la Cour puisse conclure qu'elle était victime de discrimination.

9. La langue

La Charte interdit et sanctionne toute distinction, exclusion ou préférence fondée sur la langue. La seule exception à cette règle est la distinction, exclusion ou préférence fondée sur les aptitudes ou qualités véritablement requises pour l'emploi[35]. De plus, la *Charte de la langue française*[36] confère une protection supplémentaire à l'employé en interdisant à l'employeur de congédier ou de rétrograder un employé pour la seule raison que celui-ci parle exclusivement français ou qu'il n'a pas la connaissance suffisante d'une autre langue que le français[37]. Cette loi interdit également à l'employeur d'exiger la connaissance d'une langue autre que le français lorsqu'il offre un emploi, sauf si la nature de cet emploi requiert la connaissance d'une autre langue[38].

10. La condition sociale

L'expression «condition sociale» doit être interprétée comme l'ensemble des facteurs relatifs au degré de pouvoir d'un individu dans la société. Cette interprétation inclut la définition traditionnelle de cette expression, soit la position qu'occupe une personne dans la hiérarchie sociale, ce qui inclut son origine sociale, son niveau de revenu, son éducation et son occupation ou profession[39].

Dans l'arrêt *Commission des droits de la personne du Québec* c. *Centre hospitalier St-Vincent de Paul de Sherbrooke*[40], la Cour décida que le fait d'être un ancien alcoolique n'était pas un élément de la condition sociale d'une personne, la condition sociale d'un individu ne devant pas être confondue avec sa condition médicale.

---

35. *Lachine* c. *C.D.P.*, [1989] R.J.Q. 17 (C.A.).
36. L.S.Q., c. C-11.
37. Article 45.
38. Article 46.
39. *Johnson* c. *Commission des affaires sociales*, [1984] C.A. 61; *Commission des droits de la personne* c. *Ville de Montréal*, [1983] 4 C.H.R.R. 1444 (C.S.); *Commission des droits de la personne du Québec* c. *Equipe du Formulaire L.T. Inc.*, [1982] 3 C.H.R.R. 1141 (C.P.); *Commission des droits de la personne du Québec* c. *Ville de Beauport*, [1981] C.P. 292 (C.S.). Voir aussi l'arrêt *Rhéaume* c. *Association professionnelle des optométristes du Québec*, [1986] D.L.Q. 57 (C.S.) où la cour décida que le niveau de revenu n'est qu'un des éléments de la condition sociale.
40. Non rapportée, C.S. St-François, n° 450-05-000856-78, 7 septembre 1978.

11. *Le handicap*

La notion de handicap est particulièrement importante en droit de l'emploi. Évidemment, la discrimination dans l'emploi fondée sur le handicap est interdite. Toutefois, comme il est prévu à l'article 20 de la Charte, une distinction, exclusion ou préférence fondée sur les aptitudes ou qualités requises pour une exécution adéquate et sécuritaire des tâches est jugée non discriminatoire. Le handicap doit être sérieux et doit entraîner des conséquences réelles[41].

Dans *Commission des droits de la personne du Québec c. Côte St-Luc*[42], l'employeur avait congédié un pompier parce que ce dernier était obèse. Le pompier alléguait que son obésité était un handicap et que son congédiement pour cette raison était illégal au regard de l'article 10 de la Charte. Sur la question de savoir si en vertu de la Charte une personne est handicapée, le juge déclara que la question de l'existence de son handicap s'analysait à la lumière de l'article 1(g) de la *Loi assurant l'exercice des droits des personnes handicapées*[43], qui consiste à déterminer si une personne est limitée dans l'accomplissement de ses activités normales. Selon cette analyse, le plaignant n'était pas une personne handicapée. De plus, la Cour ajouta que, même si le pompier avait été handicapé, l'exception prévue à l'article 20 de la Charte aurait prévalu dans ce cas. L'imposition d'un poids maximal en considération de la nature du travail de pompier était raisonnable et légitime, en ce qu'il est requis d'une personne qu'elle soit agile et qu'elle possède la dextérité manuelle permettant de grimper à une échelle.

En 1982, la Charte fut amendée: le motif prohibé de discrimination a changé de «personne handicapée» à «handicap». Depuis l'amendement, plusieurs tribunaux ont déclaré que le test permettant d'établir si une personne avait un handicap n'était plus le même que celui de la *Loi assurant l'exercice des droits des personnes handicapées*[44]. Dans *C.D.P.Q. c. Hôpital Rivière-des-Prairies*[45], la Cour a suggéré un test en deux étapes: tout d'abord que soit démontrée la

41. *Commission des droits de la personne du Québec c. Ville de Montréal-Nord*, [1984] C.S. 53; *Commission des droits de la personne du Québec c. Ville de Laval*, [1983] C.S. 961; *Commission des droits de la personne du Québec c. Boutiques du tricot Jobin Inc.*, [1983] C.P. 234.
42. [1982] C.S. 795; *Commission des droits de la personne du Québec c. Héroux*, [1981] 2 C.H.R.R. 388 (C.P.).
43. L.Q. 1978, c. 7.
44. *Commission des droits de la personne c. Lessard, Beaucage, Lemieux Inc.*, non rapportée, n° 500-53-0000017-929, le 15 décembre 1992 (T.D.P.Q.).
45. [1991] R.J.Q. 2943 (C.S.).

présence d'une anomalie anatomique ou physiologique et, ensuite, que cette anomalie soit telle qu'elle limite de façon appréciable la capacité d'une personne de fonctionner normalement.

B.   Harcèlement sexuel

Le harcèlement sexuel au travail est strictement interdit en vertu de la *Charte des droits et libertés de la personne*[46], du *Code canadien du travail*[47] et de la *Charte canadienne des droits et libertés*[48].

Il existe deux formes de harcèlement sexuel. La première est celle où une personne émet des commentaires vexatoires ou agit de façon vexatoire alors qu'elle sait ou devrait savoir que ce comportement est malvenu. La deuxième forme est celle où une personne sollicite des faveurs sexuelles ou fait des avances alors qu'elle sait ou devrait savoir que ce comportement est malvenu.

Dans bien des cas, le harcèlement sexuel consiste en des incidents répétés. Néanmoins, un incident isolé mais sérieux peut aussi être considéré comme du harcèlement sexuel.

En ce qui concerne la forme plus manifeste de harcèlement sexuel, soit de solliciter des faveurs sexuelles ou de faire des avances, des problèmes de preuves sont souvent rencontrés en raison du fait que l'offense alléguée a rarement lieu au vu et au su d'autres personnes. Règle générale, de tels événements se produisent alors que la seule preuve disponible vient du témoignage des parties impliquées, lesquelles, invariablement, racontent des histoires diamétralement opposées. Il en résulte que les tribunaux tendent à se baser sur la preuve circonstancielle et qu'ils tirent leurs conclusions de la conduite des parties, dont, entre autres, le fait que la partie plaignante ait ou non raconté les incidents dont elle se plaint à quelqu'un d'autre.

La *Commission des droits de la personne du Québec*, dans sa «Politique visant à éliminer le harcèlement sexuel au travail», définit le harcèlement sexuel comme suit:

«[...] une conduite se manifestant par des paroles, des actes ou des gestes à connotation sexuelle, répétés et non désirés, et qui est de nature à porter atteinte à la dignité ou à l'intégrité

---

46. L.R.Q., c. C-12, article 10.1.
47. L.R.C. (1985), c. L-2, articles 247.1 et suivants.
48. L.R.C. (1985), c. H-6, article 14.

physique ou psychologique de la personne ou de nature à entraîner pour elle des conditions de travail défavorables ou un renvoi.»

La Commission donne les exemples suivants de harcèlement sexuel:

- demandes non sollicitées de faveurs sexuelles;

- contacts physiques, remarques, insultes, blagues et commentaires à connotation sexuelle qui causent un préjudice à la dignité de la personne;

- intimidation, menaces, réprimandes, refus d'accorder une promotion, congédiement ou toute autre forme de traitement injuste associé au refus d'accorder des faveurs sexuelles.

Évidemment, les hommes aussi bien que les femmes peuvent être victimes de harcèlement sexuel.

Une victime de harcèlement sexuel peut obtenir la cessation d'une telle conduite ainsi qu'un dédommagement pour le préjudice subi. En outre, le tribunal peut condamner l'auteur de tels actes illicites et intentionnels à payer des dommages exemplaires[49].

Dans certains cas, l'employeur, en plus du harceleur, pourra être condamné à payer un dédommagement à la victime. En effet, si l'employeur a connaissance du harcèlement sexuel et qu'il l'ignore ou ferme intentionnellement les yeux, il pourra être tenu responsable. Dans *Augustus* c. *Gosset*, la Cour supérieure a décidé que l'employeur ne devait pas être condamné au paiement de dommages exemplaires «à moins qu'il n'ait expressément ou implicitement autorisé ou ratifié l'acte répréhensible de son employé»[50]. Ainsi, un employeur qui a été dûment avisé du harcèlement sexuel subi par un employé peut être tenu responsable s'il n'a pas pris les mesures appropriées pour y mettre fin.

---

49. Article 49 de la *Charte des droits et libertés de la personne*; *Halkett* c. *Ascofigex*, [1986] R.J.Q. 2697 (C.S.); *Foisy* c. *Bell Canada*, [1984] C.S. 1165; *Augustus* c. *Gosset*, [1990] R.J.Q. 2641 (C.S.); et article 41 de la *Charte canadienne des droits et libertés*.
50. [1990] R.J.Q. 2641 (C.S.), p. 2656.

Dans *Halkett* c. *Ascofigex*[51], la Cour a déclaré l'employeur conjointement et solidairement responsable avec l'auteur du harcèlement sexuel qui était le supérieur de la victime. La Cour a fondé son jugement sur l'article 1054(7) du Code civil qui rend l'employeur responsable des fautes commises par ses employés[52].

D'autres décisions laissent entendre que l'employeur devrait être tenu responsable des dommages, qu'il ait eu ou non connaissance du harcèlement sexuel, si un tel acte a été commis par un supérieur de la victime[53].

Dans l'arrêt *Foisy* c. *Bell Canada*[54], le supérieur de la plaignante avait suggéré qu'ils «fassent des choses ensemble». Elle refusa et fut congédiée peu après. La Cour ordonna qu'elle réintègre son emploi, et l'employeur fut condamné à payer des dommages de 3 000$ pour harcèlement sexuel.

Dans *Robichaud* c. *Canada (Treasury Board)*[55], la Cour suprême du Canada conclut que, sous la *Charte canadienne des droits et libertés*, l'employeur était responsable du harcèlement sexuel commis par un contremaître envers une de ses employées:

«[...] la Loi envisage de rendre les employeurs responsables de tous les actes accomplis par leurs employés «dans le cadre de leurs emplois» en interprétant cette dernière expression en fonction de l'objet de la Loi, c'est-à-dire comme signifiant «reliés de quelque manière à l'emploi».» (p. 95)

Bien que l'intention de l'employeur ne soit pas pertinente pour déterminer sa responsabilité, la Cour suprême a énoncé qu'elle prendrait en considération l'attitude de l'employeur dans l'évaluation des dommages subis par la victime:

«Par exemple, un employeur qui, devant une plainte, réagit promptement et efficacement en établissant un plan destiné à remédier à la situation et à empêcher qu'elle ne se reproduise

---

51. [1986] R.J.Q. 2697 (C.S.).
52. Voir aussi *Foisy* c. *Bell Canada*, [1984] C.S. 1164.
53. Voir *Robichaud* c. *Canada (Treasury Board)*, [1987] 2 R.C.S. 84.
54. [1984] C.S. 1154; *Fasulo* c. *Emballages Heal Seal Inc.*, non rapportée, Doc. n°
    SA-124-89 114, 11 août 1989 (T.A.).
55. [1987] 2 R.C.S. 84. Voir aussi *Gervais* c. *Agriculture Canada*, D.T.E. 88T-533
    (T.C.D.P.).

ne sera pas responsable dans la même mesure si jamais il l'est vraiment, qu'un employeur qui n'adopte pas de telles mesures.» (p. 96)

En plus d'être condamné pour ses actes, le harceleur peut être congédié par l'employeur. Les tribunaux reconnaissent en général que le harcèlement sexuel constitue un motif légitime de congédiement sans préavis.

Finalement, bien que le harcèlement sexuel au travail soit interdit, les relations personnelles entre employés ou entre l'administration et les employés ne le sont pas[56].

---

56. *Foisy c. Bell Canada*, (1984) C.S. 1165.

CHAPITRE 7

OBLIGATION DE FOURNIR LE TRAVAIL

La première obligation de l'employeur est de fournir le travail à son employé, conformément à ce qui a été entendu expressément entre les parties ou qui peut raisonnablement découler des circonstances. Cette obligation exige généralement de l'employeur qu'il fournisse un certain type de travail dans un lieu spécifique, qu'il procure à l'employé les outils nécessaires, qu'il lui transmette les directives et qu'il l'investisse de l'autorité requise pour exécuter le travail. L'obligation de l'employeur de fournir le travail implique qu'il devra continuer de le faire pour la durée du contrat, qui peut être fixe ou indéterminée. L'employeur doit aussi traiter l'employé avec respect.

Le droit unilatéral d'un employeur de modifier les termes et conditions de l'emploi dépend de l'entente entre les parties ou de la pratique en vigueur dans une industrie particulière. Selon les circonstances, cesser de fournir le travail sur lequel on s'était entendu ou changer le rapport hiérarchique de l'employé, ou encore son lieu de travail, peut donner droit à un préavis raisonnable d'un tel changement, à moins que l'employé n'ait expressément ou tacitement accepté le changement. S'il ne reçoit pas un préavis raisonnable et qu'il n'accepte pas le changement, l'employé peut alléguer qu'il est victime d'un congédiement déguisé[1].

Si le contrat d'emploi permet spécifiquement ou implicitement à l'employeur de changer des conditions d'emploi telles que le lieu de travail, le poste ou les fonctions de l'employé, celui-ci se verra alors obligé d'accepter de tels changements. S'il ne se conforme pas aux changements, l'employeur sera en droit de conclure que l'employé a démissionné ou qu'il y a cause de congédiement.

---

1. *Brown* c. *Canada Biscuit Co.*, [1935] R.C.S. 212. Voir au chapitre 12 pour une discussion sur le congédiement déguisé.

De façon générale, un employeur n'est pas tenu de fournir une charge de travail précise. Cependant, à certaines occasions, le type de rémunération peut signifier que l'employé est en droit de recevoir une certaine quantité de travail. Tel est le cas lorsqu'un travail est rémunéré à la commission ou à la pièce. Néanmoins, dans bien des cas, l'employeur ne contrôle pas la quantité de travail qui peut dépendre de tiers, tels que clients ou fournisseurs.

Souvent, suite à une réorganisation administrative, à une fusion avec une autre compagnie ou encore à des difficultés financières, un employeur se voit dans l'obligation de réduire sa main-d'oeuvre et de supprimer ou consolider des postes. L'employé ainsi mis à pied a droit à un préavis raisonnable ou à une indemnité tenant lieu de préavis.

Dans *Rajotte* c. *P.H. McCarthy Transport Inc.*[2], le poste de directeur régional fut éliminé suite à la fusion de deux entreprises de transport. Le tribunal ordonna à l'employeur de verser l'équivalent d'un an de salaire à l'employé à titre d'indemnité tenant lieu de préavis raisonnable. En appel, Monsieur le juge Nolan réduisit l'avis à six mois[3]. Dans *Harkans* c. *Hercules Canada Ltée*[4], le poste d'une employée fut aboli suite à une réorganisation administrative. L'employée fut congédiée après avoir refusé deux autres postes que lui offrait l'employeur. La Cour en vint à la conclusion que, puisque l'employée avait été engagée pour un poste spécifique, le fait de refuser un autre poste ne constituait pas une cause de congédiement. Par conséquent, elle avait droit à un préavis raisonnable de fin d'emploi.

A. Type de travail

L'employeur doit fournir à l'employé le type de travail sur lequel ils se sont entendus au moment de l'engagement ou ultérieurement, par consentement mutuel. Agir autrement constituera un bris du contrat d'emploi[5]. Par exemple, une personne engagée comme secrétaire ne peut être tenue d'accomplir les fonctions de réceptionniste si elles ne faisaient pas partie de l'entente lors de l'engagement ou si les circonstances ne font pas en sorte que lesdites fonctions font implicitement partie des responsabilités d'une secrétaire.

---

2. J.E. 82-487 (C.S.).
3. D.T.E. 85T-239 (C.A.).
4. J.E. 84-678 (C.S.).
5. *Alary* c. *Leibovitz*, [1943] R.L. 396 (C.S.).

Souvent, une personne est engagée sans qu'il ne lui soit attribué de fonctions spécifiques. Tel est le cas pour les postes de commis de bureau ou de commis général. Le fait qu'un employé comprenne que ses fonctions peuvent changer de temps à autre, selon les directives de son supérieur et les besoins de la compagnie, l'empêchera d'alléguer une modification unilatérale de son emploi lorsqu'il lui sera demandé d'exécuter des fonctions ou travaux variés. Cet employé ne peut exiger que son employeur lui fournisse le type de travail qu'il préfère puisque, de toute évidence, il n'existe aucune entente à cet effet.

Certains employés, bien qu'ils ne soient pas engagés pour un poste spécifique, le sont pour effectuer un certain type de travail. Dans ces cas, l'employé peut exiger d'être assigné à un travail du type de celui pour lequel il a été recruté. Par exemple, un employé embauché comme ingénieur ne peut exiger d'être assigné à un projet spécifique[6]. Néanmoins, il peut refuser de faire un travail de vente. De la même manière, un individu employé comme comédien ne pourra pas insister pour obtenir un rôle précis, mais il pourra refuser les tâches de maquilleur ou d'habilleur. Malgré tout, si ces tâches faisaient normalement partie des fonctions d'un acteur ou d'un ingénieur, il serait alors tenu de les remplir selon la volonté de l'employeur.

Comme il a été mentionné plus haut, dans tout contrat d'emploi, le droit d'un employeur de modifier les fonctions, les responsabilités ou la nature du travail est limité par l'entente globale conclue avec son employé. Il peut s'avérer encore plus difficile de définir les limites au droit de l'employeur de changer le travail quand il s'agit d'emplois qui évoluent rapidement en raison de modifications technologiques ou d'expansion des opérations de l'entreprise. De même, lorsqu'un employeur réduit ses services et se voit forcé par la même occasion de mettre à pied des travailleurs et de fusionner des postes, il devient

---

6. Dans *Jervis c. Raytheon Canada Limited*, (1990) 91 C.L.L.C. 12187 (Ont. Ct, Gen. Div.), Jervis avait été engagé comme ingénieur. Au fil des ans, son poste d'ingénieur novice passa à celui d'ingénieur de rang supérieur, lequel comportait des responsabilités administratives. La Cour déclara que c'était une condition implicite de son contrat qu'il ne soit pas rétrogradé, ne subisse pas de réduction de responsabilités ou de statut, ou que son poste ne soit pas changé à l'intérieur de l'entreprise sans son consentement. En l'occurrence, la Cour conclut que le statut était davantage prestigieux lorsqu'il était associé à la participation dans un projet particulier plutôt que dans l'organisation générale de la compagnie. Bien qu'il n'existait pas de cause juste pour retirer Jervis d'un certain projet coréen, la Cour refusa toutefois de l'indemniser pour ce bris de contrat, prétendant qu'il l'avait implicitement accepté. En effet, après son retrait du projet, Jervis avait poursuivi son travail pendant près de 3 ans.

difficile de déterminer si la modification des fonctions est telle qu'elle pourrait équivaloir à un bris de contrat. Dans l'affirmative, l'employé pourrait démissionner et poursuivre l'employeur pour une indemnité tenant lieu de préavis de fin d'emploi. La Cour suprême du Canada a confirmé que la modification des fonctions de superviseur d'usine à celles de contremaître de cour était un bris de contrat[7]. Dans une autre affaire, la Cour d'appel du Québec décida que la réaffectation injustifiée d'un capitaine de navire à un poste d'entretien de niveau inférieur constituait un bris de l'obligation de l'employeur puisque ce dernier avait changé le type de travail[8].

Certains tribunaux ont décidé que, pour maintenir la relation d'emploi, il n'est pas nécessaire que l'employeur fournisse du travail à l'employé, pourvu que le salaire et les avantages continuent de lui être fournis. La Cour d'appel de la Colombie-Britannique a récemment énoncé qu'il y a des exceptions à ce principe comme c'est le cas pour un chef de direction[9]. Ainsi, pour certains types d'emploi, le manquement par l'employeur à son obligation de fournir le travail

---

7. *Brown c. Canada Biscuit Co. Ltd.*, [1935] R.C.S. 212 (C.S.C.).
8. *L'administration de pilotage des Laurentides et la Guilde de la marine marchande c. Gagnon*, [1981] C.A. 431.
9. *Park c. Parsons Brown & Co.*, (1990) 27 C.C.E.L. 224 (B.C.C.A.), où l'employeur n'avait pas le droit de retirer à un cadre ses fonctions durant la période de préavis raisonnable de congédiement:
   «Deux jugements relativement anciens ont été cités par M. Smith au soutien de sa proposition à l'effet que la décision des administrateurs de démettre Park de ses fonctions ne constituait pas un bris de contrat: *Emmens c. Elderton*, (1853) 4 H.L.C. 624, 10 E.R. 606 (H.L.) et *Turner c. Sawdon & Co.*, [1901] 2 K.B. 653, 49 W.R. 712 (C.A.). Dans ces affaires, il fut maintenu que l'obligation de garder un employé en poste ne comportait pas nécessairement une obligation de fournir le travail.
   Quel que soit l'effet de ces jugements dans le monde des affaires actuel, M. Smith a reconnu qu'il existait des exceptions à cette proposition. L'une se réfère au contrat d'emploi où il est à l'avantage de l'employé, dans le cas d'une actrice ou d'un animateur de radio ou de télévision, d'offrir un bon rendement. Une autre exception est celle où l'employé est rémunéré à la commission.
   Je n'ai pas de difficulté à relier ces deux exceptions au cas qui nous occupe. Park agissait à titre de chef de la direction et une partie de sa rémunération provenait d'un boni représentant un pourcentage du revenu annuel de Parsons Brown.
   En tant que chef de direction, il était principalement responsable des opérations de la compagnie; le succès ou l'échec de celle-ci projetait l'image de sa propre performance. S'il ne lui était pas permis de tenir son rôle, son boni refléterait non pas ses aptitudes, mais celles d'un comité de gestion. De plus, sa réputation de dirigeant, reconnue dans le monde des affaires, en souffrirait quand on apprendrait qu'il n'avait plus ni responsabilités ni pouvoir.» (p. 230) (traduction libre)
   Voir aussi *Suleman c. British Columbia Research Council*, (1991) 52 B.C.L.R. 138 (B.C.C.A.), où la cour a réaffirmé le principe général et l'a appliqué, en tenant compte de la position de l'employé.

sur lequel les parties se sont entendues peut constituer un congédiement déguisé, même si le salaire, les bénéfices et le titre ne sont pas affectés. La raison est simple: dans certains cas, la visibilité que procure une fonction est, en elle-même, un précieux avantage.

Finalement, l'incapacité de définir un poste ou de s'entendre sur le poste à occuper ou, du moins, sur le type de travail qui sera fourni pourra empêcher la conclusion d'un contrat d'emploi[10]. En d'autres termes, un individu ne peut être embauché sans que les parties aient à tout le moins une compréhension générale des fonctions qui seront exercées.

B.   Autorité et responsabilités

L'obligation de fournir le travail implique que, en plus de fournir le titre et le type de travail sur lesquels les parties se sont entendues, l'employeur doit accorder à l'employé l'autorité et les responsabilités nécessaires à l'exécution de ses tâches. Par conséquent, on devrait donner à un directeur de production la responsabilité des activités et l'autorité nécessaire dans ses rapports avec les employés directement impliqués dans la production. Pour déterminer le degré d'autorité et les responsabilités implicitement ou expressément convenus, il faut examiner les circonstances particulières à chaque relation d'emploi. Alors qu'on retrouve des documents qui précisent ces aspects de la tâche chez plusieurs employeurs, d'autres, surtout parmi les petits entrepreneurs, n'en ont aucun. Dans certains cas toutefois, même lorsqu'une telle documentation existe, elle ne reflète pas la réalité. En général, les tribunaux analyseront l'intention des parties en se référant à la pratique courante.

Un employeur qui fournirait un titre mais qui ne permettrait pas à l'employé d'assumer les responsabilités normalement associées à la tâche ne remplirait pas ses obligations. Par ailleurs, il peut y avoir bris de contrat si l'employeur réduit l'autorité d'un employé de façon à constituer une modification fondamentale de son poste ou de l'empêcher d'accomplir ses tâches. *Montreal Public Services Co. c. Champagne*[11] est l'une des premières affaires abordant la décision unilatérale d'un employeur de réduire l'autorité d'un employé. Dans cette affaire, le Conseil Privé a décidé que la compagnie était responsable des dommages pour bris de contrat. Il était évident, après

---

10. *Major c. Cie d'Assurances Provinces-Unies*, D.T.E 89T-414 (C.A.).
11. (1917) 33 D.L.R. 49 (C.P.).

examen des faits, que le Conseil d'administration avait visiblement réduit les pouvoirs et responsabilités du directeur général. Dans *Lavigne* c. *Sidbec-Dosco*[12], un employé fut informé qu'une réorganisation des opérations financières avait eu lieu et qu'il serait par conséquent affecté à un poste de niveau et de salaire inférieurs, au siège social de la compagnie. La Cour a conclu qu'il y avait effectivement eu congédiement (congédiement déguisé) parce qu'on avait réduit l'autorité, les responsabilités et le salaire de Lavigne. Dans une autre affaire, la Cour déclara qu'il y avait bris de l'obligation de l'employeur de fournir un certain type de travail associé à un certain niveau d'autorité, lorsque l'éditeur associé, en fonction depuis quelque onze ans, s'était vu réaffecté à un poste de simple journaliste[13].

Dans l'affaire fréquemment citée *Reilly* c. *Hotels of Distinction (Canada) Inc., Hotel le Grand / Grand Hotel*[14], Reilly, la directrice des ventes du Grand Hotel, avait la responsabilité des ventes et de la mise en marché. L'employeur, en plus d'autres changements mineurs, lui retira une partie de ses responsabilités pour les attribuer à un employé nouvellement engagé. La Cour décida que, ainsi faisant, l'employeur avait manqué à son obligation de fournir le travail convenu et que, par conséquent, il avait rompu le contrat. Dans *Zocchi* c. *Wang Canada Ltée*[15], l'employeur embaucha un nouveau directeur régional et, petit à petit, il tenta de retirer les responsabilités et l'autorité de la directrice de la succursale, Mme Zocchi. Encore là, la Cour déclara que l'employeur avait rompu le contrat d'emploi. Dans les deux cas, les employées avaient démissionné à la suite de modifications unilatérales de leurs pouvoirs et responsabilités. Puisque la violation de leur contrat d'emploi était à la base de la démission des deux employées, les employeurs furent condamnés à payer des dommages pour les congédiements déguisés de Reilly et Zocchi.

Dans *Macaulay* c. *Imperial Life Assurance Co.*[16], l'employeur informa un directeur de succursale de sa décision de révoquer sa nomination et lui demanda de retourner vendre des polices d'assurance-vie. La Cour décida que, en vertu de la clause de cessation d'emploi incluse dans la lettre de nomination qui régissait la relation entre les parties, la compagnie n'avait pas l'obligation de continuer de fournir

---

12. D.T.E. 85T-4 (C.S.).
13. *Allard* c. *P.G. du Québec*, D.T.E. 84T-173 (C.P.).
14. D.T.E. 87T-645 (C.S.).
15. D.T.E. 87T-646 (C.S.).
16. J.E. 84-423 (C.S.).

le travail de gestion pour quelque période que ce soit. La clause se lisait comme suit:

«La nomination du Directeur de succursale peut être révoquée par le Directeur de succursale ou par la Compagnie en donnant à l'autre partie un avis écrit à cet effet.» (traduction libre)

La compagnie pouvait donc mettre fin à l'emploi du directeur de succursale en tout temps, sans préavis ni indemnité. Dans cette affaire, le directeur avait 58 ans et était au service de la compagnie depuis près de 20 ans. Au cours de l'année précédant sa destitution du poste de directeur, il avait reçu une lettre de félicitations du président du conseil parce que la succursale dont il était responsable avait obtenu les meilleures primes. L'affaire *Ruel* c. *La Banque Provinciale du Canada*[17] est un autre exemple d'un contrat d'emploi donnant à l'employeur de larges pouvoirs de modifier les responsabilités, le lieu de travail et la rémunération de son employé. Le contrat allait aussi loin que de permettre à l'employeur de rétrograder le directeur de la banque.

Finalement, un tribunal énonça qu'une modification unilatérale des fonctions et des conditions de travail qui fait en sorte qu'elle expose l'employé à de l'embarras ou à de l'humiliation peut constituer un congédiement déguisé[18].

C. Lieu de travail

On peut s'entendre expressément sur le lieu de travail, mais celui-ci est habituellement tacitement déterminé par les circonstances. Plus souvent qu'autrement, une personne est engagée pour travailler dans un endroit spécifique et elle continuera d'y travailler pour un bon nombre d'années. Pour plusieurs employés, il est implicitement entendu que le lieu de travail demeurera inchangé pour la durée de la relation d'emploi. L'entente expresse ou tacite selon laquelle le travail sera fourni à un certain endroit ou à partir d'un certain endroit doit être respectée par l'employeur; autrement, il risque de se trouver en défaut de remplir son obligation. Il peut être particulièrement important de s'entendre sur le lieu de travail dans les cas où l'entreprise est d'envergure nationale ou internationale.

---

17. [1971] C.A. 343.
18. *Gravino* c. *Gulf Canada Limited*, D.T.E. 91T-1059 (C.S.).

Certains employés acceptent au départ de travailler à plusieurs endroits ou dans un lieu que l'employeur peut désigner de temps à autre. Selon les circonstances de l'embauche, la nature des opérations ou le type d'emploi, il peut être tacitement entendu que la possibilité d'être transféré dans un autre lieu de travail, incluant un autre pays, fait partie des conditions de travail. Dans ces cas, refuser le transfert peut constituer une cause juste de congédiement. Dans *Gravino* c. *Gulf Canada Limited*[19], la Cour a déclaré que de déménager de Montréal à Toronto n'était pas un sacrifice hors du commun pour un employé des plus hauts niveaux hiérarchiques d'une importante entreprise dont les opérations étaient répandues partout à travers le Canada. La Cour a reconnu que la mobilité est généralement requise de la part de cadres supérieurs dont les entreprises possèdent des opérations pan-canadiennes et que le consentement à être relocalisé géographiquement de temps à autre était une condition implicite du contrat d'emploi du plaignant. La Cour a également ajouté que des employés aussi ambitieux que le plaignant devraient comprendre que, pour être promus aux postes les plus élevés, ils se doivent d'acquérir de l'expérience quant aux différents aspects des opérations de l'employeur, ce qui implique de travailler dans différents sites. Puisque le siège social de la compagnie était à Toronto, il était normal que les cadres de la compagnie soient appelés à y résider. Une expérience au siège social était considérée comme un aspect important de l'entraînement d'un cadre. La Cour cita la Cour suprême de la Colombie-Britannique dans l'affaire *Durrant* c. *Westeel-Rosco Limited*[20]:

> «De mon point de vue l'acceptation de tout transfert régional n'impliquant pas une rétrogradation était un terme implicite du contrat d'emploi entre le plaignant et le défendeur. Je ne vois pas comment des corporations d'envergure nationale ou internationale peuvent opérer adéquatement sans de tels termes implicites dans leurs contrats d'emploi.» (p. 20)
> (traduction libre)

La Cour cita aussi l'arrêt *Morris* c. *International Harvestor Canada Limited*[21]:

---

19. D.T.E 91T-1059 (C.S.). Voir aussi *Owens Illinois Canada Inc.* c. *Boivin*, J.E. 89-26 (C.A.); *Belair* c. *Communications Radio Mutuelle Inc.*, D.T.E. 88T-268 (C.S.); *Lever* c. *Bicks Sport Canada Inc.*, non rapportée, C.S. 500-05-00417-877, 10 octobre 1989 (C.S.). Mais voir *Bazinet* c. *Radiodiffusion Mutuelle Ltée*, D.T.E 85T-640 (C.S.).
20. (1978) 7 B.C.L.R. 14 (S.C.).
21. (1985) 7 C.C.E.L. 300 (Ont. S.C.).

«La loi permet à juste titre aux employeurs une certaine flexibilité dans le choix du lieu de travail. Lorsqu'une compagnie demande à un employé de se déplacer géographiquement alors que ses frais de déplacements sont payés et qu'elle lui garantit un poste équivalent ou plus élevé dans la compagnie, avec des avantages sociaux similaires, l'employé doit *normalement* accepter le déplacement; autrement, il ne lui sera pas possible d'invoquer un congédiement sans cause. Son départ sera considéré volontaire. Il en est ainsi lorsqu'il est normal, au sein de l'organisation, que les employés d'un certain niveau reçoivent des affectations latérales ou des promotions.» (p. 305) (traduction libre)

La question d'accepter ou de refuser un transfert dans une autre ville ou pays, ou même d'envisager une telle possibilité, est encore plus difficile lorsque les deux conjoints ont des occupations. Pour convaincre certains employés-clés de déménager, il est de plus en plus fréquent que l'employeur offre au conjoint de l'assister dans sa recherche d'emploi dans son nouveau milieu[22].

Dans *Harkans* c. *Hercules Canada Ltée*[23], le poste de Harkans fut aboli suite à une réorganisation de la section des ventes. Lorsque l'employée refusa d'accepter un emploi similaire dans une des succursales d'une autre ville, elle fut congédiée. La Cour en vint à la conclusion que le congédiement était sans cause. Harkans n'était pas tenue d'accepter cette relocalisation qui aurait constitué une modification fondamentale et unilatérale de ses conditions d'emploi. Pour cette raison, elle eut droit à une indemnité de préavis. Dans *Marleau* c. *Overnite Express (1980) Inc.*[24], des conflits de personnalité motivèrent le président à offrir à Marleau, son vice-président, un travail dans une des succursales de la compagnie située dans une autre ville. Marleau ne donna aucune réponse, mais il vida son bureau et quitta les lieux. Par la suite, il intenta une poursuite contre son employeur pour bris de contrat. La Cour d'appel décida qu'il n'y avait pas eu bris

22. Dans *Henderson* c. *Westfare Foods Limited*, (1990) 90 C.L.L.C. 12355, la Cour du banc de la Reine du Manitoba décida qu'un des termes tacites de son contrat d'emploi était que l'employée accepte un transfert raisonnable. L'employée était en droit de refuser le transfert qui lui était proposé, en tenant compte des difficultés excessives que cela aurait entraînées. En effet, son mari avait une pratique privée de droit bien établie à Winnipeg.
23. J.E. 84-678 (C.S.). Voir aussi *Castagna* c. *Design Hydraulics Inc.*, D.T.E. 88T-1006 (C.S).
24. D.T.E. 87T-754 (C.A.).

de contrat puisqu'il ne fallait pas confondre une «offre» et un «ordre» de relocalisation.

La décision d'un employeur de déménager ses opérations de l'autre côté de la rue ou même quelques rues plus loin, dans la plupart des cas, ne constituerait pas une modification du lieu de travail. Toutefois, déménager la compagnie depuis Alma jusqu'à Québec a créé une modification majeure dans les conditions de travail des employés[25].

Bien que la majorité des tâches soient accomplies à partir d'une adresse fixe, un bon nombre le sont à l'intérieur d'un territoire particulier. Plusieurs vendeurs et camionneurs, par exemple, passent une grande partie de la journée sur la route. L'employeur peut, dans certains cas, être obligé de fournir le travail à l'intérieur du territoire expressément ou implicitement accepté par les parties. Changer le territoire sans le consentement de l'employé peut constituer un bris du contrat d'emploi, comme c'est le cas lorsque les parties se sont entendues pour qu'un vendeur à commissions couvre un territoire spécifique qui génère des revenus élevés. Ce ne serait toutefois pas le cas si, au moment de l'embauche ou par la suite, l'employeur réservait son droit discrétionnaire à l'assignation des territoires.

D. Directives et assistance

Selon le type de travail et la hiérarchie à l'intérieur de la compagnie, le niveau d'assistance et de directives requis pour permettre à l'employé d'accomplir ses tâches peut varier considérablement. L'employeur a l'obligation de s'assurer que l'employé reçoive une explication ou une description adéquate de la tâche à accomplir ou que lui soient données des instructions suffisantes pour lui permettre de savoir ce qu'on attend de lui. L'employeur doit s'assurer que les objectifs soient communiqués à l'employé, que les outils de travail adéquats lui soient fournis et que le personnel de soutien soit disponible au besoin. De même, l'employé devrait recevoir un entraînement, si nécessaire, et être supervisé selon le degré requis.

On pourra considérer qu'un employeur qui ne fournit pas de façon significative l'assistance et les directives nécessaires pour permettre à l'employé d'exécuter sa tâche a manqué à ses obligations stipulées au contrat d'emploi. Dans ces circonstances, les fautes de

---

25. *Syndicat des employés de la fédération des sociétés d'entraide du Québec* c. *Fédération des sociétés d'entraide économique du Québec*, J.E. 83-80 (C.S.).

l'employé ne relèveront pas entièrement de la responsabilité de ce dernier et ne constitueront donc pas une cause de congédiement sans préavis.

Les tribunaux ont souvent maintenu que, pour que soit justifié un congédiement, l'employeur devait établir que l'employé avait été informé que son rendement n'était pas satisfaisant, qu'on lui avait expliqué ce qu'on attendait de lui et qu'on lui avait donné la chance de s'améliorer. Il s'avère souvent difficile de mettre toutes ces obligations en pratique lorsque l'employeur compte plusieurs employés, que la tenue de dossiers personnels est inexistante et que des changements au niveau du personnel de gestion sont fréquents. L'employeur doit aussi démontrer que l'employé avait été avisé ou qu'il était conscient que le défaut d'améliorer son rendement ou de corriger sa conduite pouvait mener à son congédiement[26].

Les avertissements d'un congédiement imminent ne sont pas toujours nécessaires. En effet, la gravité de la mauvaise conduite d'un employé peut justifier un congédiement immédiat. S'approprier les biens d'autrui sans permission est un exemple d'une telle conduite[27].

E. Respect

Un employeur a l'obligation de traiter son employé avec tout le respect qui est dû à un être humain. Le manquement à cette obligation est une question de faits.

Il est souvent difficile de prouver le traitement abusif qui, bien que subtil, n'en reste pas moins humiliant.

Dans une affaire[28], le tribunal décida qu'un travailleur était justifié de demander que son contrat d'emploi soit résilié parce qu'un cadre de la compagnie lui avait manifesté son dépit par des insultes et des remarques offensantes.

Lorsqu'un employeur crée ou permet un environnement de travail hostile en tolérant par exemple que les pairs ou supérieurs d'un employé lui fassent des remarques ou des gestes irrespectueux, on peut conclure à un bris du contrat d'emploi. La Cour d'appel de l'Ontario a maintenu l'action d'un psychiatre de niveau supérieur

---

26. *Champagne c. Club de Golf Lévis Inc.*, D.T.E. 87T-548 (C.P.).
27. *Guillemette c. Simpson Sears Ltd.*, D.T.E. 85T-901 (C.S.).
28. *Talbot c. Jos. Dufresne et Fils Ltée*, J.E. 79-778 (C.P.).

pour congédiement déguisé en raison du comportement et des remarques de ses supérieurs à son égard dont le fait d'avoir mis en question
publiquement l'intégrité et l'honnêteté du psychiatre, d'avoir critiqué
sans raison la qualité de son travail et d'avoir tenté de lui faire
abandonner des habitudes de travail établies et acceptées de longue
date[29]. Dans cette affaire, le juge s'est exprimé ainsi:

> «Il n'est certainement requis d'aucun employeur de garder à son
> service un employé qui ne donne plus satisfaction dans l'exécu-
> tion des fonctions pour lesquelles il a été engagé. Cependant,
> lorsque le problème a été causé par un autre employé que
> l'employeur préfère garder à son service, le congédiement, même
> s'il est parfois nécessaire dans l'intérêt de l'employeur, est
> injuste du point de vue de l'employé sortant et la victime doit
> être dédommagée. Ceci vaut pour le cas présent.» (p. 105)
> (traduction libre)

F.   Outils, matériaux, équipements et espace

En général, un employeur a l'obligation de fournir à ses employés les outils, matériaux, espace de travail et équipements nécessaires à l'exécution du travail[30]. L'étendue de cette obligation dépend
de la nature de l'emploi. Dans certains domaines, il est de pratique
courante que l'employé fournisse ses propres outils, comme c'est le
cas chez les électriciens ou dans d'autres types de métiers. À d'autres
occasions, les outils nécessaires peuvent inclure une automobile, un
ordinateur ou un certain type de lieu physique.

Si l'employé était incapable d'accomplir son travail parce que
l'employeur manquerait à cette obligation, le premier pourrait
prétendre que l'échec de son travail résulte d'un bris d'une obligation
fondamentale de l'employeur, comme ce fut le cas dans l'affaire *Turcot*
c. *Conso Graber Inc.*[31] Turcot fut congédié en raison d'un rendement
présumé insatisfaisant. La Cour reconnut que Turcot, un représentant des ventes, avait vendu moins que ce qu'on attendait de lui et
qu'il n'avait pas recruté de nouveaux clients. La Cour ajouta que le
piètre rendement de l'employé était toutefois fort probablement im-
putable au manquement de la compagnie de fournir à l'employé le
matériel requis pour accomplir son travail adéquatement. La Cour

---

29. *Paitich* c. *Clarke Institute of Psychiatry*, (1988) 19 C.C.E.L. 105 (Ont. H.C.),
    confirmée à 30 C.C.E.L. 235 (Ont. C.A.).
30. *Poulet* c. *Hébert*, [1950] C.S. 315.
31. D.T.E. 87T-668 (C.S.).

considéra aussi que son rendement était le résultat de délais dans la livraison des marchandises vendues, de l'absence d'un catalogue de marchandises et même de la piètre qualité de certains produits de la compagnie.

L'employeur ne peut, de façon unilatérale et sans avis, cesser de fournir à l'employé les outils nécessaires à l'exécution de son travail ou ceux sur lesquels ils s'étaient entendus. Dans *Reilly* c. *Hotels of Distinction (Canada) Inc., Hotel le Grand / Grand Hotel*[32], l'employeur enleva à Reilly l'utilisation d'une voiture de compagnie et l'installa dans un bureau plus petit. Le tribunal devait décider que les agissements de l'employeur constituaient une modification fondamentale des conditions de travail de Reilly et qu'elle était en droit de considérer qu'elle avait subi un congédiement (déguisé) sans cause.

G. Heures de travail et heures supplémentaires

La période au cours de laquelle l'employeur doit fournir le travail et l'employé l'exécuter a augmenté en importance avec l'avènement des familles où les deux conjoints travaillent. Souvent, le simple fait de s'assurer de la présence des jeunes enfants à la garderie requiert une synchronisation délicate des horaires des parents. De même, la disponibilité pendant les fins de semaine, pendant les vacances ou après l'école, nécessite une planification rigoureuse. Cet aspect est particulièrement important pour les employés qui travaillent les fins de semaine ou qui sont affectés à des quarts de travail.

Pour plusieurs types d'emploi, les heures de travail sont clairement définies et doivent être respectées à la fois par l'employeur et par l'employé. Dans *Maxime & Michel Haute Coiffure Inc.* c. *Martino*[33], une coiffeuse ne réussit pas à prouver que son employeur l'avait obligée à travailler plus d'heures que celles qu'il avait prévues à son contrat d'emploi. Elle ne put donc prouver que sa démission avait été causée par la conduite de son employeur.

---

32. D.T.E. 87T-645 (C.S.). Voir la cause *Jervis* c. *Raytheon Canada Limited*, (1990) 91 C.L.L.C. 12187 (Ont Ct, Gen. Div.), où la réduction de l'espace de travail alloué aux ingénieurs tels que Jervis, le retrait des divisions qui isolaient les ingénieurs et le fait d'être forcé de choisir entre sa table de travail et son pupitre, les deux ne pouvant pas tenir dans l'espace réduit, ne constituaient pas un changement substantiel sur lequel Jervis pouvait fonder une réclamation pour bris fondamental du contrat. Jervis n'avait pas été traité différemment des autres et il sembla à la Cour que même s'il y avait un bris des conditions de son contrat, celui-ci n'était pas substantiel.
33. D.T.E. 87T-68 (C.P.).

Si des heures de travail spécifiques représentent une condition essentielle du contrat d'emploi, l'employeur qui désire changer cet horaire devra donner un préavis raisonnable à cet effet. Autrement, une modification unilatérale permettra à l'employé de considérer qu'il a subi un congédiement déguisé. Dans *Wilks* c. *Harrington, Division de Ingersoll-Rand Canada Inc.*[34], l'employé, un dessinateur, avait accepté d'effectuer des voyages d'affaires à condition qu'il puisse commencer et finir son travail quinze minutes plus tôt que les heures normales de travail de l'entreprise. Trois ans plus tard, on avisa les employés qu'il ne leur serait plus possible de profiter d'un horaire flexible. L'employé refusa alors de voyager et fut congédié. La Cour décida que, en révoquant sans préavis l'entente conclue avec l'employé quant aux heures de travail, l'employeur avait unilatéralement modifié les termes de la relation d'emploi. L'employé était donc justifié de refuser de voyager et ce refus ne pouvait constituer une cause juste et suffisante de congédiement.

Aujourd'hui, dans certains emplois, les heures de travail sont laissées à la discrétion de l'employé pourvu qu'il accomplisse le travail qui lui est assigné.

Les heures de travail peuvent être déterminées par les parties à l'intérieur des limites établies par la loi. La *Loi sur les normes du travail*[35] assure à l'employé certaines périodes de repos ainsi que divers congés. Par exemple, un salarié a droit à un repos hebdomadaire d'une durée minimale de 24 heures consécutives[36] ainsi qu'à 30 minutes pour la pause repas (non payées, à moins que l'employé ne soit pas autorisé à quitter le lieu de travail) lorsqu'il travaille plus de cinq heures consécutives[37]. Des absences sont également permises en cas de deuil, de naissance, de mariage ou encore pour remplir un devoir de juré, pour congé de maternité ou de paternité, etc.

La disponibilité pour effectuer des heures de travail supplémentaires est un élément qui peut, dans certaines circonstances, être fondamental. Certains emplois comportent implicitement cette obligation. Pour éviter les malentendus, employeurs et employés, dès le début de leur relation d'emploi, seront bien avisés d'en arriver à une compréhension claire de leurs obligations réciproques, soit en prévoyant les dispositions nécessaires au cas d'heures de travail supplémentaires soit, de la part de l'employé, en acceptant d'être disponible pour des heures supplémentaires.

---

34. D.T.E. 87T-508 (C.S.).
35. C. N-1.1.
36. Article 78.
37. Article 79.

Les heures supplémentaires sont définies comme étant les heures travaillées en sus des heures normales d'une semaine de travail. La *Loi sur les normes du travail* établit la semaine normale de travail à 44 heures, à moins qu'elle ne soit fixée autrement par réglementation. Certaines catégories de travailleurs ont une semaine de travail plus longue en vertu de la Loi. Ces travailleurs incluent les domestiques, les employés de foresterie ou de moulin et les employés des régions éloignées telles que le territoire de la Baie James. De plus, pour les fins du calcul des heures supplémentaires, la norme de la semaine de 44 heures ne s'applique pas à des catégories spécifiques d'employés tels que les employés cadres. Ainsi, à moins d'une entente expresse à cet effet, le personnel cadre ne recevra pas de prime pour les heures de travail supplémentaires[38].

H. Durée

1. Le contrat à durée fixe (déterminée) ou à durée indéterminée

Un contrat d'emploi est conclu pour une durée fixe ou indéterminée. Une personne engagée pour une période déterminée (en termes d'heures, de jours, de semaines, de mois ou d'années), pour accomplir un certain projet ou jusqu'à ce qu'un événement prédéterminé survienne, est employée selon un contrat à durée fixe, ce qui signifie en général que l'employeur est obligé de fournir le travail durant toute la durée du contrat. Une personne qui n'est pas engagée selon un contrat à durée fixe est alors partie à une relation d'emploi à durée indéterminée. Dans une telle relation, l'employeur doit fournir le travail jusqu'à la date où il met fin à l'emploi, ce qu'il peut faire moyennant un préavis raisonnable à l'employé. De même, l'employé engagé pour une période indéterminée doit donner un préavis raisonnable à l'employeur, spécifiant la date à laquelle il désire mettre fin au contrat.

Les parties peuvent en tout temps, au cours de l'un ou l'autre des types de contrat, s'entendre pour amender la période au cours de laquelle l'employeur doit continuer de fournir le travail ou pour définir le préavis requis en cas de terminaison du contrat de travail. Dès lors, l'employeur et l'employé ne pourront plus compter sur un terme du contrat qui aura été modifié par consentement mutuel[39].

---

38. *Champagne c. Club de Golf Lévis Inc.*, D.T.E. 87T-548 (C.P.); *C.N.T. c. Fleur de Lys Tennis, Racquet-Ball, Squash Inc.*, J.E. 86-549 (C.P.).
39. *Julien c. P.A. Gouin Ltée*, J.E. 82-542 (C.S.).

La seule restriction à la durée de la relation d'emploi est énoncée à l'article 1667 du Code civil, qui interdit à un employé de promettre ses services pour sa vie entière. Un tel contrat de services serait nul. Cette interdiction découle du droit français et est fondée sur la moralité. Elle vise à éviter un retour à l'esclavage[40].

L'importance de distinguer le contrat d'emploi à durée fixe du contrat à durée indéterminée découle des conséquences de la terminaison de l'un et de l'autre. Nous en discuterons plus en détail au chapitre 12. Notons toutefois les arrêts *Pacifique Plante c. La Ville de Montréal*[41], où l'emploi portait sur une base «permanente», et *Selick c. 149244 Canada Inc.*[42], où la durée de l'emploi était «pour aussi longtemps que vous le désirez». Dans ces deux affaires, la Cour a déclaré que l'employeur ne pouvait cesser de fournir le travail, à moins qu'il n'existe une cause de terminaison.

À l'occasion, il peut s'avérer difficile de distinguer entre un contrat à durée fixe et un contrat à durée indéterminée. Les tribunaux ont dû se pencher sur ce problème à plusieurs reprises[43].

Un contrat d'emploi est présumé être en vigueur pour une période indéterminée, à moins de preuve contraire[44]. La partie qui allègue l'existence d'un contrat à terme a le fardeau d'en établir la preuve[45]. Le simple fait qu'un employé participe à un projet d'une durée spécifique ne signifie pas nécessairement qu'il est engagé pour toute la durée du projet ni que son contrat prendra fin automatiquement lorsque le projet sera terminé[46]. Dans *Shawinigan-Lavalin Inc. c. Espinosa*[47], la Cour d'appel déclara qu'un contrat d'emploi contenant la clause de durée ci-après mentionnée était un contrat à durée indéterminée et non à durée fixe de 24 mois:

«Sous réserve des dispositions contenues aux articles 9 et 10 ci-après, le présent contrat est conclu pour une période approxi-

---

40. L. Faribault, *Traité du droit civil du Québec*, t. 12, Montréal, Wilson et Lafleur, 1951, p. 303.

41. [1976] C.A. 95.

42. D.T.E. 91T-880 (C.S.).

43. *J.L. Boilard c. Acier Pitt (Québec)*, D.T.E 84T-657 (C.S.); *Landry c. Radio du Pontiac Inc.*, J.E. 83-283 (C.S.); *Pacifique Plante c. Ville de Montréal*, [1976] C.A. 95; *Shawinigan Lavalin Inc. c. Espinosa*, D.T.E. 90T-261 (C.A.).

44. *Couture c. Entreprise de Navigation de L'Isle Inc.*, J.E. 79-160 (C.S.).

45. *Turcot c. Conso Graber Inc.*, D.T.E. 87T-668 (C.S.).

46. *Boivin c. Corp. des Loisirs de Taschereau*, J.E. 82-767 (C.P.).

47. D.T.E. 90T-261 (C.A.). Voir aussi *Biorex Groupe Conseil Inc. c. Closset*, D.T.E. 90T-305 (C.S.).

mative de vingt-quatre (24) mois, commençant vers le dix (10) août 1984 et se terminant le ou vers le dix (10) août 1986, en incluant les périodes de vacances. Cette période pourra néanmoins être réduite si la bonne exécution du Projet l'exige ou si l'Employeur décide que les services de l'Employé ne sont plus requis. Par le présent contrat, l'Employé accepte de prolonger son séjour à l'étranger, à la demande de l'Employeur, pour une durée maximale de trois (3) mois, aux conditions prévues au présent contrat. Toute prolongation d'une durée supérieure à trois (3) mois devra être négociée entre l'Employeur et l'Employé quant à son principe et à ses conditions.» (p. 5)

La Cour détermina que la période de deux ans mentionnée dans le contrat ne créait pas de terme fixe, mais représentait une période pendant laquelle l'employeur prévoyait avoir besoin des services de l'employé. La Cour se basa aussi sur les clauses du contrat relatives à la terminaison d'emploi par l'employeur ou par l'employé. Ces clauses donnent à chaque partie une large faculté de résiliation du contrat et, par conséquent, l'option de raccourcir la durée générale de l'emploi initialement prévue. La Cour énonça:

«La présence d'une faculté de résiliation conventionnelle ne signifie pas, à mon avis, que le contrat doit dans tous les cas être qualifié de contrat à durée indéterminée. Toutefois, plus cette faculté est large, plus elle est partagée entre les parties, et plus on peut en déduire leur commune intention de ne pas se lier pour une échéance fixe et précise.» (p. 10)

Les contrats d'emploi qui fixent la rémunération pour la première année ou pour un nombre spécifique d'années ne sont pas nécessairement des contrats à durée fixe[48]. Une disposition établissant un salaire annuel ne veut pas forcément dire que l'emploi est d'une durée d'un an, ni ne crée-t-elle une présomption à l'effet que les parties ont l'intention de fixer une durée à l'emploi[49]. Il faut distinguer entre une clause relative à la durée de l'emploi et une autre qui touche les conditions d'emploi pendant une certaine période[50]. Dans

---

48. *Lapointe-Gagnon* c. *Tassé et Associés Ltée*, D.T.E. 92T-121 (C.S.).
49. *Allaire-Gingras* c. *Hébergement Magog-Orford Inc.*, D.T.E. 92T-1222 (C.S.). Bien que, dans cette cause, des éléments supplémentaires ont permis de démontrer que les parties avaient l'intention de conclure une entente pour un an.
50. *Domtar Inc.* c. *St-Germain*, [1991] R.J.Q. 1271 (C.A.); *Bélair* c. *Communications Radiomutuel Inc.*, D.T.E. 88T-268 (C.S); *Boilard* c. *Aciers Pits (Québec) Ltée*, D.T.E. 84T-657 (C.S.); *Careau* c. *Sogenec Inc.*, [1981] C.S. 862. Voir aussi

Turcot c. *Conso Graber Inc.*[51], le tribunal décida qu'une lettre fixant le salaire de l'employé ainsi que ses avantages sociaux pour les deux prochaines années ne constituait pas un contrat de deux ans. Cette lettre ne faisait que préciser les conditions de travail de l'employé pour les deux premières années d'un contrat à durée indéterminée. De plus, le fait de s'inscrire à un cours de formation d'une durée de dix mois offert par l'employeur ne fait pas en sorte que le contrat d'emploi ait une durée fixe de dix mois si l'employeur n'a fait aucune autre promesse quant à la durée de l'emploi[52].

Dans *Johnson, Drake and Piper International Corporation* c. *Robert*[53], le contrat d'emploi stipulait:

> «La durée de cette entente représentera la période durant laquelle les services de l'employé seront requis. Aucune période d'emploi définie n'est assurée: toutefois, après douze mois d'emploi continu à compter de la date de cette entente, l'employé pourra quitter son emploi en donnant un avis écrit à l'entrepreneur, spécifiant la date à laquelle il désire y mettre fin, telle date devant compter au moins quinze jours à partir de la date de réception de cet avis par l'entrepreneur.» (p. 382)
> (traduction libre)

Le tribunal décida qu'il serait déraisonnable de conclure qu'un document qui crée pour l'employé une obligation de fournir ses services pour une durée minimale d'un an ne crée pas l'obligation réciproque pour l'employeur de fournir le travail durant la même période. La Cour devait donc décider qu'un contrat d'emploi d'une durée fixe de douze mois existait entre les parties.

Dans *Major* c. *La Compagnie d'assurances Provinces Unies*[54], Major fut engagé à titre de président pour une période de dix ans, du 1er janvier 1973 au 31 décembre 1982.

Lévesque c. *J.B. Renaud et Cie Inc.*, [1954] B.R. 22 (C.A.); *Cité de Montréal* c. *David*, (1897) 6 B.R. 177 (C.A.); *Tanguay* c. *Scanway Corp.*, D.T.E. 85T-65 (C.S.); *Dubois* c. *J. René Ouimet Ltée*, [1959] C.S. 573; *Thibault* c. *Cie d'autobus de l'Abitibi Ltée*, [1952] R.L. 371; *L'Hérault* c. *Mathieu*, [1943] C.S. 12; *Stewart* c. *Hanover Fire Insurance Co.*, [1936] R.C.S. 177; *Asbestos Corporation Ltd.* c. *William A. Cook*, [1933] R.C.S. 86.

51. D.T.E. 87T-668 (C.S.). Voir aussi *Jasmin* c. *Jean-Luc Surprenant Inc.*, J.E. 83-683 (C.S.).
52. *Carrigan* c. *Infasco Division Evaco Inc.*, D.T.E. 89T-118 (C.S.).
53. [1958] B.R. 378 (C.A.).
54. D.T.E. 89T-414 (C.A.).

Une disposition de son contrat d'emploi se lisait ainsi:

«12. Après soixante-cinq (65) ans, Major pourra pour une période pouvant aller jusqu'au 31 décembre 1992 (à moins de décès prématuré) exercer les «fonctions» de Président du Conseil ou d'autres fonctions moins importantes selon les besoins de la compagnie. Ceci lui permettra de réduire ses responsabilités et ses activités et il conservera un bureau et un secrétariat fournis par la compagnie et dépendant des devoirs exercés, une rémunération à définir alors. En outre, Major conservera l'éligibilité aux bénéfices de l'assurance collective, maladie et hospitalisation, les frais de représentation nécessaires à la fonction et justifiables.» (p. 3)

La Cour d'appel décida que la clause ne créait pas l'obligation pour la compagnie de poursuivre l'engagement de Major pour une période additionnelle de dix ans puisque les conditions d'emploi pour l'année 1982 et les suivantes n'étaient pas définies.

En général, une entente entre l'employeur et le nouvel employé pour une période de probation ne constitue pas un contrat à durée déterminée correspondant à cette période[55]. Cependant, dans certains cas, les termes de l'entente peuvent révéler que les parties avaient une autre intention[56].

2. Le contrat à durée fixe – clause de renouvellement automatique

Les contrats d'emploi à durée fixe comportent parfois une clause de renouvellement automatique du terme jusqu'à la survenance d'un événement précis comme, par exemple, la réception d'un avis par l'une des parties que l'autre désire résilier le contrat. Les parties devraient identifier clairement les conditions qui permettent le renouvellement du contrat et spécifier s'il est nécessaire de fournir un avis de non-renouvellement pour éviter que le contrat ne soit renouvelé automatiquement. Dans *Boldrini* c. *Université du Québec*[57], le contrat d'emploi d'un professeur fut renouvelé pour une période additionnelle d'un an, même si un avis de non-renouvellement avait

55. *Potvin* c. *G. & W. Freightway Limited*, D.T.E. 88T-644 (C.Q.).
56. *Beauchemin* c. *Hôpital d'Youville de Sherbrooke*, D.T.E 89T-239 (C.S.); *Serapigilia* c. *Eastern Provincial Airways (1963) Ltd.*, J.E. 79-242 (C.S.), appel rejeté le 12 avril 1979 (C.A.M. 500-09-000237-792).
57. [1975] C.S. 749.

été donné, parce que cet avis était irrégulier et qu'il avait été émis par une personne qui n'avait pas l'autorité requise pour le faire. Dans *Cadorette* c. *O.G.I.S. Inc.*[58], un contrat d'une durée de quatre ans fut renouvelé pour la même période puisque le préavis de non-renouvellement exigé par le contrat n'avait pas été envoyé à temps. Dans *L'Association des Architectes de la province de Québec* c. *Sarrazin*[59], le contrat d'emploi contenait les clauses suivantes:

> «3. L'emploi de la partie de seconde part commencera le 16 septembre 1963 et sera d'une durée d'un an;
>
> 10. La présente entente sera renouvelée automatiquement d'année en année à sa date anniversaire, sauf que, après un an, il pourra y être mis fin par l'une ou l'autre des parties, moyennant un préavis de quatre mois.»
> (traduction libre)

La Cour décida que le contrat d'emploi se terminait un an après le début de la prestation de services. Le renouvellement ne pouvait se produire si les parties exprimaient une intention contraire avant l'échéance du terme initial. Si les parties ne disaient rien, le contrat était renouvelé d'année en année, sauf qu'on pouvait y mettre fin en tout temps avec un préavis de quatre mois. Dans cette affaire, l'avis de non-renouvellement donné par l'employeur empêchait tout renouvellement automatique.

Une question intéressante est de savoir si un contrat à durée fixe, qui se renouvelle automatiquement, reste inchangé après plusieurs renouvellements ou s'il devient plutôt à durée indéterminée. Dans *Québec (Procureur général)* c. *Corriveau*[60], la Cour d'appel conclut qu'un contrat d'une durée de quatre ans, contenant une clause de renouvellement automatique du plein terme jusqu'à ce que le comité d'administration en avise autrement au moins 90 jours avant l'expiration du terme, était bel et bien un contrat à durée fixe. Quand l'affaire fut présentée devant la Cour, la durée initiale de quatre ans n'était pas encore écoulée.

3. *Le contrat à durée fixe – renouvellement tacite*

L'article 1667 du Code civil prévoit qu'un contrat à durée fixe peut être prolongé par renouvellement tacite. Dans *Stewart* c. *Hano-*

---

58. D.T.E. 88T-575 (C.S.).
59. [1969] B.R. 321 (C.A.).
60. [1989] R.J.Q. 1 (C.A.).

ver Fire Insurance Co.[61], monsieur le juge Rinfret répondait à la question suivante:

«Selon quels termes et conditions le contrat de louage de services est-il prolongé par renouvellement tacite dans la province de Québec?»
(traduction libre)

Il déclara que les mots «renouvellement tacite» devaient avoir le même sens, le même effet et être soumis aux mêmes règles que le renouvellement tacite d'un contrat de louage d'une chose:

«De la même façon, sous l'article 1667 C.c., un renouvellement tacite s'opérera dans le cas d'un louage de services personnels (à la condition toutefois que les services ne soient pas loués pour un projet déterminé) si l'employé continue de fournir ses services au-delà de l'expiration du terme originalement prévu et ce, sans opposition ou avis de la part de l'employeur.» (p. 184)
(traduction libre)

Ainsi, lorsque les parties continuent d'honorer leurs obligations après l'expiration du terme, leur conduite peut avoir pour effet de créer un nouveau contrat assujetti aux mêmes conditions que le contrat original.

Par exemple, s'il existe un contrat d'une durée de cent jours et que l'employé est toujours au travail la cent huitième journée, on considérera que les parties ont renouvelé le contrat pour une période additionnelle de cent jours. C'est ce qui se produisit dans *Douglas* c. *Fabrigear*[62]. Douglas avait accepté de travailler pour Fabrigear Ltée, du 15 juin 1981 au 31 mars 1982, comme représentant des ventes. À la date d'expiration convenue entre les parties, Douglas demeura à l'emploi de Fabrigear au même titre et aux mêmes termes et conditions et ce, jusqu'au 23 juin 1982, date à laquelle il fut congédié. La Cour décida que le contrat d'une durée de neuf mois et demi, débutant le 15 juin 1981, avait été tacitement renouvelé pour la même durée à compter du 1er avril 1982.

De plus, pour qu'un contrat à durée déterminée soit renouvelé automatiquement, l'employé doit être en poste à l'expiration du

---

61. [1936] R.C.S. 177, 183.
62. D.T.E. 85T-412 (C.S.). Voir aussi *Bergeron* c. *Mines d'amiante Bell Ltée*, D.T.E. 88T-870 (C.P.).

terme. En effet, certains cas furent soulevés où un employé absent pour maladie au moment de l'expiration du terme retournait à son poste par la suite, alléguant que son contrat s'était tacitement renouvelé parce qu'il n'avait pas reçu de préavis de l'employeur l'informant du contraire. La Cour devait conclure, dans *Lapointe* c. *Québec Propane Inc.*[63] et dans *Caisse Populaire de la Cité de Shawinigan* c. *Beaulac*[64], que le renouvellement tacite n'était pas possible si l'employé était incapable de fournir ses services immédiatement à l'expiration du terme.

Également, pour qu'il y ait un renouvellement tacite d'un contrat d'emploi, les termes ne doivent pas être changés. L'emploi doit se continuer après la date originale de terminaison, aux mêmes conditions. Si de nouvelles conditions sont acceptées par les parties sans spécifier une nouvelle date de terminaison, il est alors possible de soutenir qu'il y a eu formation d'un nouveau contrat d'emploi qui, cette fois, sera pour une période indéterminée. Il en fut ainsi dans *Jean* c. *Groupe Promodor Inc.*[65] Pendant quatre années consécutives, Jean, un directeur général, avait signé des contrats d'emploi d'une durée d'un an. La cinquième année, les parties ne se sont pas entendues sur la durée du contrat. De plus, l'employé se vit accorder une augmentation de salaire de 12% pour l'année à venir et fut informé que son salaire serait augmenté davantage l'année suivante. En raison de l'augmentation de salaire, le tribunal décida qu'il n'y avait pas eu de renouvellement tacite du contrat d'un an. Un contrat d'une durée indéterminée avait alors été conclu. En conséquence, l'employé obtint l'équivalent d'un an de salaire tenant lieu de préavis raisonnable lorsqu'il fut congédié sans cause.

I.   Suspension, mise à pied et autres interruptions de travail

Il existe deux écoles de pensée concernant le droit d'un employeur de suspendre un employé de façon unilatérale ou de cesser temporairement de lui fournir du travail, et sur la question de savoir si une suspension ou interruption de travail constitue un bris du contrat d'emploi.

La première école est d'avis qu'un employeur ne peut de façon unilatérale cesser de fournir du travail ni prendre de mesures disci-

---

63. D.T.E. 84T-546 (C.S.).
64. [1980] C.A. 154.
65. D.T.E. 85T-64 (C.S.).

plinaires qui auraient pour effet d'interrompre le travail et la rémunération de l'employé[66] sauf s'il y a eu une entente expresse avec ce dernier ou que les circonstances ne démontrent l'existence de ce droit. Au moins un auteur soutient ce point de vue[67].

Récemment, la Cour d'appel du Québec énonçait qu'une mise à pied temporaire équivalait à une terminaison d'emploi[68]. Elle en vint à cette conclusion parce que le Code civil ne reconnaît pas le droit à une partie de suspendre temporairement les effets du contrat d'emploi, ce qui est l'essence même d'une mise à pied temporaire. La Cour devait maintenir que l'employeur se prévaudrait de ce droit seulement si le contrat d'emploi contenait une disposition à cet effet ou si l'employé y consentait.

Dans une autre affaire[69], la Cour d'appel en vint à la conclusion que, contrairement aux allégations de l'employeur, un contremaître sur un chantier de construction avait été congédié plutôt que mis à pied. La preuve démontrait que l'employé n'avait jamais été mis à pied au cours de ses 24 années d'emploi: lorsque par le passé le travail diminuait, il était assigné à du travail de bureau. L'employeur fut incapable de prouver qu'il avait donné un droit de rappel à l'employé. La Cour déclara que l'employeur, qui avait le fardeau de prouver qu'il s'agissait d'une mise à pied, n'avait pas réussi à le démontrer. De cette affaire, on peut raisonnablement conclure que, si l'employeur avait réussi à démontrer qu'il avait effectué une mise à pied temporaire de l'employé, ce dernier aurait échoué dans sa requête en indemnisation pour congédiement injustifié. Ainsi, dans cette affaire, la Cour d'appel donne à entendre que de suspendre temporairement les effets du contrat d'emploi est conforme aux droits de l'employeur. Néanmoins, cette cause n'indique pas si ce droit était expressément ou tacitement énoncé au contrat d'emploi du contremaître. En résumé, cette affaire établit que la politique de la compagnie était de garder ses contremaîtres lorsqu'il y avait une baisse de travail.

Un employeur peut tenter d'imposer à un employé une suspension ou autre interruption de travail. En l'absence de contestation de la part de l'employé, celui-ci sera réputé avoir consenti au fait qu'une

---

66. *Mahoney c. Alliance, Cie Mutuelle d'Assurance-vie*, D.T.E 91T-431 (C.S.); *Boivin c. Corp. des Loisirs Taschereau Inc.*, J.E. 82-767 (C.P.).
67. Rodrigue Blouin, «Notion de cause juste et suffisante en contexte de congédiement», (1981) *R. du B.* 807.
68. *Surveyor, Nenniger et Cheneverre Inc. c. Thomas*, D.T.E 89T-640 (C.A.).
69. *Entreprises de pipe-line universel Ltée c. Prévost*, D.T.E 88T-549 (C.A.).

telle mesure fasse partie de ses conditions d'emploi. Si l'employé conteste et que, malgré cela, l'employeur interrompt le travail, le contrat sera réputé avoir été brisé par l'employeur. L'employé aura alors un recours pour bris de contrat qu'il pourra intenter avec succès, à moins que l'employeur puisse justifier l'existence d'une cause pour son congédiement. En effet, si l'employeur avait le droit de congédier, il avait sûrement le droit de suspendre l'employé.

La deuxième école de pensée soutient que le droit d'un employeur d'imposer une suspension à un employé émane de son pouvoir de direction[70].

Récemment, la Cour d'appel du Québec, dans *Laurier Auto Inc.* c. *Paquet*[71], spécifiait qu'un employeur pouvait procéder à une interruption de travail dans le cas d'une mise à pied pour manque de travail, et que cette interruption ne constituait pas la fin du contrat d'emploi mais plutôt la suspension de ses effets. En août 1981, un employé fut informé de sa mise à pied temporaire et il fut rappelé en mai 1982. Il refusa de continuer de travailler pour cet employeur, celui-ci ne pouvant lui garantir un minimum d'un an de travail ininterrompu. L'employé poursuivit donc son employeur, alléguant que la mise à pied d'août 1981 était en fait un congédiement. Monsieur le juge Dubé devait décider que, bien que le Code civil ne prévoie pas spécifiquement la situation de la mise à pied, le droit québécois de l'emploi reconnaît clairement le concept d'une mise à pied temporaire en dehors du contexte d'une convention collective.

Cependant, cette décision ne tranche pas la question de savoir si un employeur peut unilatéralement imposer une telle mise à pied à un employé. Monsieur le juge Tyndale, dans cette même affaire, suggéra que l'existence d'une entente entre les parties sur la possibilité d'une mise à pied est nécessaire:

«Les articles 1667 et suivants du Code civil du Bas-Canada traitant du contrat de louage de services personnels ne prévoient pas spécifiquement la suspension temporaire du contrat ou la mise à pied; *cependant*, il n'y a rien pour empêcher une entente à cet effet, et il m'est clair que, *dans ce cas, une telle*

---

70. *West Island Teacher's Association* c. *Commission Scolaire du Sault Saint-Louis*, non rapportée, C.S. 500-05-000829-802, 2 juin 1983; *Malabre* c. *IDI Electric (Canada) Ltd.*, J.E. 84-524 (C.S.); *Roy* c. *Drain Clair Inc.*, D.T.E. 83T-831 (C.S.).
71. D.T.E. 87T-321 (C.A.).

entente fut conclue, l'employé refusant le rappel à ses propres risques.»
(traduction libre, nos italiques)

La question soulevée est la suivante: une entente est-elle conclue simplement parce que l'employé accepte sa mise à pied sans protester? Il faudrait alors revoir les données factuelles dans chaque cas pour voir si l'employé, avant d'être embauché ou pendant son emploi, a accepté la possibilité d'une mise à pied.

Les mésententes quant au droit de l'employeur d'effectuer des mises à pied ou d'imposer des sanctions disciplinaires peuvent être évitées par des clauses précises à l'intérieur d'un contrat d'emploi écrit ou par l'entremise d'une politique de la compagnie[72] connue de l'employé.

L'employeur et l'employé peuvent s'entendre au cours de leur relation d'emploi sur une suspension du contrat. Un congé sans solde est un bon exemple du type d'entente qui a pour effet de suspendre la relation d'emploi. Lorsque la suspension prend fin, l'employeur doit recommencer à fournir le travail et l'employé doit l'exécuter. Si une des parties venait à manquer à ses obligations, elle serait en défaut et susceptible d'être poursuivie en dommages par l'autre partie[73].

---

72. *Srougi* c. *Descoteaux*, non rapportée, C.A.F. n° A-135-89, 17 mai 1990.
73. *Morin* c. *Honeywell Ltée*, D.T.E. 90T-529 (C.S.).

CHAPITRE 8

OBLIGATION DE RÉMUNÉRER

La deuxième obligation de l'employeur est de rémunérer l'employé pour sa prestation de travail. Cette obligation est expressément stipulée à l'article 1665a du Code civil:

«1665a – Le louage d'ouvrage est un contrat par lequel le locateur s'engage à faire quelque chose pour le locataire moyennant un prix.»

Dans le contexte du contrat d'emploi, le terme «prix» désigne la rémunération déterminée d'un commun accord entre employeur et employé. La notion de rémunération a une portée plus grande que celle de salaire. Le salaire réfère habituellement à un montant d'argent payé de façon périodique en échange de services rendus. La rémunération désigne tous les bénéfices ou avantages qui ont une valeur pécuniaire et auxquels a droit un employé suite à l'exécution du travail fourni par l'employeur, ce qui peut inclure le versement du salaire, les commissions et bonis, l'utilisation d'une voiture, la participation à une assurance-groupe et les contributions à un régime de retraite.

Le paiement du prix est un élément essentiel du contrat d'emploi[1]. Il n'est pas nécessaire que le prix, ou la méthode selon laquelle il est calculé, soit déterminé à l'avance. S'il existe une preuve à l'effet que ni l'employé ni l'employeur n'ont considéré louer ou recevoir des services gratuitement, les parties sont réputées s'être tacitement entendues à l'effet que le prix serait déterminé par l'usage ou par une entente ultérieure[2]. Évidemment, une personne ne peut réclamer une rémunération en échange d'un travail exécuté volontairement et sans

---

1. *Vapomatic* c. *Tremblay*, [1975] R.D.T. 204; *Tremblay* c. *Béliveau*, [1955] R.L. 57 (Cour du Magistrat).
2. *Tremblay* c. *Béliveau*, [1955] R.L. 57 (Cour du Magistrat).

entente quant à la rémunération[3]. Cette personne ne pourrait ensuite réclamer une indemnité pour le travail ainsi effectué[4].

L'importance de déterminer avec précision en quoi consiste la rémunération d'un employé permet d'identifier ce qu'il est en droit d'exiger de son employeur en échange de l'exécution de sa prestation de travail. Cette opération revêt un caractère particulier lorsque les diverses composantes sont calculées et réclamées à la terminaison du contrat d'emploi. Dans *Landry* c. *Radio du Pontiac Inc.*[5], l'employé avait été injustement congédié 17 mois avant la fin de son contrat. La Cour accorda à l'employé 17 mois de rémunération, ce qui incluait le salaire, les journées de maladie non utilisées et les frais de déménagement.

Les litiges surviennent fréquemment quant à la qualification de certains bénéfices: tel bénéfice est-il discrétionnaire ou fait-il plutôt partie intégrante de la rémunération de l'employé? Si l'avantage en est un que l'employeur verse à sa discrétion, il peut à tout moment cesser de l'offrir. Par contre, si le bénéfice fait partie intégrante de la rémunération, l'employeur ne peut cesser unilatéralement et sans préavis de l'accorder à l'employé. Si les parties n'ont pas conclu d'entente formelle à cet effet, un tribunal pourra, d'après les circonstances, déterminer ce qui a été implicitement convenu.

Au Québec, certaines lois réglementent les droits de l'employé à la rémunération. La *Loi sur les normes du travail*[6] impose certaines normes minimales d'emploi telles que le salaire minimum devant être versé par l'employeur à l'employé. La *Loi sur les décrets de conventions collectives*[7] réglemente le salaire minimum dans certaines industries telle l'industrie du vêtement et le personnel d'entretien. Cette loi prévoit qu'une convention collective négociée entre un syndicat et un employeur lie tous les employeurs d'une région particulière dans le domaine de l'industrie couverte par le décret. La loi vise ainsi à atteindre deux objectifs: uniformiser les conditions d'emploi et protéger les employeurs signataires d'une convention collective d'une compétition excessive de la part d'entreprises non syndiquées.

De façon générale, les pourboires et les autres gratifications reçus par les employés en raison de leurs services ne sont pas

---

3. *Henri* c. *Garderie La Gaminerie Inc.*, D.T.E. 89T-162 (C.Q.).
4. *Maheu, Noiseux et associés* c. *Ronéo Vickers Canada Ltd.*, D.T.E. 88T-588 (C.A.).
5. D.T.E. 83T-200 (C.S.).
6. L.R.Q., c. N. 1-1, article 40 et règlements.
7. L.R.Q., c. D-2.

considérés comme faisant partie de leur salaire au sens de l'article 1665a C.c. Les pourboires et les autres gratifications perçus directement ou indirectement par un employé ou collectés par l'employeur sont la propriété exclusive de l'employé. L'employeur n'a aucunement le droit de les retenir et il ne peut davantage les considérer comme faisant partie du salaire[8].

Il est reconnu que les préposés au vestiaire, les chasseurs, les porteurs et les serveurs reçoivent des pourboires et qu'ils en dépendent largement. Pour cette raison, la loi au Québec établit pour ces catégories d'employés un salaire minimum moins élevé que celui qui est prévu pour ceux qui ne reçoivent normalement pas de pourboires. Dans *Brandt Services Ltd.* c. *Fedorki*[9], la Cour d'appel conclut que la Commission sur le salaire minimum (aujourd'hui la Commission des normes du travail) avait le pouvoir de déterminer que les pourboires étaient la propriété exclusive de l'employée, une préposée au vestiaire, et qu'une entente conclue par celle-ci en vertu de laquelle elle remettait ses pourboires à l'employeur était illégale. Le tribunal ordonna à l'employeur de rembourser à l'employée tous les pourboires perçus.

Tant les employeurs que les employés devraient être particulièrement prudents quant à la compréhension des mots ou expressions utilisés pour déterminer la rémunération. Autrement, le tribunal pourra devoir effectuer les clarifications nécessaires[10].

Durant toute la période d'emploi, l'employeur doit remettre une rémunération à l'employé, à moins que les parties ne s'entendent autrement. Un changement unilatéral dans la rémunération d'un employé pourrait amener un tribunal à conclure que l'employé a été victime d'un congédiement déguisé, le rendant ainsi éligible à une indemnité.

De façon générale, un employeur ne peut changer la méthode selon laquelle la rémunération est calculée, à moins d'obtenir l'accord de l'employé ou de lui en donner un préavis raisonnable. Par conséquent, un employeur ne peut pas décider unilatéralement de changer le mode de rémunération d'un employé payé à salaire fixe

---

8. Sauf dans le calcul de certaines indemnités, tel que plus amplement décrit à l'article 50 de la *Loi sur les normes du travail*.
9. [1957] B.R. 190.
10. Dans *D.W. Howden & Co.* c. *Sparling*, [1970] R.C.S. 883, la Cour suprême décida que l'expression «profit brut» signifiait le prix de vente net moins le total des factures et des frais de transport payables.

pour un taux à la pièce[11]. L'employeur n'est pas en droit non plus de décider unilatéralement qu'un employé à la commission recevra dorénavant un salaire fixe ou vice versa et ce, particulièrement si ce changement a pour effet de réduire le salaire de l'employé[12]. Il a été décidé que l'introduction d'un mécanisme compensatoire tout à fait nouveau constituait un changement fondamental de la relation d'emploi, équivalant à un congédiement déguisé[13].

A. Salaire

Un salaire fixe versé périodiquement est la forme la plus courante de rémunération des employés en échange de leurs services. Les modes usuels de calcul du salaire sont à l'heure, à la semaine, aux deux semaines, au mois ou à l'année.

De façon générale, l'employeur ne peut unilatéralement réduire le salaire de son employé. Réduire le salaire d'un travailleur sans son consentement peut constituer une violation du contrat d'emploi. Bien qu'il soit manifeste qu'une diminution substantielle du salaire soit assimilée à un congédiement déguisé[14], certains tribunaux ont décidé qu'un changement ou une diminution relativement mineure du salaire n'est pas suffisant pour constituer un congédiement déguisé[15]. Ces décisions semblent laisser présager que les tribunaux seront plus enclins à examiner l'importance de la diminution du salaire plutôt que de conclure à une violation fondamentale du contrat d'emploi à la moindre baisse de salaire.

Certaines circonstances peuvent inciter un employé à consentir à une réduction de son salaire. Par exemple, l'employeur peut éprouver des difficultés financières sérieuses qui exigent une réduction temporaire ou permanente des frais généraux. L'employé peut préférer accepter une diminution de salaire plutôt que de courir le

---

11. *Marchand* c. *Jean*, (1918) 54 C.S. 279.
12. *Nyveen* c. *Russell Food Equipment Ltd.*, D.T.E. 88T-294 (C.S.); *Farber* c. *Royal Trust Co.*, non rapportée, C.S.M. 500-05-004698-856, 11 août 1989.
13. *Chouinard* c. *Groupe Commerce*, D.T.E. 90T-528 (C.S.); *Nolan* c. *Rémi Carrier Inc.*, D.T.E. 86T-370 (C.A.).
14. *Boyd* c. *Whistler Mountain Ski Corp. Inc.*, (1990) 20 A.C.W.S. (3d) 518 (B.C.S.C.); *Farquhar* c. *Butler Brothers Supplies Ltd.*, (1988) 23 B.C.L.R. (2d) 89 (C.A.); *Pearl* c. *Pacific Enercon Inc.*, (1985) 7 C.C.E.L. 252 (B.C.C.A.).
15. *Purdy* c. *Vancouver Island Helicopters Limited*, (1988) T.L.W. 747-034-3 (W.D.P.M.) (B.C.S.C.); *Poole* c. *Tomenson Saunders Whitehead Ltd.*, (1987) 18 C.C.E.L. 238 (B.C.C.A.) (salaire de 100 000$ et boni réduit de 4 500$); *Oxman* c. *Dustbane Enterprises Ltd.*, (1986) 13 C.C.E.L. 209 (Ont. H.C.), infirmée pour d'autres motifs, (1988) 23 C.C.E.L. 157 (Ont. C.A.).

risque de perdre son emploi. De même, un employé peut préférer une réduction de son salaire en échange d'une participation aux profits ou d'une augmentation d'autres avantages tels que vacances plus longues ou voiture de fonction.

Dans une affaire, le président d'une compagnie ne reçut pas son salaire en entier pendant une certaine période et il s'abstint d'en exiger le paiement immédiat en raison des difficultés financières qu'éprouvait la compagnie. Le tribunal statua qu'il n'avait pas renoncé à la dette mais qu'il avait tout simplement accordé un délai à son débiteur[16].

Il est à l'avantage tant de l'employeur que de l'employé de discuter à fond de la possibilité, de la fréquence et du paiement du travail exécuté par l'employé en supplément de la journée ou de la semaine de travail normale. La *Loi sur les normes du travail*[17] réglemente le paiement des heures de travail supplémentaires en l'absence d'une entente prévoyant des conditions plus favorables.

B. Augmentation de salaire

Les augmentations de salaire sont habituellement discrétionnaires, à moins que les parties n'aient prévu qu'elles fassent partie intégrante des conditions de travail. Les tribunaux ont néanmoins décidé que les augmentations de salaire accordées de façon routinière, par opposition à celles qui visent à récompenser la performance, peuvent perdre leur caractère discrétionnaire. En effet, comme c'est le cas pour plusieurs autres bénéfices, ces augmentations peuvent devenir une partie intégrante de la rémunération.

Certains contrats prévoient des hausses de salaire spécifiques[18]. D'autres reconnaissent que le salaire sera ajusté de façon périodique ou selon un système au mérite. Certains contrats prévoient une augmentation de salaire automatique. Refuser à un employé l'augmentation de salaire automatique à laquelle il a droit en vertu du contrat constitue une réduction de son salaire. Dans *Lavigne* c. *Sidbec Dosco*[19], un contrôleur âgé de 40 ans fut rétrogradé et se vit imposer une diminution négligeable de son salaire. Toutefois, il ne reçut pas l'augmentation de salaire automatique reçue par tous les autres

---

16. *Cogear* c. *Cormier*, J.E. 79-107 (C.S.).
17. L.R.Q., c. N.1-1, articles 52, 54 et 55.
18. *Atlas Refuse Collectors Inc.* c. *Baehr*, [1965] B.R. 195 (C.A.).
19. D.T.E. 85T-4 (C.S.), décision confirmée en appel, non rapportée, C.A. 500-09-001556-844, 4 mai 1988.

employés. Selon le tribunal, la réduction de 4.6% du salaire de l'employé, ajoutée à l'augmentation générale des salaires de 11% non reçue, résultait en une baisse de salaire totale de 15.6%. Cette diminution de salaire, combinée à la perte de responsabilités du demandeur, équivalait à un congédiement déguisé.

Dans *Landry* c. *Radio du Pontiac Inc.*[20], il fut promis à l'employé, au moment de son embauche, que son salaire de 21 000$ serait augmenté à 25 000$ rétroactivement à sa date d'entrée en service aussitôt que la situation financière de l'employeur le permettrait. L'employé n'ayant pas prouvé à la satisfaction du tribunal que la situation financière de l'employeur pouvait accommoder un salaire annuel de 25 000$, le tribunal calcula les dommages pour congédiement sans cause sur la base d'un salaire annuel de 21 000$.

C. Lieu du paiement

Le paiement du salaire doit s'effectuer à l'endroit expressément ou implicitement convenu entre les parties (art. 1152 C.c.). De façon générale, l'employé recevra son salaire à son lieu de travail. Le salaire doit être payé en argent ou par chèque[21] et à intervalles réguliers ne dépassant pas seize jours (un mois pour les cadres et autres employés déterminés par la loi)[22]. Les paiements doivent être versés directement à l'employé ou, à la demande de ce dernier, envoyés par la poste ou remis à une tierce personne[23]. Ils doivent être accompagnés d'un feuillet explicatif contenant les informations permettant à l'employé de contre-vérifier le calcul de son salaire[24]. La signature de l'employé ne peut servir qu'à prouver que le montant payé correspond au montant indiqué sur le feuillet explicatif. La simple acceptation de ce feuillet ne signifie pas que l'employé a renoncé à tout salaire qui lui serait dû[25]. Dans plusieurs cas, des mesures sont adoptées pour que le salaire soit déposé directement dans le compte bancaire de l'employé.

D. Paie de vacances et jours fériés

La *Loi sur les normes du travail* prévoit le droit d'un employé à un congé annuel payé (à l'exception de certains employés mentionnés

---

20. D.T.E. 83T-200 (C.S.).
21. *Loi sur les normes du travail*, L.R.Q., c. N.1-1 («L.N.T.»), article 42.
22. Article 43 L.N.T.
23. Article 44 L.N.T.
24. Article 46 L.N.T.
25. Articles 47 et 48 L.N.T.

à l'article 77). L'employé qui, à la fin de l'année de référence, a complété une année de service auprès d'un même employeur a droit à une période de congé annuel payé d'au moins deux semaines[26]. Après sept ans de service (six ans à compter du 1er janvier 1994 et cinq ans à compter du 1er janvier 1995) (six ans selon le Code canadien du travail[27]), l'employé a droit à trois semaines de congé annuel payé[28]. Si l'employé a moins d'un an de service continu, il aura droit à un jour de vacances payées pour chaque mois de service continu, jusqu'à un maximum de deux semaines[29]. Le congé annuel doit être pris au cours des douze mois suivant la fin de l'année de référence, à moins qu'un décret ou une convention collective ne permette de le différer[30].

Le congé annuel ne peut être remplacé par une compensation monétaire, sauf dans les cas suivants[31]:

– lorsqu'une convention collective ou un décret prévoit cette éventualité;

– lorsqu'un établissement ferme ses portes pour la période de congé annuel de deux semaines et que l'employé demande que la troisième semaine de congé soit remplacée par une indemnité.

L'indemnité correspondant au congé annuel est établie en calculant 4% ou 6% du salaire brut payé à l'employé durant la période de référence[32]. L'indemnité de congé annuel doit être payée au moyen d'un paiement global avant le début du congé[33].

Si la relation d'emploi devait prendre fin avant que l'employé n'ait épuisé son congé en entier, il recevra non seulement le montant auquel il a droit à ce titre, mais également 4% ou 6% du salaire brut gagné pendant l'année de référence en cours[34].

Les corps législatifs fédéraux et provinciaux peuvent édicter des lois quant aux jours fériés. Ces congés sont habituellement proclamés de façon à permettre à la population de célébrer certains jours ayant

26. Article 68 L.N.T.
27. Article 40 C.C.T.
28. Article 69 L.N.T.
29. Article 67 L.N.T.
30. Article 70 L.N.T.
31. Article 73 L.N.T.
32. Article 74 L.N.T.; article 39 C.C.T.
33. Article 75 L.N.T.
34. Article 76 L.N.T.

une signification particulière. Au Québec, ces congés incluent le jour de Noël, la Fête du Canada, la Saint-Jean-Baptiste, la Fête du travail, la journée de l'Action de Grâce, etc. La loi établit si l'employé a droit à un congé rémunéré ou non et en quoi consistera sa rémunération s'il doit travailler pendant un jour férié. Dans *Tzskas* c. *104880 Canada Inc.*[35], l'employeur fut condamné à payer à son employé, en plus du salaire régulier déjà versé, une indemnité égale au salaire d'une journée pour chaque jour férié où l'employé a travaillé.

Bien entendu, les parties peuvent conclure des conditions de travail plus généreuses que celles qui sont prévues par les lois qui établissent des normes minimales.

Dans *Grossman* c. *Rosemount Knitting Inc.*[36], après 14 ans de service, un employé fut avisé que ses commissions mensuelles incluraient dorénavant l'indemnité de 4% pour congé annuel. Le taux de commission mensuel ne fut cependant pas augmenté. Bien que Grossman refusa de signer l'avis de la compagnie à cet effet, il accepta de ne réclamer aucune paie de vacances en excès de ses commissions. Il fut congédié. La Cour supérieure décida qu'il était en droit de ne pas signer un tel document et qu'il avait été injustement congédié.

Dans *Desjardins* c. *Fabrique de la paroisse de Saint-Gédéon*[37], la Cour provinciale jugea que la réclamation d'un sacristain pour trois semaines de vacances accumulées au cours des trois années précédentes n'était pas une réclamation de salaire. La Cour considéra plutôt sa demande comme une réclamation d'avantages sociaux, en énonçant que ces avantages ne représentaient pas un salaire. L'importance de la qualification réside dans le fait que le délai pour intenter une action en justice (prescription) n'est pas le même. Dans cette affaire, la réclamation n'était pas prescrite puisqu'une réclamation pour indemnité de congé annuel n'est pas touchée par la courte prescription applicable à celles qui sont de nature salariale. La Cour n'a cependant pas spécifié quelle était la période de prescription applicable.

E.　Commissions

Les parties devraient clairement spécifier la période à laquelle les commissions deviennent exigibles ainsi que les conditions préalables à remplir.

35.　D.T.E. 87T-984 (C.S.).
36.　J.E. 81-123 (C.S.).
37.　J.E. 78-507 (C.P.).

Dans *West Coast Woolen Mills Ltd.* c. *Engel*[38], le contrat stipulait que l'employé avait droit à une commission de 3% sur les «ventes nettes», définies comme étant «les produits vendus et livrés». Par conséquent, aucune commission n'était due pour avoir simplement obtenu des commandes et les avoir fait confirmer par l'employeur.

Dans *Don Giustino Inc.* c. *Collection L.S.M. Inc.*[39], la Cour détermina que la preuve présentée par l'employeur était insuffisante pour démontrer l'existence d'une entente selon laquelle un employé n'avait droit à une commission que sur les ventes facturées.

Un employeur ne peut faire en sorte que les commissions d'un employé soient diminuées alors que ce dernier n'en est aucunement responsable. Par conséquent, dans l'affaire *Bégin* c. *Versabec Inc.*[40], la Cour supérieure ordonna à l'employeur d'indemniser l'employé qui avait perdu des ventes (et des commissions) suite au transfert par l'employeur de certains comptes de clients à une compagnie affiliée.

L'employeur n'a également pas la faculté de modifier unilatéralement le territoire sur lequel un employé est en droit de percevoir des commissions si un tel changement a pour effet de diminuer les gains potentiels de l'employé. En effet, une telle réduction du potentiel des ventes et commissions pourrait constituer une violation fondamentale du contrat.

Les parties devraient discuter dès l'embauche des conditions entourant le paiement des commissions lorsque prendra fin la relation d'emploi, s'il y a lieu. En effet, cette disposition peut être particulièrement appropriée lorsque des commissions sont habituellement perçues pour des commandes successives du produit vendu ou lorsqu'elles sont versées seulement une fois que le produit est livré ou payé par le client.

F.   Avances

Lorsque l'employé est payé partiellement ou totalement sur une base de commissions, plusieurs employeurs accordent des avances mensuelles ou bimensuelles.

---

38. [1971] C.A. 20.
39. J.E. 82-666 (C.S.).
40. Non rapportée, C.S. 500-05-010341-889, 4 juillet 1990.

Une question fréquemment soulevée devant les tribunaux est de savoir si l'employé doit rembourser lesdites avances. Le problème consiste essentiellement à déterminer si les avances doivent être considérées comme des prêts sur les commissions gagnées ou plutôt comme faisant partie du salaire de base. Évidemment, si les parties ont expressément prévu la façon de traiter de telles avances, la situation ne laisse aucun doute. Dans *Royal Guardians* c. *Neilson*[41], la Cour supérieure jugea que, de façon générale, les avances sur commissions sont des prêts sujets à remboursement. Toutefois, il est possible que les parties aient voulu que les avances fassent partie du salaire de base. En l'absence de stipulation précise, il est nécessaire d'étudier les termes implicites de la relation et/ou les circonstances ayant entouré la conclusion de l'entente. Dans *Wuraffic* c. *Triad Creations Ltd.*[42], l'employé allégua avoir droit à une commission de 10% en plus des 200$ d'avance qu'il recevait de façon hebdomadaire. Après avoir revu les faits, le tribunal décida que la version de l'employé était invraisemblable.

Une autre question soulevée est celle de savoir si l'employé doit rembourser la partie des avances reçues qui excède les commissions gagnées. Par exemple, il est possible que les gains soient moindres que les avances au moment où un employé démissionne ou est congédié. Il arrive également qu'un employé ne parvienne pas à gagner le montant de commissions nécessaire pour couvrir les avances reçues. Encore une fois, une entente préalable quant aux conditions et modalités du remboursement des avances préviendrait les malentendus.

Certains tribunaux ont décidé que, en l'absence d'une entente contraire, les contrats d'emploi qui prévoient le paiement de sommes d'argent de temps à autre à titre d'avances pour les commissions à être gagnées n'imposent aucune obligation de rembourser si les commissions sont moindres que les avances. La Cour d'appel, dans l'affaire *Labrosse* c. *Créadis Inc.*[43], a confirmé que, en l'absence d'un langage clair à l'effet contraire, l'employé a droit aux avances, peu

---

41. [1959] C.S. 316; voir également *Bourque* c. *Compuset Business Forms and Systems Analysis Inc.*, décision non rapportée, C.S. 500-02-045671-851, 22 août 1990.
42. [1971] C.A. 83.
43. D.T.E. 91T-138 (C.A.). *Mainguy* c. *La Société des Artisans*, [1970] C.A. 282. Voir également *Bean* c. *Les Placements Collectifs Inc.*, [1969] B.R. 1139 (C.A.); *Lamarre* c. *Brien*, [1960] C.S. 564; *Mendelsohn* c. *Tremblay*, [1958] C.S. 179; *Joyce* c. *Lucerne in Quebec Community Association Ltd.*, (1932) 70 C.S. 49; *La Société d'Édition Rivières* c. *Poissant*, [1976] C.P. 397; *Vapomatic Inc.* c. *Tremblay*, [1975] R.D.T. 204 (C.P.) 564.

importe que les commissions gagnées pendant ce temps soient ou ne soient pas en excès du montant reçu à titre d'avance. Sauf stipulation contraire, le contrat sera donc interprété de façon à ce que le remboursement s'effectue à même les commissions gagnées s'il y en a, et pour le seul montant des commissions si elles ne sont pas supérieures aux avances. De même, dans *Menuiserie de Scott Inc. c. Boissinot*[44], les avances furent jugées non remboursables puisqu'elles étaient considérées comme un salaire.

D'autres décisions ont affirmé que l'employé doit rembourser toute avance qui excéderait les commissions gagnées, sauf entente contraire, le mot «avance» contenant implicitement la notion de remboursement[45]. Dans *West Coast Woolen Mills Ltd. c. Engel*[46], une entente entre les parties prévoyait que le surplus d'avances sur les commissions pendant la première moitié de l'année pouvait être déduit des commissions gagnées pendant la deuxième moitié de l'année. Le tribunal fut d'opinion que, en raison de cette entente, le surplus payé en 1963 fut à juste titre déduit des commissions gagnées en 1964.

Enfin, certaines autres décisions ont conclu que la question en est une de faits et que chaque cas en est un d'espèce[47].

Finalement, certains contrats d'emploi prévoient que le montant des avances peut augmenter ou diminuer selon la moyenne des commissions gagnées par l'employé. Un employé qui refuserait de travailler selon le nouveau système d'avances pourrait être congédié pour cause. Cependant, la simple expression d'un désaccord quant à une diminution des avances n'est pas, à elle seule, cause de congédiement[48].

---

44. J.E. 82-503 (C.P.).
45. *André Lacroix Publicité Inc. c. Tremblay*, décision non rapportée, 200-02-007090-873, 11 juin 1990 (C.Q.); *145074 Canada Ltée c. Rivard*, D.T.E. 87T-644 (C.P.); *Mérette c. Presto Oil Co.*, [1957] B.R. 262 (C.A.); *Normende (Québec) Ltd. c. Kiwitt*, [1966] C.S. 465; *Graff Brushes Ltd. c. Marvin*, [1962] C.S. 72; *Garage W. Martin Ltée c. Labrie*, [1957] C.S. 175; *Title Brand Clothing Manufacturing c. Tétreau*, [1942] C.S. 401; *Macdonald Metal Products Co. c. Watts*, [1942] C.S. 129; *Gilbert c. Taylor*, (1940) 78 C.S. 18; *Dominion Life Assurance Co. c. Beaulieu*, (1939) 77 C.S. 426; *Dominion Staple Company c. Beers*, [1944] R.L. 170; *Les Machines Automatiques Laniel Co. (St-Adèle) Inc. c. Beausoleil*, [1985] C.P. 189.
46. [1971] C.A. 20.
47. *Gilbert c. Taylor*, (1940) 78 C.S. 18; *Système de communication Incotel Ltée c. Marcotte*, D.T.E. 88T-355 (C.P.).
48. *Royal Guardians c. Neilson*, [1959] C.S. 316.

G.   Participation aux profits et achat d'actions

De nos jours, bon nombre d'employeurs ont des programmes de participation aux profits. Certains offrent à leurs employés la possibilité d'acheter des actions de la compagnie. D'autres proposent des régimes d'actions fantômes qui sont similaires aux programmes d'achat d'actions mais qui en diffèrent par le fait que l'acheteur n'acquiert pas de droit de propriété[49]. La forme, le contenu et les formules utilisés peuvent varier considérablement d'un programme à l'autre.

Ces programmes, comme les bonis et les commissions, sont des méthodes de rémunération qui visent à encourager les employés à exceller.

Lorsque l'employeur offre à ses employés ces types de programmes sans pouvoir les modifier ou les retirer à sa discrétion, ceux-ci peuvent être considérés comme partie intégrante de la rémunération[50].

H.   Boni

Les bonis peuvent faire partie intégrante du salaire d'un employé, tout comme ils peuvent en être exclus. Lorsqu'il est totalement discrétionnaire et qu'il n'est pas octroyé automatiquement, un boni n'est pas considéré comme partie intégrante du salaire[51]. Le boni sera très probablement considéré comme une partie du salaire s'il n'est pas tributaire d'une décision discrétionnaire, comme c'est le cas lorsqu'il est calculé selon une formule ou une pratique établie, ou lorsqu'il est régulièrement payé. Dans *Le Comité paritaire du camionnage du district du Québec* c. *Cartier Ready Mix*[52], l'employé recevait un salaire horaire de 1,10$ auquel s'ajoutait un boni de 0,40$ conformément à son contrat d'emploi. L'employé prétendait qu'il devait être rémunéré pour ses heures supplémentaires au même taux horaire plus le boni. L'employeur soutenait pour sa part que l'employé n'avait droit qu'au taux horaire de 1,10$ puisque le contrat d'emploi stipulait que l'octroi du boni était discrétionnaire. Le tribunal conclut que,

49. Le régime d'actions fantômes est un incitatif monétaire en vertu duquel le gain monétaire est déterminé en utilisant une formule basée sur le prix réel des actions et des dividendes.
50. *Nolan* c. *Rémi Carrier Inc.*, J.E. 83-829 (C.S.) (confirmée par la Cour d'appel, D.T.E. 86T-370).
51. *Pichet* c. *Bausch & Lomb Canada Inc.*, D.T.E. 92T-1223 (C.S.).
52. [1966] C.S. 430.

même si le contrat mentionnait que le boni était discrétionnaire, la pratique démontrait que l'employeur n'avait jamais refusé à aucun employé ce boni qui était payé continuellement et régulièrement. La Cour décida que l'employé avait droit à la rémunération horaire de 1,50$ pour chaque heure supplémentaire, tout comme il était en droit de réclamer ce montant pour ses heures de travail normales[53].

Dans *CJMS Radio Montréal Limitée* c. *Audette*[54], une disposition du contrat donnait à l'employé le droit de recevoir un boni, payé et calculé à la fin de l'exercice financier de l'employeur. Le contrat prévoyait aussi que, dans le cas d'un congédiement pour cause, le boni se calculerait au prorata de la période de travail. L'employeur soutint que, puisqu'on avait mis fin à l'emploi par consentement mutuel des parties avant la fin de l'exercice financier et que le contrat ne traitait pas de cette situation, l'employé n'avait droit à aucun boni. Le tribunal décida néanmoins que, puisque le boni était dû même si l'employé était congédié pour cause, il ne s'agissait donc pas d'un boni discrétionnaire ni d'un cadeau. Par conséquent, l'employé avait le droit de recevoir ce boni au prorata de la période travaillée, même lorsqu'on mettait fin au contrat par consentement mutuel avant la fin de l'année fiscale[55].

Certains contrats prévoient spécifiquement que le boni sera payé, à la condition que l'employé soit toujours à l'emploi de l'employeur à la date où il devient payable ou à la dernière journée de l'année fiscale ou civile. Ces ententes sont appliquées et elles ne sont pas jugées contraires à l'ordre public[56].

Le défaut de payer la totalité d'un boni ne constituera pas toujours une répudiation du contrat d'emploi. Dans une décision, il fut déclaré que le défaut de payer la totalité du boni ne représentait pas une violation fondamentale du contrat d'emploi. En effet, ledit boni constituait une partie relativement minime de la rémunération totale à être reçue pour des services à être rendus sur une période prolongée[57].

---

53. Voir aussi *Caron* c. *Asbestos Eastern Transport Ltd.*, [1966] C.S. 214.
54. [1966] B.R. 756 (C.A.).
55. Voir aussi *Comité Paritaire du Camionnage du District du Québec* c. *Rapid Transport Inc.*, [1967] C.S. 374.
56. *Betito* c. *Nygard International Ltd.*, D.T.E. 92T-1221 (C.S.); *Mahoney* c. *Alliance Cie Mutuelle d'Assurance-vie*, D.T.E. 91T-431 (C.S.); *Tremblay* c. *Entreprises Ministères Redpath Ltée*, D.T.E. 89T-305 (C.Q.).
57. *Poole* c. *Tomenson Saunders Whitehead Ltd.*, (1987) 18 C.C.E.L. 238 (B.C.C.A.).

I. Régimes de retraite, polices d'assurance-vie et maladie et autres avantages

Les avantages dont bénéficie un employé comme conditions d'emploi, qu'il s'agisse d'un régime de retraite, d'assurance médicale, d'assurance-santé ou d'assurance-invalidité, sont généralement considérés comme une obligation que l'employeur se doit de remplir pendant toute la durée du contrat d'emploi. Comme nous l'avons vu, de tels avantages font partie de la rémunération s'ils ont une valeur pécuniaire. Par conséquent, comme c'est le cas pour tous les autres éléments de la rémunération, l'employeur ne peut unilatéralement diminuer ces avantages[58].

Le droit à des avantages dépend souvent de l'interprétation des termes du contrat d'emploi, d'une politique de la compagnie[59], de certains documents et parfois des lois applicables[60].

Dans *Gobeil* c. *CLSC Saguenay Nord*[61], une clinique médicale refusa de payer le salaire de son infirmière pendant la période où, en congé de maladie, elle suivit certains cours. Le tribunal décida que, puisque sa maladie la rendait temporairement incapable d'exécuter ses fonctions d'infirmière à la clinique médicale, elle avait droit à ses journées de maladie en vertu du contrat d'emploi. Le contrat ne lui faisait pas perdre le droit aux bénéfices des jours de maladie simplement parce que, pendant cette période, elle utilisait son temps pour suivre des cours.

Dans *Mac Pherson* c. *Canadian Javelin Ltd.*[62], le demandeur, qui s'était joint à la compagnie défenderesse en tant que géologue en mai 1957 et qui avait démissionné en août 1976, démontra au tribunal l'existence d'un contrat écrit qui prévoyait des avantages relatifs à la retraite et à des assurances-vie et santé qui devaient prendre effet au moment de sa retraite. Aucun montant spécifique n'avait fait l'objet d'un accord, et la prépondérance de la preuve était à l'effet que la compagnie n'avait pas défini ou fixé une politique de retraite pour aucun de ses cadres ni de ses employés durant la période concernée, c'est-à-dire entre 1957 et 1976. On avait réglé chaque situation de retraite en accordant une certaine considération aux conditions établies dans les cas précédents. Dans les circonstances, le tribunal

---

58. *Ronalds Federated* c. *Zgodzinski*, D.T.E. 88T-371 (C.A.); *Bergeron* c. *Mines d'amiante Bell Ltée*, D.T.E. 88T-870 (C.P.).
59. *Pendleton* c. *Deschênes et Fils (1969) Ltée*, D.T.E. 88T-591 (C.S.).
60. *Castagna* c. *Design Hydraulics Inc.*, D.T.E. 88T-1006 (C.S.).
61. J.E. 82-524 (C.S.).
62. J.E. 82-528 (C.S.).

devait déterminer la portée de la réclamation du géologue sur une base équivalant à celles qui avaient été précédemment utilisées par la compagnie dans les cas de retraites de cadres supérieurs. L'employé se vit donc octroyer une pension de 2 000$ par mois pour la première année et de 1 000$ pour une période subséquente de 204 mois, c'est-à-dire un total de 216 mois ou l'équivalent de 18 années de service avec la compagnie défenderesse. Quant aux avantages liés aux assurances-vie et santé, l'employé se vit accorder un montant correspondant à une année de primes.

J. Voiture de fonction ou allocation de voiture

Dans certains cas, les employés disposent d'une voiture de fonction ou d'une allocation pour l'utilisation de leur propre voiture. Un tel avantage est nettement une forme de rémunération si l'employé peut utiliser le véhicule ou l'allocation, en partie ou totalement, pour son usage personnel. Dans ce cas, retirer la voiture ou l'allocation équivaut à une réduction de la rémunération et peut donc constituer un bris fondamental du contrat d'emploi.

Dans *Reilly* c. *Hôtels of Distinction (Canada) Inc., Hôtel Le Grand / Grand Hôtel*[63], la décision de priver Reilly de la voiture de fonction lui faisait perdre un avantage important, ce qui constituait une violation des obligations de l'employeur.

Même si l'allocation ou le véhicule ne constitue pas une rémunération, soit lorsque ce dernier est utilisé exclusivement dans le cadre du travail, la décision unilatérale de supprimer le véhicule ou l'allocation peut équivaloir à un congédiement déguisé si cela constitue un changement fondamental des conditions de travail. Tel serait le cas si un véhicule était nécessaire à l'employé pour exécuter les fonctions pour lesquelles il avait été engagé.

K. Logement subventionné

Un contrat d'emploi peut prévoir que l'employeur fournisse à l'employé un lieu de résidence, qu'il subventionne le logement ou qu'il offre une hypothèque à taux préférentiel. Par exemple, une personne peut être engagée pour travailler en région éloignée, avec entente à l'effet que le logement sera fourni et payé pour la durée du contrat. Cet avantage fait dès lors partie de la rémunération de l'employé et ne peut, par la suite, être supprimé unilatéralement sans préavis raisonnable.

---

63. D.T.E. 87T-645 (C.S.).

CHAPITRE 9

SÉCURITÉ DES EMPLOYÉS

Les droits et obligations des employeurs et employés en ce qui concerne la sécurité sont aujourd'hui largement réglementés par des lois. Il existe des lois sur la santé et la sécurité au travail, et un système d'indemnisation en cas de lésion professionnelle financé par l'ensemble des employeurs a été établi[1]. Ce système prévoit le versement d'indemnités au travailleur blessé, sans égard à la responsabilité.

Même avant l'adoption de ces lois, les employeurs avaient l'obligation d'assurer la sécurité de leurs employés. Cette obligation signifie que l'employeur doit prendre tous les moyens raisonnables pour anticiper et prévenir les dangers ou risques potentiels que l'employé peut rencontrer dans l'accomplissement de ses tâches. Pour ce faire, l'employeur doit fournir à l'employé un environnement de travail sécuritaire[2], c'est-à-dire qu'il doit lui fournir l'équipement et les outils appropriés[3] et s'assurer que le personnel est compétent et adéquatement formé[4].

Depuis l'adoption des lois sur l'indemnisation des travailleurs en cas de lésion professionnelle, l'obligation implicite de sécurité a perdu de son importance. Toutefois, la base légale de l'obligation de sécurité demeure controversée. Il existe deux écoles de pensée sur cette question.

---

1. [1947] R.C.S. 521. [1947] R.C.S. 521. Voir *Loi sur la santé et la sécurité du travail*, L.R.Q., c. S-2.1; *Loi sur les accidents du travail et les maladies professionnelles*, L.R.Q., c. A-3.001; *Code canadien du travail*, L.R.C. (1985), c. L-2, partie II.
2. *Conseil des ports nationaux c. Commission des accidents du travail du Québec*, [1989] R.J.Q. 792 (C.A.); *Landry c. Duranceau*, [1962] C.S. 583; *Caron c. Delisle*, (1940) R.L. 143 (C.S.).
3. *Whitton c. Jesseau*, [1962] C.S. 309; *Marois c. Syndicat Coopératif Immobilier*, (1939) 77 C.S. 279.
4. *Laramée c. Boucher*, [1968] R.L. 476 (C.A.); *Canadian Shade Tree Service c. Diabo*, [1961] B.R. 501 (C.A.); *Côté c. Sidbec-Dosco Ltée*, J.E. 84-390 (C.S.); *St-Arnaud c. Palmer Bros. Ltd.*, [1961] R.L. 379 (C.S.).

La première défend la thèse selon laquelle l'obligation de sécurité d'un employeur envers ses employés est une condition implicite de tout contrat d'emploi. Elle se fonde sur l'article 1024 C.c. qui prévoit que les obligations d'un contrat s'étendent non seulement à ce qui y est exprimé mais encore à toutes les conséquences qui en découlent d'après sa nature et suivant l'équité, l'usage ou la loi.

Au début du siècle, la Cour supérieure du Québec, dans *McCarthy c. The Thomas Davidson Manufacturing Co.*[5], appliqua cette théorie. Dans cette cause, le contremaître de la compagnie avait demandé à un jeune homme de 16 ans d'exécuter un travail dangereux sans lui donner les instructions nécessaires, sans lui montrer comment exécuter le travail de façon sécuritaire et sans le superviser ou assigner un employé expérimenté pour l'aider. La Cour statua:

> «[...] en outre des obligations de fournir un fait et de payer une somme d'argent, il y a une obligation qui s'impose comme résultant d'une façon logique et rigoureuse de la nature des rapports qui unissent l'employeur et l'ouvrier; c'est l'obligation de procurer à l'ouvrier toute la sécurité possible et de le renvoyer à l'expiration du contrat indemne de tout mal provenant de l'industrie à laquelle il s'est appliqué.
>
> [...]
>
> Le patron sera en faute s'il est démontré qu'il a omis une précaution de nature à empêcher l'accident, quelque coûteuse et quelqu'inusitée que fût cette précaution, et comme le patron est plus expérimenté, mieux renseigné sur les dangers qui menacent la vie de ses employés, il est en faute s'il n'a pas obvié, alors qu'il le pouvait, à l'imprudence de ces derniers ou s'il ne les a pas prévenus de leur inexpérience; cette dernière faute se produit surtout, lorsque ce dernier emploie des enfants dans sa manufacture.» (p. 277, 278)

La Cour suprême du Canada, bien qu'il ne s'agissait pas d'un appel d'une décision en provenance du Québec, décidait que les obligations de l'employeur en matière de sécurité sont «des obligations fondamentales du contrat d'emploi.»[6] La Cour cita et approuva certains passages d'un jugement de la Chambre des Lords dans

---

5. (1900) 18 C.S. 272, confirmée par la Cour d'appel.
6. *Marshment c. Borgstrom*, [1942] R.C.S. 374.

Wilson & Clyde Coal Co. c. English[7], qui déterminait que l'obligation de sécurité comprenait trois volets: un personnel compétent, un équipement adéquat et un système de supervision efficace.

Récemment, la Cour supérieure du Québec, dans l'affaire *Valois c. Caisse populaire Notre-Dame-de-la-Merci*[8], décida qu'une condition implicite de tout contrat d'emploi requiert de l'employeur qu'il respecte l'intégrité de son employé et qu'il s'abstienne d'y causer préjudice.

La seconde école de pensée est d'opinion que la relation d'emploi ne donne pas en soi naissance à une obligation *contractuelle* de sécurité. Elle est plutôt d'avis que la responsabilité de l'employeur en cette matière résulte d'une faute délictuelle au sens de l'article 1053 C.c. qui se lit comme suit[9]:

«1053: Toute personne capable de discerner le bien du mal est responsable du dommage causé par sa faute à autrui, soit par son fait, soit par imprudence, négligence ou inhabileté.»

La distinction entre ces deux sources d'obligation de sécurité est d'une grande importance face à une poursuite en dommages de la part d'un employé. Si la base de la responsabilité est délictuelle, l'employé devra démontrer que l'employeur a été fautif. Tel serait le cas, par exemple, si l'employeur avait fourni des outils défectueux. Les dommages qui seraient alors alloués à l'employé seraient uniquement ceux qui sont directement reliés à la faute de l'employeur[10]. Par contre, si l'obligation est de nature contractuelle, l'employé doit démontrer le défaut de l'employeur de fournir un environnement sécuritaire en décrivant les lieux de travail comme, par exemple, représentant une menace sérieuse pour la santé physique ou mentale. Si la sécurité de l'employé est compromise au point de constituer un bris fondamental du contrat, l'employé pourra démissionner et poursuivre pour congédiement déguisé. Il n'a pas à prouver qu'il a été blessé.

---

7. [1937] 3 All E.R. 628.
8. [1991] R.J.Q. 1057 (C.S.).
9. *Agropur, Coopérative Agro-Alimentaire* c. *Lamothe*, [1989] R.J.Q. 1764 (C.A.).
10. Voir *J.L. Lefebvre Ltée* c. *Trottier*, [1970] C.A. 711; *Goodhue* c. *Dew*, [1963] B.R. 550 (C.A); *Rolfe* c. *Parker*, [1963] B.R. 465 (C.A.); *P.G.Q.* c. *Monette*, [1955] B.R. 66 (C.A.); *Laramée* c. *Boucher*, [1944] R.L. 300 (C.A.); *Chauvin* c. *Hardee Farms Ltd.*, [1965] C.S. 27 (C.S.); *Guillemette* c. *Lafontaine*, [1962] C.S. 660 (C.S.); *Whitton* c. *Jesseau*, [1962] C.S. 309; *Marchand* c. *Prud'Homme & Fils Ltée*, [1952] R.L. 471 (C.A.).

Une autre distinction entre les deux sources de l'obligation de sécurité est la période de temps allouée à l'employé qui a été blessé pour prendre un recours contre son employeur: si la base est délictuelle, l'employé ne bénéficie que de deux ans pour intenter une poursuite; si elle est contractuelle, la période s'étire alors jusqu'à 30 ans.

En matière de responsabilité délictuelle, le fait qu'il soit expérimenté dans le domaine en question peut rendre l'employé partiellement responsable du dommage qui lui a été causé, quoique cela ne libère pas l'employeur de son obligation de fournir un environnement sécuritaire[11]. En effet, la responsabilité peut être partagée puisque les tribunaux tiennent compte du fait que la victime a été négligente ou fautive dans l'accomplissement de ses tâches. À titre d'exemple, dans l'arrêt *Decelles* c. *Laurendeau*[12], l'employeur, un entrepreneur-électricien, fut trouvé responsable des blessures subies par un apprenti-électricien. Les blessures résultaient de la négligence de l'employeur qui n'avait pas pris les mesures nécessaires pour assurer la protection de l'employé dans l'accomplissement de ses fonctions. Il avait également négligé de lui montrer comment éviter les dangers et l'avait laissé sans supervision. Pour sa part, le travailleur, bien que jeune apprenti, fut tenu responsable dans une proportion de 35%, étant donné la témérité dont il avait fait preuve en déclarant être capable d'accomplir le travail dangereux qui lui était confié. L'employé était diplômé d'une école où on lui avait enseigné le métier d'électricien; il avait donc déjà été exposé aux risques d'un tel travail[13].

Lorsqu'un employé est blessé au travail et qu'aucune faute en vertu de l'article 1053 C.c. ne peut être imputée à l'employeur ou à l'un de ses représentants, on conclura que la blessure de l'employé dépend entièrement de sa propre négligence[14].

Nous sommes d'avis que la meilleure position est celle où l'obligation de sécurité d'un employeur envers son employé trouve sa source dans le contrat d'emploi lui-même. En effet, la portée de l'article 1024 du Code civil est suffisamment vaste pour y inclure une obligation de sécurité.

---

11. Voir *Laramée* c. *Boucher*, [1944] R.L. 300 (C.A.).
12. [1958] C.S. 648.
13. Voir aussi *Chauvin* c. *Hardee Farms Ltd.*, [1965] C.S. 27; *Whitton* c. *Jesseau*, [1962] C.S. 309; *Gagné* c. *Frenette*, [1949] C.S. 221.
14. *J.L. Lefebvre Ltée* c. *Trottier*, [1970] C.A. 711. Voir aussi *Canadian Shade Tree Service Ltd.* c. *Diabo*, [1961] B.R. 501 (C.A.); *Richard* c. *Gauthier et Breton*, [1964] C.S. 307.

Dans la relation d'emploi, l'employeur dirige l'accomplissement du travail et décide des méthodes utilisées. La plupart du temps, la sécurité des employés est donc affectée par des facteurs qui ne relèvent pas de leur contrôle. Dans ce cas, n'est-il pas naturel et équitable que la relation contractuelle soit à la source de l'obligation de l'employeur de fournir à l'employé un environnement sécuritaire? En effet, celui qui décide des méthodes à utiliser devra également s'assurer que les conditions qu'il impose n'affectent pas la sécurité de ceux qui doivent s'y soumettre. Il appert donc que l'entente selon laquelle une personne offre ses services à une autre implique nécessairement que celle qui procure le travail établisse un environnement sécuritaire et fournisse l'équipement nécessaire pour que le travail soit accompli sans danger pour la santé ou la sécurité de l'employé.

Évidemment, cette affirmation amène certaines réserves. Certains métiers sont, de par leur nature, intrinsèquement dangereux. Le policier, le pompier, l'employé qui travaille sur des échafaudages ou avec des outils dangereux courent tous des risques inhérents au genre de travail qu'ils accomplissent. En fait, la seule façon d'éliminer les dangers pour la santé et la sécurité de ces travailleurs serait de ne pas permettre qu'ils exercent leur métier. Il existe donc plusieurs secteurs d'emploi où les employés s'exposent volontairement à certains risques. Néanmoins, l'acceptation de ces risques n'inclut pas tout genre de risques ou de situations déraisonnables. La règle générale veut que l'employeur soit contractuellement obligé de prendre toutes les mesures nécessaires pour assurer la sécurité de ses employés, tout en tenant compte de la nature de leur travail.

Fournir un lieu de travail ou des matériaux qui ne sont pas sécuritaires peut constituer une violation de l'obligation de l'employeur et permettre à l'employé affecté d'être dédommagé pour le bris de son contrat d'emploi.

Il semblerait que l'article 2087 du nouveau Code civil, en vigueur le 1er janvier 1994, règle la question de la base légale de l'obligation de sécurité. Cet article prévoit que l'employeur a l'obligation de prendre toutes les mesures nécessaires pour assurer la santé, la sécurité et la dignité de ses employés.

Ainsi, l'obligation de sécurité deviendra une condition intégrante de tout contrat d'emploi, avec les conséquences discutées auparavant quant aux éléments de preuve et délais pour poursuivre l'employeur.

A.   Main-d'oeuvre compétente

Les employeurs ont l'obligation d'éliminer les dangers dans leurs établissements. Ils doivent aussi prévoir et prévenir les dangers. C'est à eux de prendre cette initiative[15].

Il est possible de prévoir que l'embauche d'un salarié incompétent ou la tolérance face à l'incompétence d'un salarié crée un danger qui peut entraîner des blessures à l'employé ou à ses pairs. Dans *Chauvin c. Hardee Farms Ltd.*[16], un homme âgé de 60 ans qui travaillait sur une ferme industrielle se vit assigner un travail avec de l'équipement dangereux. Il n'avait jamais travaillé avec cet équipement auparavant et en ignorait le maniement. L'employeur fut reconnu partiellement responsable de la blessure à la main que s'était infligée l'employé parce que le travailleur n'avait pas la capacité et l'habileté physiques nécessaires pour ce genre de travail. Par ailleurs, le contremaître n'avait pas donné au travailleur les instructions suffisantes pour le maniement de la machine. En fait, il ne lui avait même pas démontré son fonctionnement. Dans *Côté c. Turmel*[17], l'employé aidait à la livraison du lait par camion. Le jour de l'accident, le chauffeur avait été remplacé par un inspecteur de l'employeur. L'employé fut blessé suite à la faute et à la négligence de l'inspecteur. Il eut gain de cause, le tribunal jugeant que l'employeur avait commis une faute en remplaçant le chauffeur par une personne incompétente.

Éliminer une situation dangereuse peut, dans certains cas, signifier le congédiement d'un employé. L'employeur ne peut échapper à sa responsabilité s'il garde à son emploi un travailleur dangereux autant pour lui-même que pour les autres. L'employeur a, envers son employé, le devoir de choisir raisonnablement ses collègues de travail et il peut être tenu responsable s'il ne respecte pas ce devoir. Dans *Degray c. P.G. Province de Québec*[18], un gardien de prison fut gravement blessé par un prisonnier en fuite. Bien que l'accident ait été le résultat de la négligence et de l'incompétence du gardien lui-même, l'employeur, la province de Québec, fut trouvé partiellement responsable du point de vue délictuel. Il fut démontré que non seulement des officiers en charge de l'administration avaient fait preuve de négligence dans leur conduite mais encore que l'employeur avait gardé à son emploi un gardien qui, depuis plusieurs

---

15. Voir *Lamoureux c. Fournier*, (1903) 33 R.C.S. 675; *Gagné c. Frenette*, [1949] C.S. 221.
16. [1965] C.S. 27.
17. [1967] B.R. 309 (C.A.).
18. [1964] R.L. 35 (C.S.).

années, était reconnu pour son incompétence, ses absences répétées et sa négligence lors de la fouille des prisonniers, des cellules et des autres pièces. La Cour conclut que, eu égard aux circonstances, l'attaque était parfaitement prévisible et aurait pu être évitée.

B. Équipement

L'employeur doit fournir à ses employés des outils et de l'équipement en bon état qui permettent d'exécuter le travail de façon sécuritaire. Dans la cause *Goodhue* c. *Dew*[19], l'employeur engagea sa responsabilité délictuelle pour avoir confié un cheval mal harnaché à un jeune employé, ce qui causa un accident de calèche et de graves blessures à l'employé. Dans la même optique, dans l'arrêt *Richard* c. *Gauthier et Breton*[20], l'employeur fut trouvé partiellement responsable des blessures qu'un menuisier s'était infligées à la main. L'employeur avait été avisé à plusieurs reprises que la scie électrique n'était pas en bon état et qu'elle était dangereuse à manipuler. Le menuisier fut aussi trouvé partiellement responsable parce qu'il n'avait pas respecté les techniques de sciage sécuritaires.

Dans *Rolfe* c. *Parker*[21], l'employeur dirigeait une entreprise de fourniture d'équipement nautique. Le jour de la tragédie, l'employé partit en bateau à moteur sur le lac Memphremagog. Il avait avec lui deux ceintures de sauvetage sur lesquelles il s'était assis, bien qu'elles avaient des lanières avec lesquelles il pouvait s'attacher. Lors de l'audition, l'employeur prétendit que, même si le vent soufflait ce jour-là, il n'avait anticipé aucun danger. Sur l'eau, par contre, le vent fit chavirer l'embarcation, et l'employé, projeté hors du bateau, se noya. La Cour d'appel déclara que l'employeur aurait dû prévoir qu'un petit bateau sur un lac de cette taille pouvait possiblement être renversé et que, à cette époque de l'année, étant donné la température très froide de l'eau, les chances de survie étaient minimes. L'employé aurait dû être muni d'un équipement qui lui aurait permis de garder la tête hors de l'eau au cas où il aurait été engourdi par le froid ou qu'il ait perdu conscience. Étant donné les circonstances entourant la tragédie, quiconque se retrouvant dans l'eau n'aurait eu que peu de chance de saisir une des ceintures de sauvetage et, même s'il y était parvenu, il est douteux qu'il aurait pu être sauvé. Dans *Marchand* c. *Prud'homme & Fils Ltée*[22], la Cour jugea que, même si une échelle pouvait être munie de bouts de caoutchouc pour empêcher qu'elle ne

---

19. [1963] B.R. 550 (C.A.).
20. [1964] C.S. 307.
21. [1963] B.R. 465 (C.A.).
22. [1952] R.L. 471 (C.A.).

glisse, l'employeur avait de toute façon fourni à ses employés une échelle normale et solide qui aurait pu être utilisée sans danger par l'employé. L'employé avait simplement mal utilisé l'échelle.

C. Méthodes de travail

Dans *Marshment* c. *Borgstrom*[23], la Cour suprême du Canada énonça qu'une des principales obligations de l'employeur en vertu du contrat d'emploi était de fournir un système de travail sécuritaire, dans la mesure où l'exercice d'une diligence raisonnable lui permettait de le faire. Dans cette affaire, l'employé, engagé comme assistant pour scier le bois, avait été blessé lorsqu'un morceau du volant d'entraînement en fonte de l'équipement avait éclaté. La Cour conclut que la blessure de l'employé était due en premier lieu aux méthodes de travail dangereuses. Elle devait ajouter que l'embauche d'un entrepreneur indépendant à qui l'employeur pouvait déléguer le travail ne suffisait pas pour qu'il rencontre son obligation. L'employeur fut tenu responsable à l'égard de l'employé des dommages résultant de l'inexécution du contrat.

D. L'employé lui-même

L'employeur doit donner les directives, l'assistance et la supervision nécessaires à l'exécution sécuritaire du travail.

Le fait pour un employeur de prévenir son employé des dangers reliés au maniement d'une machine est-il suffisant pour l'exonérer de toute responsabilité? La majorité des tribunaux répondent à cette question dans la négative. Parce qu'il exerce un certain contrôle sur ses employés, l'employeur leur doit une certaine supervision; il doit les protéger des méthodes de travail inadéquates et des dangers au travail[24]. Dans la cause *McCarthy* c. *The Thomas Davidson Manufacturing Co.*[25], la Cour supérieure décida que l'employeur avait violé le contrat de travail et qu'il était responsable des dommages subis par l'employé, un garçon de 16 ans à qui le contremaître avait demandé d'exécuter un travail dangereux sans lui donner les instructions nécessaires pour procéder en toute sécurité.

Pour se décharger de toute responsabilité, l'employeur doit, personnellement ou par l'entremise de son contremaître, non seule-

---

23. [1942] R.C.S. 374.
24. *Gagné* c. *Frenette*, [1949] C.S. 221.
25. (1900) 18 C.S. 272.

ment ordonner à ses employés de cesser tout travail considéré dangereux, mais il doit également s'assurer que ses ordres sont respectés. Autrement, il sera tenu responsable des accidents qui résultent du non-respect de ses ordres.

Dans *Poulet* c. *Hébert*[26], la Cour décidait:

«qu'un employeur doit agir envers ses employés en bon père de famille ou en homme raisonnable. L'employeur doit fournir à l'employé les outils et l'équipement appropriés au travail qu'il doit exécuter et doit le protéger non seulement des dangers extérieurs mais aussi de ses propres erreurs et imprudences.» (p. 317) (traduction libre)

Dans cette cause, l'employeur était fautif dans la mesure où il n'avait pas fourni à l'employé les instructions nécessaires pour laver de façon sécuritaire les fenêtres au-dessus du niveau du sol. En outre, il aurait dû interdire à l'employé d'exécuter le travail de la façon qui avait provoqué sa chute mortelle. Dans l'alternative, il aurait dû s'assurer que l'employé avait une méthode de travail sécuritaire. Monsieur le juge Casey devait décider, dans l'affaire *Canadian Shade Tree Service Ltd.* c. *Diabo*[27], que l'employeur, même s'il n'était pas le gardien de ses employés, était tenu de prendre les moyens raisonnables pour les protéger des risques et des dangers prévisibles. Dans les circonstances, il était du devoir de l'employeur de s'assurer que ses employés recevaient les instructions appropriées, qu'ils étaient assignés à un travail que leur expérience et leurs capacités leur permettaient d'accomplir et qu'ils recevaient une supervision adéquate. L'employé de 17 ans, avec seulement 6 mois d'expérience, avait été laissé seul pendant qu'il écimait un arbre. Le manque de supervision fut suffisant pour engager la responsabilité de l'employeur lors de la chute mortelle de l'employé. Le juge, dans l'affaire *Whitton* c. *Jesseau*[28], concluait de façon similaire.

En général, les employeurs ne seront pas responsables des blessures qui résultent de négligence ou d'imprudence imprévisible d'un employé, en autant que ce dernier ait été prévenu des dangers et qu'on ait pris les mesures de sécurité nécessaires. De plus, l'employeur ne peut être tenu de prévoir que les employés désobéiront à ses instructions[29].

---

26. [1950] C.S. 315.
27. [1961] B.R. 501 (C.A.).
28. [1962] C.S. 309.
29. Voir aussi *Carter* c. *Slack*, (1941) 47 R.J. 421 (C.S.).

Dans *Duquette* c. *Boucher*[30], la Cour statua que, même si l'employeur n'était pas le gardien de l'employé à l'égard de ses imprudences imprévisibles, il devait néanmoins lui fournir les moyens nécessaires pour éviter les imprudences prévisibles que l'employé aurait pu commettre. Un accident similaire s'étant déjà produit dans le passé, l'employeur aurait dû prévoir la manoeuvre insouciante ou inhabile de l'employé, blessé lorsque sa main fut prise entre les rouleaux d'une machine à pétrir la pâte. L'employeur n'avait pas pris les mesures préventives nécessaires pour éliminer le risque.

Le travailleur d'expérience a droit lui aussi à cette protection contre ses propres imprudences mais, évidemment, à un degré différent. Un employé peut ne pas avoir besoin d'information ou d'entraînement. Il doit cependant être protégé de sa propre négligence ou insouciance. Dans la cause *Laramée* c. *Boucher*[31], la Cour d'appel conclut que l'employeur avait commis une faute et était donc partiellement responsable des blessures d'un boucher expérimenté. L'employeur avait négligé d'accomplir son devoir en oubliant d'attirer l'attention du boucher sur la nécessité d'utiliser un pilon en travaillant avec un hachoir à viande à moteur. Dans *Guillemette* c. *Lafontaine*[32], l'employeur ne fut pas tenu responsable des blessures subies par son employé alors que celui-ci démolissait une vieille grange. L'équipement fourni à l'employé était en parfait état. L'employé allégua cependant que son employeur, un fermier, ne lui avait pas fourni les instructions et la supervision adéquates. La Cour supérieure décida qu'une personne raisonnable, dans les mêmes circonstances, aurait agi de la même façon que l'employeur. Non seulement l'employé avait-il l'expérience et la robustesse nécessaires pour exécuter ce genre de travail, mais il avait même davantage d'expérience que le fermier dans le domaine de la construction.

Dans *Bruneau* c. *Rainville*[33], un teinturier d'expérience fut blessé lors de l'essai d'une teinture sur une presse automatique. L'employeur ne fut pas tenu responsable, car il ne fut pas démontré que la presse était défectueuse ni que l'employeur avait été négligent. La Cour énonça:

«L'obligation de l'employeur ne va pas plus loin que de prévenir l'employé des dangers et de lui fournir les outils nécessaires et il n'est pas tenu d'obliger un employé d'expérience à la prudence.

---

30. [1958] R.L. 367 (C.S.).
31. [1944] R.L. 300 (C.A.).
32. [1962] C.S. 660.
33. [1952] C.S. 370.

Ainsi, si l'employé désobéit aux ordres qu'il a reçus eu égard aux précautions de sécurité à prendre, il ne pourra s'en tenir qu'à lui-même pour tout accident qui résultera d'une telle désobéissance». (p. 374)

Dans cette affaire, le teinturier n'avait pas utilisé les outils mis à sa disposition, pas plus qu'il n'avait suivi les recommandations de sécurité même s'il avait été prévenu à plusieurs reprises des dangers que représentaient ses méthodes personnelles de travail.

Un employeur doit-il prévenir ses employés des dangers évidents? La Cour suprême du Canada décida qu'un danger évident et apparent était, en lui-même, un avertissement à toute personne raisonnablement intelligente et alerte. Dans l'arrêt *Litjens* c. *Jean*[34], l'employé, qui travaillait pour un fermier, plaçait des planches devant une raboteuse et les poussait sous les couteaux. L'employeur, le fermier, recevait les planches du côté opposé de la table. Le jour de l'accident, de son propre chef et à l'insu de son employeur, l'employé décida d'enlever la sciure de bois accumulée sur le côté de la machine où travaillait le fermier. Approchant sa main trop près des couteaux, il se coupa les doigts. La Cour décida que la faute manifestement grave de l'employé était la cause de ses blessures. Le fermier n'avait pas failli à son devoir d'agir en «administrateur prudent» en n'avertissant pas l'employé de ce qui était évident. La Cour suprême, en arrivant à sa décision, cita l'extrait suivant, tiré des notes de l'arrêtiste dans la cause *Ouellet* c. *Cloutier*[35]:

«Il se peut qu'il était possible qu'un accident semblable arrivât. Mais ce n'est pas le critère qui doive servir à déterminer s'il y a eu oui ou non négligence. La loi n'exige pas qu'un homme prévoie tout ce qui est *possible*. On doit se prémunir contre un danger à moins que celui-ci soit assez *probable* qu'il entre ainsi dans la catégorie des éventualités normalement prévisibles. Exiger davantage et prétendre que l'homme prudent doive prévoir toute possibilité, quelque vague qu'elle puisse être, rendrait impossible toute activité pratique.»
(Les italiques sont de la Cour suprême)

---

34. [1973] R.C.S. 723.
35. [1947] R.C.S. 521.

CHAPITRE 10

EXÉCUTION DU TRAVAIL

L'exécution du travail est l'obligation première d'un employé. Par le fait même, il s'engage à remplir les obligations sous-jacentes qui sont les suivantes: être présent au travail, être physiquement et mentalement capable d'exécuter le travail, être compétent dans l'exécution de ses fonctions, suivre les directives et observer les règles de bonne conduite.

Un employé doit exécuter personnellement le travail qui lui est assigné et ne peut le déléguer à un autre sans en être expressément autorisé.

Le refus ou le défaut d'exécuter le travail peut constituer un motif de renvoi immédiat. Dans ce cas, l'employeur sera justifié de mettre fin au contrat d'emploi[1].

Devant les tribunaux, l'employeur a le fardeau de démontrer qu'il a congédié l'employé pour cause[2].

Nous discuterons des divers éléments à soupeser pour déterminer si l'employé remplit ou non son obligation d'exécution du travail.

A. Attitude

Un aspect important de l'obligation de l'employé est son attitude envers son travail. L'employé doit démontrer de l'intérêt pour le travail qu'il est appelé à exécuter. Tout comme une approche positive

---

1. *Laboratoires Abbott Ltée* c. *Ahuja*, J.E. 83-659 (C.S.).
2. *Pichet* c. *Bausch & Lomb Canada Inc.*, D.T.E. 92T-1223 (C.S.); *Charest* c. *Institut Val du Lac Inc.*, J.E. 81-797 (C.S.); Voir la décision *Chabot* c. *Montréal*, D.T.E. 92T-1224 (C.S.), dans laquelle le tribunal décida que l'employé avait admis, dans une lettre à l'employeur, qu'il était incapable d'exécuter son travail. L'employeur n'avait pas à fournir d'autre preuve pour justifier le renvoi.

ou constructive peut améliorer l'atmosphère au travail, une attitude négative peut y faire entrave. Cet élément est d'une importance cruciale dans certains emplois.

Dans *Goulet* c. *Équipement de bureau Astro-Tech*[3], la Cour supérieure décida qu'un employeur avait le droit de congédier un employé à cause de son manque total d'intérêt et d'enthousiasme dans l'exécution de ses fonctions.

Un avocat, congédié après seulement trois mois de service, ne s'était vu reprocher par son employeur que sa forte personnalité, son grand désir d'accomplir le travail qu'on lui assignait ainsi que celui de réorganiser le contentieux. La Cour jugea, dans *Carle* c. *Comité paritaire du vêtement pour dames*[4], qu'une telle attitude était loin de motiver un congédiement; la véritable raison, en fait, était que le volume de travail touchant le domaine juridique ne justifiait pas l'embauche d'un avocat.

Dans *Drolet* c. *Ancienne-Lorette (Ville de l')*[5], un employé avait été engagé pour travailler sur un projet devant être complété à l'intérieur d'un délai fixe. La réussite du projet dépendait directement de l'aptitude du groupe de travail à bien fonctionner en équipe. Compte tenu du caractère réfractaire de l'employé et de son refus systématique de travailler avec ses pairs, le tribunal a maintenu la décision de l'employeur de congédier l'employé. Dans *Bazinet* c. *Radiodiffusion Mutuelle Ltée*[6], la Cour d'appel du Québec affirma que l'indiscipline peut constituer un motif de renvoi et ce, même si un employé est par ailleurs compétent. Dans cette affaire, le demandeur était un gérant perçu comme un être difficile, inflexible et intraitable, un homme avec qui et pour qui il était difficile de travailler, qui s'entêtait autant dans la poursuite de ses convictions que dans ses efforts pour tout contrôler. Par conséquent, le tribunal conclut que le demandeur ne satisfaisait pas à ses obligations en vertu du contrat d'emploi.

B. Présence au travail

Les tribunaux se penchent de plus en plus sur la question de l'obligation pour l'employé d'être présent au travail. Le principe

---

3. J.E. 84-364 (C.S.).
4. D.T.E. 87T-1010 (C.S.).
5. D.T.E. 88T-585 (C.P.).
6. D.T.E. 89T-1081 (C.A.). Voir aussi *Poulin* c. *Immeubles Québec West Wakerfield Ltée*, D.T.E. 88T-370 (C.S.); *Lavoie* c. *Squibb Canada*, D.T.E. 88T-267 (C.A.).

général veut que l'employé soit présent au travail de façon régulière et ponctuelle. L'employé doit également être physiquement et mentalement capable d'exécuter ses fonctions. Nous allons examiner trois problèmes fréquemment rencontrés face à l'obligation de l'employé d'être présent au travail.

1. L'absentéisme

Une personne peut, à l'occasion, être absente ou en retard au travail. Les retards occasionnels, motivés ou autorisés, sont généralement acceptés. Par contre, les retards excessifs ne seront pas tolérés et pourront constituer une cause de congédiement. Une absence temporaire de temps à autre, en raison de maladie ou autres motifs n'est pas cause de congédiement. Toutefois, des absences fréquentes et le défaut de fournir des explications raisonnables ou d'aviser pourront justifier un congédiement. La question en est une de degré.

Comme il en est de tout critère, les normes auxquelles se réfèrent les tribunaux ont évolué avec le temps. Au milieu du XIXe siècle, par exemple, la Cour jugea qu'il était juste pour un commerçant de congédier son commis qui s'était absenté sans motif pendant près d'une demi-heure[7].

Dans tous les cas, l'employé doit toujours avoir la chance de justifier son absence ou son retard. Dans *Côté c. Cie Nationale de Forage et Sondage Inc.*[8], le demandeur, qui travaillait en Algérie, s'absenta pendant deux jours. À son retour, on l'avisa qu'il était congédié parce qu'il avait négligé d'aviser l'employeur de son absence. Devant le tribunal, l'employé devait expliquer qu'il avait été malade pendant ces deux journées, trop malade même pour se rendre au téléphone. La Cour décida qu'il s'agissait d'un congédiement sans cause, puisqu'on n'avait pas invité l'employé à justifier son absence: on l'avait plutôt congédié sans lui donner une chance de s'expliquer.

Une absence pour cause d'emprisonnement ne constitue pas une excuse valable. Dans *Fraternité des chauffeurs d'autobus c. C.T. C.U.M.*[9], la Cour d'appel énonça:

«Il est complètement déraisonnable – et donc malvenu – d'ordonner à un employeur de laisser un poste disponible pour un

---

7. *Charbonneau c. Benjamin*, [1858] 2 L.J.C. 103.
8. J.E. 84-1046 (C.S.).
9. D.T.E. 86T-100 (C.A.).

employé condamné à neuf mois de prison (...) et dont la sentence pénale en appel a été augmentée à deux ans (comme c'est le cas ici). Le motif du congédiement est d'autant plus convaincant.» (p. 2 des motifs de l'honorable juge Kaufman) (traduction libre)

Notons que, dans cette affaire, l'employé, un chauffeur d'autobus, avait été condamné pour agression sexuelle.

2. *L'incapacité physique ou mentale*

Un employé doit être physiquement et mentalement apte à exécuter son travail. L'employé doit rencontrer toutes les exigences quant aux aptitudes physiques ou mentales évaluées de bonne foi par l'employeur comme nécessaires pour l'exécution du travail[10].

Une condition implicite du contrat d'emploi est que l'employé continue de bénéficier d'un état de santé qui lui permette d'exécuter ses fonctions. S'il devenait incapable d'accomplir ses tâches sur une base permanente, l'employeur serait justifié de mettre un terme au contrat d'emploi. Ainsi, l'incapacité de l'employé à exécuter ses fonctions entraîne la fin du contrat.

De plus, le fait qu'un employé ou son médecin croit que l'incapacité ne sera que temporaire ne peut influencer une décision si l'on procède ensuite à des expertises qui révèlent le caractère permanent de cette incapacité[11].

Les situations de maladies permanentes soulèvent habituellement peu de malentendus. Les difficultés surviennent généralement dans le cas de maladies temporaires, récurrentes ou de longue durée.

Dans *Sylvestre* c. *Mines Sigma Québec*[12], une disposition du contrat d'emploi précisait qu'un employé devenu invalide avait droit à son salaire pour une période additionnelle de six mois. La Cour déclara que cette clause permettait à l'employé invalide de demeurer à l'emploi de la compagnie encore six mois après l'accident. Le fait qu'il ne pouvait fournir sa prestation de travail ne mettait pas fin pour autant au contrat entre les parties.

---

10. Voir le chapitre 6 qui traite de la discrimination fondée sur le handicap.
11. *Dartmouth Ferry Commissions* c. *Marks*, (1903) 34 R.C.S. 366.
12. D.T.E. 83T-372 (C.P.).

Dans *Vachon* c. *Cotton*[13], un représentant des ventes, suite à un accident d'automobile, fut incapable de travailler pendant près de quatre mois et demi. Le tribunal décida que le contrat d'emploi avait pris fin puisque l'absence de l'employé équivalait à plus du tiers de la période couverte par son contrat d'emploi. La preuve révélait également que cette absence coïncidait avec la période dite «de pointe» chez l'employeur et qu'il était urgent qu'on le remplace. Dans *Bruneau* c. *Caverhill*[14], un vendeur à commissions ne put offrir sa prestation de travail durant une période de trois mois, en raison des suites d'un accident. Le tribunal, cette fois, refusa de constater la terminaison du contrat d'un an qui liait les parties. Considérant les circonstances de l'affaire, la nature de l'accident, la durée de l'absence, le fait que l'employé avait été loyal pendant de nombreuses années, et l'assurance qu'il avait reçue de l'employeur que son poste l'attendait à son retour, la Cour conclut que le congédiement n'était pas justifié.

Dans *Shaw* c. *École E.C.S. Inc.*[15], un professeur comptant 13 ans d'ancienneté dut subir une opération d'urgence au dos dès le premier jour de classe. En décembre de la même année, l'école privée pour laquelle il travaillait mit fin à son emploi alléguant une pauvre coopération, un manque d'effort et le fait que, pendant une demi-heure, il avait travaillé comme mannequin durant sa convalescence. Le tribunal décida que le congédiement avait été abusif puisqu'on n'avait pas pris en considération la durée de service de l'employé et qu'on ne lui avait pas accordé le temps nécessaire pour récupérer et reprendre ses fonctions.

La *Loi sur les normes du travail* prévoit qu'un employeur ne peut congédier un employé qui s'est absenté pour cause de maladie moins de 18 semaines au cours d'une année (article 122.2). Le *Code canadien du travail* interdit de congédier un employé s'il ne s'est pas absenté de son travail, pour cause de maladie, pendant plus de 12 semaines au cours de l'année (article 239 C.c.t.). Ces dispositions n'interdisent toutefois pas à un employeur de mettre fin à un contrat d'emploi suite à des absences non autorisées répétées ou pour absentéisme.

3. *L'abus de drogue et d'alcool*

Les tribunaux pourront considérer comme une maladie le fait que la capacité physique ou mentale d'un employé est affectée par

---

13. [1953] C.S. 167.
14. (1910) 37 C.S. 271.
15. J.E. 85-560 (C.S.).

l'abus de drogues ou d'alcool. L'employeur aux prises avec une telle situation doit agir comme il le ferait face à toute maladie physique ou psychologique. Ainsi, un employeur convaincu qu'un de ses employés fait un usage abusif de drogues ou d'alcool serait bien avisé de l'encourager à chercher de l'aide professionnelle.

Une fois averti que son employé a suivi avec succès une cure de désintoxication et qu'il est en mesure de reprendre ses fonctions de façon normale, l'employeur pourra le rappeler au travail. Si l'employé se montrait incapable à nouveau de remplir ses obligations, l'employeur aurait alors motif de congédiement.

L'employeur qui congédie un employé pour son refus de se soumettre à une cure de désintoxication sera trouvé coupable de l'avoir congédié sans cause s'il est démontré que l'employé n'avait pas de problème de drogue ou d'alcool. Dans *Clément* c. *Simpson Sears Ltée*[16], le directeur de la mise en marché s'enivra lors d'une rencontre sociale organisée pour le personnel de direction. Il alla même jusqu'à frapper un vice-président. Cet employé n'avait jamais consommé d'alcool sur les lieux du travail, et son rendement avait toujours été satisfaisant. Le tribunal jugea que l'employeur avait abusé de son pouvoir en avisant l'employé que, pour conserver son poste, il devait suivre une cure de désintoxication.

Dans *Dupré Quarries Ltd.* c. *Dupré*[17], l'abus d'alcool amena un employé à poser des gestes répréhensibles. À plusieurs occasions, il fut incapable d'exécuter les tâches qui lui étaient confiées en raison de son ébriété. De plus, il avait signé des chèques de la compagnie en blanc. Ces écarts de conduite furent considérés suffisamment graves pour constituer une cause de congédiement. Dans *Côté* c. *Cie Nationale de Forage et Sondage Inc.*[18], l'employeur, pour justifier le renvoi, rappela certains incidents où l'employé avait consommé de l'alcool. Cet employé travaillait au forage en Algérie. Après avoir entendu le témoignage du directeur des opérations, le tribunal décida que les allégations de l'employeur n'étaient pas suffisantes pour justifier le congédiement. En effet, le juge déclara que, à l'occasion, la consommation excessive d'alcool était chose commune parmi les employés en raison des conditions d'éloignement dans lesquelles ils vivaient[19].

---

16. J.E. 83-844 (C.S.).
17. [1934] R.C.S. 528.
18. J.E. 84-1016 (C.S.).
19. Voir également, en ce qui a trait à l'usage d'alcool, *Robin Hood Mills Ltd.* c. *Benoit*, (1933) 54 B.R. 387 (C.A.); *Metzger* c. *Howe Equipment*, [1979] R.P. 122; *Bouchard* c. *Anstalt*, non rapportée, C.P.M. 500-02-020010-778, 21 décembre 1977; *F.* c. *Erb Offset Plates*, [1955] C.S. 245.

C. Compétence

L'obligation pour l'employé d'exécuter son travail présuppose qu'il a la compétence nécessaire pour le faire. Lorsqu'une personne est embauchée particulièrement pour un poste de main-d'oeuvre qualifiée ou pour un poste de direction, elle doit aussi posséder les qualités nécessaires à l'exécution de ses fonctions. Dans le cas contraire, elle peut être congédiée pour cause[20].

Comment devrait-on définir la compétence? Quel niveau de compétence peut-on exiger d'un employé?

«Un contrat d'emploi prévoit généralement des obligations de moyen. La compétence est la capacité qu'a un employé d'utiliser les moyens nécessaires pour réaliser l'objet du contrat, c'est-à-dire d'exécuter le travail exigé par l'employeur. L'incompétence est difficile à cerner puisque cette notion comporte, selon les circonstances, une certaine mesure d'évaluation subjective. Une imperfection ou une erreur ne démontre pas en elle-même une incompétence telle qu'elle justifierait un congédiement sans préavis. C'est une question de degré, d'importance, de nature et d'effet. L'incompétence est un refus implicite ou une incapacité à prendre les mesures que tout employé raisonnable aurait prises dans des circonstances similaires. Un rendement insatisfaisant découle d'une indifférence flagrante et continue, de l'inobservation des consignes, d'une insouciance équivalant à une rupture volontaire de la relation contractuelle ou de l'impossibilité d'exécuter une obligation essentielle du contrat.»[21] (p. 2841) (traduction libre)

Les tribunaux ont clairement établi que celui qui prétend posséder les qualifications et l'expérience nécessaires à l'exécution d'un travail qui lui est proposé peut être congédié si l'employeur découvre qu'il ne possède pas la compétence requise.

Il est essentiel que l'employé soit informé des critères de rendement exigés par l'employeur et qu'il soit avisé lorsque ce dernier considère que les exigences ne sont pas remplies. L'employé doit être mis au courant des aspects de son travail qu'il doit améliorer et de la façon d'y parvenir. Par la suite, on doit lui laisser le temps de s'ajuster

---

20. *Prescott c. Adams*, (1906) 38 R.C.S. 365.
21. *Barth c. B & Z Consultants Inc.*, [1989] R.J.Q. 2837 à 2841, (C.S.).

à la demande. Le défaut d'indiquer à l'employé les aspects de son travail qu'il doit améliorer, ou celui de lui accorder suffisamment de temps pour corriger la situation peut rendre un congédiement illégal[22]. Bref, l'employé doit avoir été prévenu.

Le congédiement fondé sur l'incompétence peut être difficile à prouver devant les tribunaux. Ceux-ci ont en effet décidé que l'employeur ne peut se servir de quelques défaillances dans l'exécution des fonctions comme prétexte pour congédier l'employé sans préavis. Toutefois, une longue série d'infractions ou d'incidents mineurs a été jugée comme constituant une cause de congédiement[23]. Si l'employeur entend utiliser l'effet cumulatif de plusieurs incidents mineurs, il devra avoir préalablement avisé l'employé de son insatisfaction et de la nécessité qu'il améliore son rendement s'il désire conserver son emploi.

La négligence dans l'exécution des fonctions, l'absence de discipline personnelle et un rendement inférieur à ce qui était prévu par les parties sont des raisons qui peuvent justifier le congédiement d'un employé.

L'octroi de primes, de cadeaux ou de vacances additionnelles est un moyen utilisé par l'employeur pour motiver et récompenser la compétence ou la productivité. Ces gratifications visent également à encourager les employés à s'améliorer. L'employeur pourra éprouver des difficultés à congédier un employé à cause de son incompétence ou de son manque de productivité si ce dernier a, récemment ou de façon constante, reçu des récompenses, des évaluations favorables ou toutes autres formes de reconnaissance offertes par la compagnie. Dans *Lemyre* c. *J.B. Williams (Canada)*[24], l'employeur prétendit avoir congédié l'employée parce que la productivité du département dont elle était responsable ne cessait de diminuer et ce, malgré les avis répétés de l'employeur. Le tribunal devait rejeter cette prétention en mentionnant que, si l'employée ne s'était pas acquittée de ses tâches de façon efficace, la compagnie ne lui aurait certes pas versé de primes. Les entreprises n'ont pas l'habitude de récompenser les employés sur le point d'être congédiés. Le tribunal conclut donc à un

---

22. *Pichet* c. *Bausch & Lomb Canada Inc.*, D.T.E. 92T-1223 (C.S.); *Barth* c. *B.& Z. Consultants Inc.*, [1989] R.J.Q. 2837 (C.S.); *Champagne* c. *Club de Golf Lévis Inc.*, D.T.E. 87T-548 (C.P.). Voir aussi *Bourassa* c. *C.S.R. de Chauveau*, D.T.E. 87T-107 (C.P.).
23. *Aubrey Rose* c. *City National Leasing*, J.E. 84-333 (C.S.).
24. D.T.E. 84T-752 (C.S.).

congédiement illégal. Dans la même optique, la Cour, dans *Arnold* c. *Univers Pontiac-Buick Ltée*[25], reconnut que le gérant du département des pièces avait été congédié illégalement puisque l'employeur prétendait que l'employé était inefficace et incompétent alors que, en fait, il avait reçu des primes pour récompenser sa compétence et son efficacité.

Pour évaluer la compétence ou la productivité d'un employé, l'employeur peut établir des objectifs de vente, des quotas de production ou autres critères. Une fois ces critères établis par la compagnie et connus de l'employé, l'aptitude d'un employé à remplir les exigences de son poste est beaucoup plus facile à évaluer. L'employeur sera justifié de mettre fin à l'emploi de celui qui ne peut atteindre le volume de ventes requis ou la quantité de production établie[26], à moins que l'employé ne démontre que les normes n'ont jamais été appliquées ou suivies par les autres employés. Dans *Gignac* c. *Radio Futura Ltée*[27], un congédiement fut déclaré illégal par le tribunal. Un représentant des ventes avait été congédié parce qu'il n'avait pas atteint le volume de ventes établi par la compagnie. La preuve révéla cependant que les quotas établis par l'employeur n'avaient pas davantage été atteints par les autres vendeurs qui, pourtant, étaient demeurés à l'emploi de la compagnie. De plus, le non-respect de ces quotas n'avait jamais été considéré comme un critère affectant l'emploi des vendeurs par le passé. De la même façon, dans la plupart des cas touchant la compétence, l'employé qui ne maintient pas le volume de ventes désiré ou qui ne rencontre pas les quotas de production a le droit d'être avisé que son rendement est insatisfaisant avant qu'on le menace de congédiement. L'employeur doit également lui accorder une période raisonnable pour lui permettre de corriger la situation[28].

L'employeur qui garantit un paiement minimum annuel à un employé payé à la commission ne sera pas empêché de mettre fin au contrat d'emploi lorsque ce dernier, offrant une piètre performance, ne gagne pas suffisamment de commissions pour couvrir le montant garanti[29].

Dans *Ligue des Caisses d'Économie* c. *King*[30], le chef de direction d'un groupe d'institutions financières et directeur de l'une d'elles fut

---

25. D.T.E. 85T-478 (C.P.). Voir aussi *Faule* c. *Sun Life du Canada*, J.E. 84-363 (C.S.).
26. *Lapointe-Gagnon* c. *Tassé et Associés Ltée*, D.T.E. 92T-121 (C.S.).
27. D.T.E. 86T-205 (C.S.).
28. Voir *Marcotte* c. *Assomption Cie Mutuelle D'Assurance-Vie*, J.E. 81-1118 (C.S.).
29. *Lapointe-Gagnon* c. *Tassé et Associés Ltée*, D.T.E. 92T-121 (C.S.).
30. J.E. 83-61 (C.S.).

congédié pour cause lorsqu'il fut établi que sa façon de gérer les prêts démontrait une gestion de fonds publics grossièrement négligente. Il fut établi que trois des succursales dont il était responsable avaient essuyé des pertes substantielles.

Un employeur est en droit de s'attendre à ce que la qualité du travail de ses employés ne se détériore pas avec le temps. En fait, elle devrait plutôt s'améliorer au fur et à mesure que l'employé acquiert de l'expérience. Dans *Martel* c. *Dozois*[31], un groupe de musiciens avait été engagé pour jouer dans un café. Après deux mois de succès, une querelle éclata au sein du groupe. Les musiciens cessèrent de répéter avant de jouer, ce qui entraîna une détérioration de la qualité du spectacle par rapport aux mois précédents. Le groupe fut congédié pour cause.

Un surintendant d'une compagnie de chemin de fer fut congédié pour cause lorsqu'il fut démontré qu'il avait été négligent dans la tenue de ses comptes[32].

La simple insatisfaction quant au rendement général d'un employé ne constitue habituellement pas une cause de congédiement, ce qui est d'autant plus vrai quand l'employeur a toléré cet état de chose pendant une période relativement longue, comme c'était le cas dans *Côté* c. *Compagnie Nationale de Forage et Sondage Inc.*[33] L'employeur doit être en mesure d'établir de façon spécifique l'incompétence ou l'incapacité de son employé pour qu'une cause soit établie[34]. Les tribunaux ont énoncé que les raisons mises de l'avant pour le congédiement d'un employé doivent être sérieuses. Autrement, elles pourraient ne justifier qu'une sanction disciplinaire de moindre importance[35]. Dans *Desrochers* c. *Centre des langues Feuilles d'érable Ltée*[36], la Cour supérieure reconnut que le rendement de l'employé n'était pas impressionnant et qu'il n'avait pas exécuté son travail conformément aux exigences de sa fonction. Néanmoins, en considérant tous les aspects de la question, le tribunal ne put conclure que l'employeur avait établi l'incompétence ou l'incapacité de son employé à exécuter ses fonctions. Le congédiement fut donc jugé

---

31. [1960] C.S. 344.
32. Voir *Webster* c. *The Grand Trunk Railway Company of Canada*, (1857) 1 L.C.J. 223. Concernant l'imprudence, voir *Ruel* c. *La Banque Provinciale du Canada*, [1971] C.A. 343.
33. J.E. 84-1046 (C.S.).
34. *Chalifour* c. *Hallmark Automotive Centers Ltd.*, [1976] R.D.T. 586.
35. *Jolicoeur* c. *Lithographie Montréal*, [1982] C.S. 230.
36. J.E. 80-635 (C.S.).

excessif par le tribunal, qui considérait qu'un simple avertissement aurait pu suffire.

D. Respect des directives

Un employé doit suivre les directives de son employeur lorsqu'elles sont légales, conformes aux bonnes moeurs et qu'elles font partie des obligations de l'employé. Un employé qui néglige ou refuse d'obéir aux directives légales et aux demandes de son employeur pourra voir son emploi résilié pour cause[37].

Un employé ne sera pas taxé d'insubordination s'il refuse d'obéir à un ordre de l'employeur contraire à son code d'éthique. Plusieurs organisations professionnelles publient un code d'éthique qui énumère les obligations et responsabilités spécifiques aux membres de leur profession.

De même, l'employé pourra refuser d'obéir à un ordre contraire aux règles d'éthique ou qui se situe nettement en dehors de son champ d'activités. Il est possible que l'employé ait parfois à accomplir des tâches quelque peu différentes de celles pour lesquelles il a été engagé. L'employeur ne peut toutefois imposer des conditions d'emploi qui, dans les faits, obligent l'employé à exécuter un travail autre que celui qui a été initialement prévu. Par ailleurs, un employeur ne peut forcer son employé à faire une fausse déclaration et ce, peu importe son motif ou son objectif[38]. Dans *Lévesque* c. *Labrador Welding Construction Ltd.*[39], il fut décidé qu'un chauffeur de camion avait à bon droit refusé d'effectuer la collecte des ordures aux domiciles de certains actionnaires de l'employeur. Dans *Dupras* c. *Gagnair Consultants Ltée*[40], un vice-président, détenteur de 25% des actions de la compagnie, avait été congédié illégalement lorsqu'il refusa de voter selon le désir du président. La Cour supérieure déclara que le droit de vote du vice-président était lié à son statut d'actionnaire et non pas à celui d'employé ou encore à son contrat d'emploi.

Un employé peut évidemment faire valoir une excuse raisonnable qui expliquerait sa désobéissance et qui, par le fait même, empêcherait l'employeur d'établir l'existence d'une cause de congédiement. Par exemple, la maladie ou un décès dans la famille immédiate

---

37. *Dick* c. *The Canada Jute Co.*, (1889) 18 R.L. 555.
38. *Clément* c. *The Phoenix Insurance Company of Hartford*, (1984) 6 C.S. 502.
39. Non rapportée, C.P. Mingan, n° 650-02-000832-75, 20 octobre 1976 (C.P.).
40. D.T.E. 86T-805 (C.S.), confirmée en appel, D.T.E. 90T-869 (C.A.).

d'un employé peut justifier un retard dans la présentation d'un rapport; par contre, le fait d'être trop occupé ne serait pas nécessairement acceptable.

Les directives et consignes internes, pour être applicables, doivent être clairement établies et portées à la connaissance des employés. Dans *Gladu* c. *Reckitt & Colman (Canada) Inc.*[41], les règlements de la compagnie stipulaient que des mesures pouvaient être prises contre tout employé qui refuserait de faire des heures supplémentaires. Un employé qui avait refusé d'accéder à cette demande fut congédié. Le tribunal décida que le refus, en l'absence d'une raison valable telle que requise par la compagnie, permettait à l'employeur de mettre fin au contrat d'emploi sans autre avis[42]. Si les règles ou directives à respecter ne sont pas clairement communiquées aux employés, les tribunaux accorderont généralement le bénéfice du doute à l'employé qui est sanctionné pour avoir contrevenu à un tel règlement[43]. Dans *Relihan* c. *Bell Canada*[44], l'employeur avait distribué un code d'éthique à tous ses employés. Ce code décrivait, entre autres, la procédure à suivre pour obtenir une gestion appropriée des fonds de la compagnie et contenait également une interdiction d'embaucher des membres de sa propre famille. Relihan fut congédié pour avoir fait défaut de respecter le code d'éthique et les procédures internes de la compagnie. Il avait approuvé des dépenses personnelles et inventé du travail, ce qui était interdit par les règlements de la compagnie. Le tribunal précisa que, en raison de sa position hiérarchique, il ne pouvait prétendre ignorer l'existence ou le contenu de ces règlements.

De même, un employé doit reconnaître l'autorité de ses supérieurs. Ne pas reconnaître cette autorité est une forme d'insubordination. Pour justifier un congédiement, l'insubordination doit être sérieuse. Dans *Hamel-Michaud* c. *Centre Hospitalier Jacques-Viger*[45], une diététicienne avait, de façon constante, refusé de reconnaître l'autorité de ses supérieurs pendant près de onze ans et ce, malgré de nombreux changements dans le personnel de direction. L'employée refusait d'obéir aux directives visant la gestion efficace de l'hôpital et se conduisait irrespectueusement envers ses supérieurs. Malgré plusieurs avis à cet effet, elle n'avait pas amélioré

---

41. J.E. 84-759 (C.P.).
42. Voir également *Caron* c. *La Ville de Chapais*, [1978] R.P. 306 quant au refus d'obéir aux directives.
43. Voir par exemple *Malabre* c. *IDI Electric (Canada) Ltd.*, J.E. 84-524 (C.S.).
44. J.E. 82-1005 (C.S.).
45. D.T.E. 85T-929 (C.S.).

sa conduite. Le tribunal devait décider que, en raison de son attitude, l'employée était incapable de travailler harmonieusement autant avec la direction qu'avec ses compagnons de travail. Sa présence était intolérable. La Cour conclut donc qu'elle avait été congédiée pour cause.

De façon générale, un acte isolé de désobéissance ne constitue pas une cause de congédiement en soi, surtout s'il sert de prétexte au congédiement d'un employé[46]. Il est toutefois possible que cet acte, dans certains cas, devienne un motif de congédiement. Tout dépendra habituellement du sérieux de l'acte d'insubordination, qui sera évalué à la lumière de toute la relation d'emploi.

Dans *Duranleau c. Eastern Townships Regional School Board*[47], il fut jugé qu'un chauffeur d'autobus qui avait manqué à son obligation de rapporter un accident et qui n'avait pas respecté le code de procédure interne, n'avait pas commis une faute grave. Dans *Tremblay c. Caisse d'entraide économique de la Baie*[48], le gérant général de la banque avait octroyé, à lui-même et à ses employés, une augmentation de salaire sans obtenir l'autorisation du conseil d'administration au préalable. Compte tenu des circonstances particulières à cette affaire, la Cour devait décider que, bien que l'employé ait démontré un manque de jugement, son employeur ne pouvait le congédier sans un préavis raisonnable. Dans *Gagnon c. Golden Eagle Refining Co. of Canada Ltd.*[49], l'employé avait accepté de louer à un individu une des stations d'essence de la compagnie, malgré la décision de son supérieur immédiat de ne pas autoriser l'arrangement en question. Le congédiement fut jugé pour cause en raison du défaut par l'employé de respecter le choix de son vice-président. Dans une autre affaire, un gérant des ventes ayant obtenu l'autorisation d'utiliser une maison mobile usagée pour le week-end, choisit plutôt d'en utiliser une neuve. L'employé fut congédié pour cause[50]. Dans *Lavoie c. Fossambault-sur-le-Lac*[51], les fonctions d'un inspecteur municipal comprenaient la surveillance, l'entretien et l'opération d'un système d'égout. Il était également responsable de l'entretien et de la réparation de l'équipement et des édifices. On jugea que l'employé avait été congédié à juste titre parce qu'il avait été avisé à maintes occasions d'entretenir l'équipement adéquatement. Par ailleurs, sa conduite face aux instructions de son

---

46. Voir *Maheu c. Catalytic Enterprises Ltd.*, J.E. 84-679 (C.S.).
47. [1977] C.P. 139.
48. D.T.E. 83T-832 (C.S.).
49. [1971] C.A. 743.
50. *Vacanciers Mobile (1979) Inc. c. Duchesne*, D.T.E. 85T-15 (C.A.).
51. J.E. 81-368 (C.S.).

supérieur constituait de l'insubordination, et sa négligence avait causé des dommages à l'employeur.

Dans *Bazinet c. Radiodiffusion Mutuelle Ltée*[52], le congédiement fit suite à plusieurs années de difficultés avec le président et chef de la direction de la compagnie. Il fut démontré que son style de gestion, ses difficultés avec les employés, sa réticence à mettre en place les politiques édictées par la direction et son défaut de se conformer aux directives du C.R.T.C. étaient inacceptables. L'employé avait reçu plus d'un avis à l'effet que sa conduite était inadmissible, mais il choisit de les ignorer ou ne les comprit tout simplement pas. La Cour jugea que l'employeur avait des motifs sérieux et raisonnables de considérer que les actions du président étaient contraires aux intérêts de la compagnie et que celle-ci avait le droit de mettre fin au contrat d'emploi. Dans ce cas particulier, cependant, l'employé eut néanmoins droit à six mois de salaire.

Dans le cas d'une faute répétée sur une longue période, au su de l'employeur et sans qu'elle n'entraîne de reproches, il pourrait être présumé qu'il y avait acceptation tacite de la conduite de l'employé. Dans un tel cas, l'employeur pourrait éprouver des difficultés à établir l'existence d'une faute sérieuse ou d'une autre cause de renvoi.

Un employeur doit également prendre soin de ne pas induire les employés en erreur quant aux conséquences d'une insubordination. Dans *Plamondon c. Commission Hydro-Électrique de Québec*[53], l'employeur prévint l'employée de ne pas poursuivre ses vacances après une certaine date sans quoi les journées additionnelles ne lui seraient pas payées. L'employée fut congédiée lorsqu'elle retourna à son travail deux semaines après la date prévue. Puisque l'employeur lui avait dit que la seule pénalité qu'elle subirait serait une perte de salaire, le tribunal décida que le congédiement était illégal.

L'employé doit exécuter le travail qu'il s'est engagé à faire par contrat. Dans *Beaulieu c. Services financiers Avco Canada Ltée*[54], l'assistante-gérante fut engagée avec l'entente qu'elle pourrait être appelée à se rendre au domicile des clients de la compagnie. Elle refusa par la suite de remplir cette obligation de travailler sur la route, prétendant que ce travail la rendait nerveuse et affectait sa santé. La Cour supérieure devait décider qu'elle avait été congédiée

---

52. D.T.E 89T-1081 (C.A.).
53. [1976] C.S. 105.
54. J.E. 85-78 (C.S.).

pour cause puisqu'elle refusait de suivre les directives de son employeur et d'exécuter une partie normale de ses fonctions. La Cour mentionna que, lorsque l'employé refuse de façon déraisonnable d'exécuter une tâche qu'il sait faire partie de sa fonction, l'employeur peut exercer son droit de mettre fin à son contrat sans autre avis. Dans *Roy* c. *Drain Clair Inc.*[55], suite à des plaintes de clients, l'employeur avait interdit à ses employés de consommer de l'alcool pendant leur période de repas. Un employé, au service de la compagnie depuis six ans, fut congédié pour avoir été surpris à prendre une bière pendant cette période. Considérant que l'employé n'avait que très rarement à rencontrer des clients, le tribunal décida que le congédiement était abusif et injustifié.

Parfois, il arrive que certains employés acceptent d'exécuter des tâches spécifiques en échange d'un privilège ou d'un avantage particulier. Dans ces circonstances, ils peuvent être justifiés de refuser d'exécuter cette tâche si l'employeur retire le privilège en question. Dans *Wilks* c. *Harrington, division of Ingersoll-Rand Canada Inc.*[56], un dessinateur avait accepté de voyager pour son travail à condition qu'il débute et termine sa journée de travail quinze minutes avant les heures normales. Un peu plus tard, une directive de la compagnie transmise à tout le personnel révoquait tout arrangement concernant les horaires flexibles. Par la suite, lorsqu'on demanda au dessinateur de voyager pour la compagnie, il refusa et fut congédié. Le tribunal décida que l'horaire de travail avait été la raison pour laquelle le dessinateur avait accepté l'obligation de voyager comme faisant partie de son travail. En outre, puisque l'employeur avait modifié ledit horaire, il ne pouvait forcer le dessinateur à accepter la modification décidée unilatéralement et, plus tard, justifier son congédiement en raison du défaut de remplir cette obligation.

Dans *Duperron* c. *McCallum Transport (Québec) Ltée*[57], le tribunal décida qu'un employeur avait le droit, sinon l'obligation, d'exercer des sanctions contre un employé qui ne respectait pas les règles de la compagnie. L'employé, un chauffeur de camion, cherchait à obtenir des dommages de son employeur parce que celui-ci avait fait référence, dans une lettre de réprimande, au fait qu'il était accompagné d'une jeune femme. Le lettre fut trouvée et lue par l'épouse de l'employé, ce qui, selon le camionneur, avait eu des effets désastreux sur sa relation conjugale. La Cour devait conclure que, puisque le

---

55. D.T.E. 83T-831 (C.S.).
56. D.T.E. 87T-508 (C.S.).
57. D.T.E. 83T-799 (C.S.).

contenu de la lettre était exact, l'employeur avait le droit de mentionner dans une lettre de réprimande les faits essentiels qui constituaient la violation des règles de la compagnie. La Cour précisa que la référence à une autre femme était appropriée, même si le contenu de la lettre avait eu un effet négatif sur la vie conjugale de l'employé.

E. Conduite

Un employé doit traiter son employeur et ses représentants avec respect. La violation de cette obligation pourrait constituer un manquement à son devoir d'exécuter le travail[58]. L'obligation de traiter son employeur de façon respectueuse prévaut durant les heures de travail et, à certains égards, après celles-ci[59].

Les employés doivent se conduire de manière appropriée au travail. Ils doivent également respecter les règles raisonnablement édictées par l'employeur quant à la conduite à adopter au travail. Ces règles de conduite peuvent être expresses ou implicites, selon les circonstances ou la culture de l'entreprise. À Nancy, France, la Cour d'appel a jugé qu'une employée qui insistait pour porter une blouse transparente sans sous-vêtement approprié avait été congédiée pour cause. La Cour entérina la décision de première instance et mentionna que, bien qu'une telle conduite puisse être appropriée à la plage, elle n'était pas acceptable dans les circonstances[60].

Certaines imperfections dans la conduite ou des erreurs de jugement ne justifieront habituellement pas un congédiement. Des écarts de conduite répétés, ou une seule et unique erreur sérieuse, constitueront une cause de congédiement immédiat. Dans *Malabre* c. *IDI Electric (Canada) Ltd.*[61], l'employé avait été irrespectueux et insolent envers son supérieur. Le tribunal conclut qu'un acte isolé de cette nature justifiait rarement un congédiement. Une sanction de moindre importance aurait été plus appropriée dans les circonstances. L'employeur se vit ordonner de payer des dommages en raison du congédiement injustifié de l'employé. Dans *Thorneloe* c. *C.S.R. Eastern Townships*[62], la Cour maintint que l'attitude agressive de l'employé constituait un élément sérieux mais n'était pas suffisamment grave pour justifier un congédiement sans préavis.

---

58. *Fournier* c. *Tout Rôti Ltée*, D.T.E. 90T-131 (C.S.).
59. *Montreal Watch Case Co.* c. *Bonneau*, [1892] 1 B.R. 433 (C.A.); *Bousquet* c. *Nellis*, (1909) 35 C.S. 209. Voir aussi *Clément* c. *Simpsons Sears Ltée*, J.E. 83-844 (C.S.).
60. Voir *Le Monde*, 1er décembre 1982, p. 14.
61. J.E. 84-524 (C.S.).
62. D.T.E. 84T-870 (C.S.).

Dans *Côté* c. *Cie Nationale de Forage et Sondage Inc.*[63], de vagues reproches quant à la conduite de l'employé furent jugés déraisonnables et ne constituant pas cause de congédiement sans préavis.

La durée de la relation d'emploi est parfois un facteur à considérer lorsqu'on évalue la conduite d'un employé pour déterminer si un congédiement est justifié. Dans *Tremblay* c. *Gaz Inter Cité Québec Inc.*[64], l'employé, après seulement deux mois avec la compagnie, avait refusé de travailler avec son supérieur; il avait insulté certains dirigeants et menacé son supérieur durant leur dernière conversation. Par ailleurs, il n'avait démontré aucune volonté d'améliorer son rendement. La Cour devait conclure au bien-fondé d'un congédiement pour cause.

L'obligation de l'employé de se conduire d'une manière appropriée peut déborder du cadre du travail. Un comportement agressif lors d'une réception pourrait ne pas constituer une violation du contrat d'emploi dans une certaine situation alors qu'il pourrait, dans un contexte différent, représenter une faute assez grave pour justifier un congédiement sans préavis. Dans *Clément* c. *Simpson Sears Ltée*[65], le tribunal décida que la conduite de l'employé, bien que fautive, ne justifiait pas un congédiement sans préavis. Dans cette affaire, lors d'un cocktail organisé par l'employeur, le directeur de la mise en marché devint agressif. Après quelques verres, il frappa le vice-président qui venait de lui dire qu'il serait transféré dans une autre ville. La compagnie suspendit l'employé jusqu'à ce qu'il suive une cure de désintoxication d'une semaine. Toutefois, lorsque l'employé refusa cette condition, il fut congédié. La Cour décida que, en exigeant que l'employé suive un traitement pour alcoolisme, l'employeur avait abusé de ses droits puisqu'il n'avait aucune preuve que l'employé souffrait de cette maladie. Le tribunal en vint à cette conclusion malgré le fait que l'employé avait été agressif sous l'influence de l'alcool lors de réunions sociales organisées précédemment par la compagnie. La décision de la Cour laisse à entendre qu'une autre forme de réprimande aurait été plus appropriée[66].

Les tribunaux qui évaluent la conduite d'un employé à l'extérieur du travail peuvent soupeser divers facteurs. Ils examineront si

---

63. J.E. 84-1046 (C.S.).
64. J.E. 84-935 (C.S.).
65. J.E. 83-844 (C.S.).
66. Voir également *Maheu* c. *Catalytic Enterprises Ltd.*, J.E. 84-679 (C.S.).

l'incident a engendré un impact négatif sur la relation d'emploi au sein de la compagnie, si la réputation de la compagnie a été ternie ou si des clients ont été offensés. Dans *Chamberlain* c. *Maisonneuve Broadcasting Co.*[67], le tribunal décida qu'un employé, représentant des ventes, avait été congédié pour cause suite à une déclaration peu flatteuse qu'il avait faite à l'égard d'un client de son employeur au cours d'une réception où il n'était pas en devoir. La remarque fut entendue par un employé de ce client, qui la rapporta au client lui-même. Celui-ci refusa par la suite de faire affaires avec l'employeur. Dans *Boilard* c. *Aciers Pitt (Québec) Ltée*[68], un représentant des ventes en service depuis trois mois était arrivé en état d'ébriété à un cocktail et s'était mis à pleurer devant les clients. Le lendemain, il ne se présenta pas à une réunion à laquelle ses supérieurs l'avaient convoqué et ne justifia pas son absence. Considérant le fait que l'employé avait été engagé récemment et l'attitude cavalière qu'il avait manifestée avant et après la réception, la Cour conclut qu'il avait été congédié pour cause.

Dans *Gobeil* c. *C.L.S.C. Saguenay-Nord*[69], l'employeur démontra que la conduite d'une infirmière, coordonnatrice d'une unité de district, était néfaste à l'administration de cette unité. Non seulement était-elle incompétente dans l'exécution de ses fonctions, mais elle avait aussi fait preuve d'insubordination. Les faits révélèrent que l'infirmière s'était absentée pour une période de plus de deux mois sans en aviser son superviseur et qu'elle avait par la suite tenté d'amoindrir le fait en prétendant qu'elle avait suivi certains cours durant une partie de son absence. Le tribunal maintint la décision de l'employeur et considéra qu'il y avait cause de congédiement.

Dans certains cas, la conduite criminelle d'une personne à l'extérieur du travail peut constituer une cause de terminaison de la relation d'emploi. En effet, si l'employé est reconnu coupable d'une offense qui est en relation avec son emploi, l'employeur pourra mettre fin à la relation sans contrevenir à la *Charte des droits et libertés de la personne*[70].

---

67. 87T-669 (C.S.).
68. D.T.E. 84T-657 (C.S.).
69. J.E. 82-524 (C.S.).
70. L.R.Q., c. C-12, article 18. Voir *Fraternité des chauffeurs d'autobus, opérateurs de métro et employés des services connexes au transport de la C.T.C.U.M., section 1983 S.C.F.P.* c. *C.T.C.U.M.*, D.T.E. 86T-100 (C.A.); *Proulx* c. *Fenêtres architecturales Cayouette inc.*, J.E. 92-569 (C.S.); *Jean-Claude St-Jean* c. *La Commission scolaire régionale de l'Outaouais*, [1985] C.S. 637; *Syndicat des employés de bureau de la Compagnie P...* c. *Compagnie P...*, D.T.E. 91T-1273 (T.A.); *Syndicat national des employés de l'Hôpital Ste-Justine* c. *Hôpital Ste-Justine,*

F. Conflits de personnalité

Règle générale, étant donné que les employés n'ont qu'un rôle très limité dans la sélection de leurs compagnons de travail, ils n'ont pas l'obligation de s'entendre avec ces derniers. Le fait qu'un employé expérimente un conflit de personnalité avec un pair ou un supérieur ne permet pas pour autant à l'employeur de le congédier sans préavis[71].

Toutefois, un conflit qui prendrait une ampleur telle qu'il affecterait les opérations de la compagnie et les autres employés pourrait constituer une cause de congédiement[72].

D.T.E. 90T-324 (T.A.); *Centre local de services communautaires Le Norois et Syndicat des travailleurs du C.L.S.C. Le Norois et Syndicat des travailleurs du C.L.S.C. Le Norois (F.A.S.-C.S.M.)*, D.T.E. 89T-740 (T.A.).

71. *Bibeau c. C.L.S.C. du Marigot*, D.T.E. 86T-2 (C.S.); *Thermolea c. Commission Scolaire Eastern Townships*, D.T.E. 84T-870 (C.S.); *Banville c. P.G. du Québec*, D.T.E. 84T-172 (C.S.).

72. Voir *Maheu c. Catalytic Enterprises Ltd.*, D.T.E. 84T-636 (C.S.).

CHAPITRE 11

LOYAUTÉ

La loyauté envers l'employeur est implicite au contrat d'emploi, et tout employé se doit de respecter cette obligation. La loyauté n'a pas à être stipulée dans le contrat d'emploi puisque, de par sa nature, elle en découle directement[1]. L'obligation pour l'employé de servir son employeur de façon loyale et honnête est en fait très vaste. Elle interdit toute conduite malhonnête qui nuit à la réputation d'un employeur ou qui place l'employé en conflit d'intérêts.

En 1895, l'affaire *Bélanger* c. *Bélanger*[2] concernait un journal connu pour son appui de longue date au Parti libéral du Canada. À la veille des élections, le rédacteur en chef écrivit, à l'insu du propriétaire du journal, un article dans lequel il attaquait le Parti libéral en des termes non équivoques. La Cour suprême du Canada déclara:

«Une telle conduite de la part de Charles (le rédacteur en chef) méritait un congédiement dont il ne peut se plaindre. Quand un rédacteur en chef constate que ses opinions diffèrent de celles du propriétaire, il doit se soumettre ou bien quitter. S'il abuse de la confiance qu'on lui accorde pour attaquer les amis politiques de son employeur et que, au milieu de la bataille, il trahit le parti qu'il est payé pour appuyer, sa conduite ne sera jamais assez sévèrement punie.

Le rédacteur avait certes le droit de changer d'opinion, mais il n'avait pas le droit de changer l'orientation politique du journal d'Arthur (le propriétaire) sans son consentement.» (p. 681, 682) (traduction libre).

---

1. Voir *Positron Inc.* c. *Desroches*, D.T.E. 88T-498 (C.S.) (en appel) et *Guillemette* c. *Simpsons Sears Ltd.*, D.T.E. 85T-901 (C.S.).
2. (1895) 24 R.C.S. 678.

L'utilisation non autorisée des biens de la compagnie, d'informations confidentielles ou de secrets commerciaux constituerait pour l'employé un bris de son obligation de loyauté envers l'employeur[3].

Les tribunaux ont constamment maintenu que l'intensité de l'obligation de loyauté était directement proportionnelle à l'importance des responsabilités attribuées à l'employé à l'intérieur d'un système hiérarchique[4].

Dans certains cas, le devoir d'agir avec loyauté se poursuit même une fois la relation d'emploi terminée, comme nous le verrons plus loin dans ce chapitre[5].

A.   Honnêteté

Un employé doit agir honnêtement, avec intégrité et bonne foi. Il doit être franc et ne doit pas faire de fausses déclarations à son employeur ou à ses représentants. Un employé ne saurait non plus tromper son employeur. Tout agissement déloyal constitue une conduite malhonnête.

Dans *Lake Ontario Portland Cement Co. c. Jean A. Graver*[6], la Cour suprême du Canada jugea que la conduite d'un employé, qui avait inscrit une fausse date sur une lettre préalablement signée mais non datée était frauduleuse au point qu'il avait manqué à son obligation contractuelle de loyauté. Dans la même veine, la Cour jugea qu'un employé qui avait modifié les dates dans le but d'induire un syndic en erreur avait violé son obligation d'honnêteté[7]. Dans *Nadeau c. Produits Industriels Canado Ltée*[8], le secrétaire corporatif avait demandé au gérant de banque de préparer une résolution prévoyant que tous les chèques de la compagnie seraient dorénavant signés par

---

3. *Relihan c. Bell Canada*, J.E. 82-1005 (C.S.); *Boulanger c. Canadian Seafarer's Welfare Plan*, [1970] C.A. 941.
4. *Ref-Com Commercial Inc. c. Holcomb*, D.T.E. 91T-989 (C.S.); *Bank of Montreal c. Ng*, [1989] 2 R.C.S. 429; *P. Brunet Assurance Inc. c. Mancuso*, non rapportée, 500-05-008530-873, 17 février 1988 (C.S.); *A.P.G. Analyse Programmation et Gestion Canada Inc. c. Tremblay*, J.E. 89-55 (C.S.); *Montour Ltée c. Jolicoeur*, [1988] R.J.Q. 1323 (C.S.); *National Financial Brokerage Center Inc. c. Investors Syndicate Ltd.*, (1986) 9 C.P.R. (3e) 497; (1986) 4 R.D.J. 164 (C.A.); *Piché, Charron & Ass. c. Perron*, non rapportée, C.S.M. 500-05-005486-848, 7 novembre 1984.
5. *P. Brunet Assurances Inc. c. Mancuso*, non rapportée, C.S.M. 500-05-008530-873, 17 février 1988.
6. [1961] R.C.S. 553.
7. *Provost c. The Standard Foundry & Machinery Co.*, (1915) 21 R.L. (N.S.) 433 (C. Rév.).
8. D.T.E. 87T-755 (C.S.).

le secrétaire et par le président. Pour ce faire, le secrétaire déclara faussement que la compagnie avait déjà adopté une résolution en ce sens. Il avait agi ainsi parce qu'il croyait que le président, son père en l'occurrence, dont la signature était la seule véritablement requise, s'était émis un chèque d'un montant élevé. Le tribunal conclut qu'une telle conduite de la part du secrétaire corporatif, une personne jouissant d'une position de grande confiance, était malhonnête et inacceptable.

L'obligation de loyauté requiert d'un employé qu'il fournisse des informations justes lors de son embauche. En effet, l'employeur est en droit de s'attendre à ce que l'employé possède les qualités qu'il a énumérées. L'employé éventuel prend donc un risque en exagérant ses qualifications ou son expérience puisqu'il pourrait être congédié sans autre avis s'il ne les possédait pas. L'objet d'un curriculum vitae étant toutefois de décrire le candidat de la façon la plus favorable possible, les aspects subjectifs du document ne seront pas nécessairement considérés comme de fausses représentations si l'énoncé ne contient pas d'informations inexactes[9]. Dans tous les cas, un employé ne devrait pas omettre de fournir des renseignements qui pourraient être déterminants dans le choix d'un candidat comme, par exemple, les raisons pour lesquelles il a quitté son emploi précédent. Cacher le fait qu'on a été renvoyé d'un emploi précédent pourrait justifier un congédiement sans autre avis. Un employeur, ayant appris que le commis qu'il venait d'engager avait perdu son dernier emploi pour usage non autorisé de fonds, fut considéré avoir agi légalement en le congédiant puisque ce dernier lui avait caché ce fait lors de l'embauche[10]. Dans *Gobeil* c. *C.L.S.C. Saguenay-Nord*[11], le tribunal décida qu'une infirmière avait manqué à son obligation de loyauté. En effet, elle avait omis de révéler qu'elle avait été congédiée de son avant-dernier emploi et avait laissé entendre à son employeur que, au moment de son engagement, elle travaillait pour un hôpital, ce qui n'était plus le cas.

Dans *Ville de Montréal-Est* c. *Gagnon*[12], un individu qui avait nié, au moment de son engagement, posséder un casier judiciaire, fut congédié à juste titre par son employeur lorsque ce dernier apprit les faits réels. Toutefois, il est intéressant de noter que la Cour supérieure décida, en 1983, que l'obligation de divulguer, inhérente

---

9.   *Tanguay* c. *Scanway Corp.*, D.T.E. 85T-65 (C.S.).
10.   *Jarret* c. *Henry Morgan and Co.*, (1881) 12 R.L. 58.
11.   J.E. 82-524 (C.S.).
12.   [1978] C.A. 100.

à l'obligation de loyauté, n'exige pas d'une personne qu'elle révèle l'existence d'un casier judiciaire au moment de son embauche, si l'employeur n'en fait pas la demande[13].

L'article 18.2 de la *Charte des droits et libertés de la personne*[14] prévoit qu'un employeur ne peut congédier, refuser d'engager ou autrement pénaliser un employé qui a été déclaré coupable d'une infraction qui n'est aucunement liée à l'emploi ou si l'employé a obtenu un pardon pour l'infraction. Cependant, un employeur peut questionner un employé sur l'existence d'un dossier criminel si cela est pertinent à l'emploi[15]. Subséquemment, un employeur peut congédier un employé pour cause s'il découvre que l'employé possède un dossier criminel ayant un lien avec les qualifications ou aptitudes requises pour l'emploi.

Un employé ne peut utiliser la propriété de son employeur à des fins personnelles sans autorisation. Ainsi, il ne peut utiliser les outils de son employeur pour travailler à la maison à moins que cette pratique n'ait été approuvée ou tolérée par l'employeur[16]. De même, un employé ne peut, même en l'absence d'un règlement interne précis à cet effet, emprunter de l'argent d'une caisse enregistreuse. Dans *Guillemette c. Simpsons Sears Ltd.*[17], le directeur des ventes par catalogue retira 1 100$ de la caisse de la compagnie. La Cour supérieure décida que le congédiement de cet employé était approprié dans les circonstances et ce, bien que le directeur déclara avoir remis l'argent par la suite. Le directeur, qui occupait un poste décisionnel et qui jouissait de la confiance de son employeur, avait manqué à une obligation fondamentale de son contrat.

Au moment de la cessation de l'emploi ou à tout moment pendant l'existence du contrat, l'employé doit rendre à l'employeur, sur demande, tout ce qui lui appartient. En effet, un employé ne peut s'approprier aucun catalogue, dossier, liste de clients, liste de fournisseurs, état financier, correspondance relative aux affaires de la compagnie, liste d'inventaire, etc[18]. Il est évident qu'un employé ne doit pas non plus voler son employeur. Un détournement des fonds de l'employeur est un motif classique de congédiement. Dans *Bou-*

---

13. *Renda c. Lachine*, J.E. 83-368 (C.S.).
14. L.R.Q., c. C-12.
15. *Tremblay c. P.G. Québec*, [1986] R.J.Q. 577 (C.P.).
16. *Seulnick c. Services Ltd.*, non rapportée, C.P.M. 02-029774, 17 mai 1976.
17. D.T.E. 85T-901 (C.S.).
18. *G.E.C. Alsthom Energie Inc. c. Ernst*, D.T.E. 92T-1050 (C.S.); *Sherelco Inc. c. Laflamme*, D.T.E. 92T-485 (C.S.).

langer c. *Canadian Seafarer's Welfare Plan*[19], un administrateur adjoint utilisait les chèques de son employeur et les signait en blanc pour son bénéfice personnel malgré l'interdiction formelle d'une telle pratique. Cette conduite fut jugée nettement inacceptable.

Les accusations de vol étant considérées comme un délit très sérieux, l'employeur doit être absolument certain que l'employé qu'il congédie est bien l'auteur du vol. De simples soupçons ne peuvent suffire à établir une cause de congédiement[20]. Dans une décision, la Cour supérieure du Québec accorda à un directeur de prêts commerciaux une somme de 10 000$ pour dommages moraux subis lorsqu'il fut congédié pour de fausses accusations de corruption et de malhonnêteté[21]. La Cour jugea que de telles allégations avaient rendu plus difficile l'obtention d'un poste dans une autre banque.

Dans *Dupuis* c. *Datagram Inc.*[22], un vendeur fut congédié parce qu'il ne faisait pas signer les bons de commandes par les clients. Plutôt que de demander à ceux qui commandaient par téléphone de venir signer le bon de commande, le vendeur imitait leur signature. Toutefois, l'employeur, par le passé, n'avait jamais insisté pour que ces documents soient signés par les clients, pas plus qu'il n'avait avisé l'employé de cesser cette pratique. Pour ces raisons, le tribunal fut d'avis que l'employeur avait utilisé ce prétexte pour congédier un employé qui avait de la difficulté à s'intégrer au groupe.

Dans *Young* c. *Banque Royale du Canada*[23], la banque congédia une caissière sans préavis lorsqu'elle découvrit que cette dernière avait fait une fausse déclaration à la Commission de l'assurance-chômage. Elle avait agi ainsi pour permettre à son mari de recevoir des prestations. Le tribunal reconnut qu'une institution bancaire repose essentiellement sur la confiance qu'elle inspire à ses clients grâce à l'honnêteté et l'intégrité de ses employés. Le tribunal décida toutefois que l'employeur ne pouvait congédier l'employée sans lui accorder un préavis raisonnable. En effet, l'acte malhonnête avait été exécuté en dehors des limites de son travail; de plus, l'employée comptait plusieurs années de service. Avec tout le respect pour cette décision, il nous est difficile de saisir le raisonnement du tribunal dans cette affaire. Certains emplois demandent une honnêteté et une

---

19. [1970] C.A. 941.
20. *Côté* c. *Placement M. et A. Brown Inc.*, D.T.E. 87T-956 (C.P.).
21. *Delorme* c. *Royal Bank of Canada*, D.T.E 87T-791 (C.S.).
22. D.T.E. 87T-936 (C.S.).
23. D.T.E. 92T-395 (C.S.).

intégrité exemplaires. Le comportement d'une personne à l'extérieur de ses fonctions fait partie intégrante de l'évaluation de sa personnalité. Une institution bancaire ne devrait pas attendre qu'une caissière agisse malhonnêtement dans le cadre de son travail pour être en droit de la congédier. C'est, en fait, exactement le genre de conduite qu'une banque tente d'éviter.

B. Protection des intérêts et de la réputation de l'employeur

Un employé a l'obligation de servir son employeur en toute bonne foi. Il ne doit pas, de façon délibérée ou par négligence, faire quelque chose qui causerait un dommage à l'entreprise ou à la réputation de l'employeur. En effet, la conduite des employés d'une compagnie reflète souvent la réputation de cette dernière, surtout lorsqu'elle fait affaire avec le public. Les actes des employés, lorsqu'ils sont contraires aux normes reconnues de bonne conduite, peuvent miner le lien de confiance que l'employeur cherche à établir avec sa clientèle. Dans certains cas, la conduite d'un employé à l'extérieur de son travail peut justifier l'employeur de mettre un terme à la relation d'emploi sans préavis.

Pour déterminer l'étendue de l'obligation de loyauté de l'employé eu égard à la protection de la réputation et des intérêts de son employeur, les tribunaux ont tenu compte des facteurs suivants: la nature de l'entreprise; la nature de l'emploi; le degré de notoriété publique; le degré de responsabilités quant aux actes fautifs; le degré d'affectation des relations publiques de l'entreprise; la prévision d'un impact économique néfaste pour l'employeur; l'impact réel; le degré de malice ou de négligence dans la conduite; le droit de l'employé de s'exprimer librement; l'étendue du pouvoir ou de la confiance que l'employeur a accordé à l'employé.

Un employé doit s'abstenir de faire des déclarations publiques qui pourraient porter atteinte à la réputation de son employeur. Dans une affaire, un tribunal décréta que l'employé d'un salon funéraire avait manqué à son obligation de loyauté quand il avait fait part à un journal local des coûts exorbitants des services offerts par son employeur[24]. Dans une autre affaire, un employé, de concert avec des collègues de travail qui ne furent pas congédiés, informa une tierce partie de la situation financière précaire de son employeur et de la

---

24. En matière d'arbitrage, *The Office and Professional Employees' International Union, local 225 and Racine Robert and Gauthier Reg'd*, décision du 5 septembre 1980 par J.D. O'Shea, C.R. Président.

médiocrité de sa gestion. Le tribunal déclara que l'acte avait été posé dans l'intérêt de la compagnie, bien qu'il ait eu l'effet d'outrepasser l'autorité du président. L'absence de malice de la part de l'employé a probablement influencé le tribunal à décider que, bien que l'action ait été répréhensible en elle-même, elle n'était pas assez sérieuse pour constituer une cause de congédiement[25].

L'un des nombreux aspects de l'obligation de loyauté est qu'un employé doit résoudre soit directement avec ses supérieurs soit par le recours au système judiciaire tout différend avec son employeur. Par conséquent, un employé ne devrait pas faire publiquement étalage des problèmes qu'il éprouve avec son employeur. Ainsi, un tribunal conclut au bris impardonnable de l'obligation de loyauté d'un col bleu d'une université qui avait exposé l'objet de ses griefs dans le journal universitaire[26]. Dans un autre cas, la Cour suprême du Canada eut l'occasion d'examiner jusqu'à quel point les fonctionnaires pouvaient critiquer publiquement le gouvernement[27].

Si bon nombre d'employés discernent bien l'impact que peut exercer sur l'entreprise leur comportement à l'extérieur de leurs fonctions, plusieurs restent convaincus que cela ne concerne pas l'employeur. Les tribunaux ont tenté de chercher un équilibre entre le droit fondamental de l'employé à sa vie privée[28] et celui de l'employeur de protéger les intérêts légitimes de son entreprise. Ainsi, les tribunaux pourront permettre à l'employeur un certain degré d'intrusion si la conduite de l'employé à l'extérieur de ses fonctions affecte visiblement les intérêts de l'employeur, le rendement au travail ou les autres employés.

Dans *Chamberlain* c. *Maisonneuve Broadcasting Co.*[29], le tribunal décida qu'un représentant des ventes qui, alors qu'il n'était pas en service, avait parlé d'un client en des termes vulgaires et racistes, avait été congédié pour cause. Le client, à qui la remarque avait été répétée, avait par la suite refusé de traiter avec l'employeur.

Dans une affaire, un chauffeur d'autobus de la Société de transport de la Communauté urbaine de Montréal avait plaidé coupable à

---

25. *MacLellan* c. *Liné Canada Machine-Outil Ltée*, D.T.E. 83T-540 (C.S.).
26. *Anvari* c. *Royal Institution for the Advancement of Learning (McGill University)*, D.T.E. 82T-204 (T.A.).
27. *Fraser* c. *C.R.T. dans la Fonction Publique*, D.T.E. 86T-17.
28. Voir la *Charte des droits et libertés de la personne*, L.R.Q., c. C-12, art. 5.: «Toute personne a droit au respect de sa vie privée».
29. D.T.E. 87T-669 (C.S.).

une tentative de viol sur une fillette de 10 ans. Selon le tribunal, l'employeur était justifié de congédier cet employé, même si le crime n'avait pas été commis pendant les heures de travail[30]. La Cour d'appel du Québec décida que la gravité du crime commis ainsi que la couverture de l'incident par les médias locaux suffisaient à eux seuls à ébranler la confiance du public en l'employeur. En effet, la raison d'être de l'employeur était le transport sécuritaire du public dont, plus particulièrement, celui des enfants. La Cour ajouta que le public ne faisait pas la différence entre une tentative de viol commise en dehors des heures de travail et une autre, perpétrée alors que l'assaillant porte un uniforme.

C.   Obligation de confidentialité

1.   L'information confidentielle

L'obligation de confidentialité concerne tout employé qui possède des informations de nature confidentielle relatives à l'entreprise de l'employeur. Un employé a l'obligation de respecter la confidentialité face à son employeur lorsqu'on lui communique des informations privées dans des circonstances qui sous-entendent la confidentialité. L'information est jugée confidentielle quand celui qui la reçoit est tenu de la garder secrète ou que les circonstances qui entourent sa communication laissent supposer que cette personne est mise dans le secret par son employeur.

Le but de l'obligation de confidentialité est de protéger l'employeur contre un détournement d'informations privées et confidentielles obtenues par l'employé en cours d'emploi.

La divulgation abusive d'informations confidentielles pendant la durée du contrat d'emploi est une cause juste et suffisante de congédiement immédiat.

Par ailleurs, une telle divulgation après la cessation de la relation d'emploi peut également être illégale.

C'est par un ordre de la Cour, ou plus précisément une injonction, que l'on pourra enjoindre une personne de ne pas utiliser ou divulguer une information confidentielle. Le tribunal peut également ordonner de dédommager l'employeur pour toutes les pertes encourues, ou encore forcer l'employé à remettre les profits engendrés par

---

30. *Fraternité des chauffeurs d'autobus* c. *S.T.C.U.M.*, D.T.E. 86T-100 (C.A.).

un tel acte. Pour empêcher quiconque d'en tirer profit, l'injonction interdisant l'utilisation d'informations confidentielles peut être dirigée non seulement contre l'employé ou l'ex-employé, mais aussi contre toute personne à qui il a divulgué l'information[31].

Les employés, dans le cadre de leur travail, peuvent prendre connaissance de différents types d'informations. Les tribunaux du Québec ont adopté la méthode de classification en trois catégories établie dans la décision britannique, *Faccenda Chicken Ltd.* c. *Fowler*[32].

La première catégorie d'informations est celle qui est accessible au public et qui ne peut être considérée comme confidentielle. De toute évidence, la divulgation de cette information, tant pendant qu'après l'emploi, ne sera pas traitée comme un bris de l'obligation de loyauté[33]. Par conséquent, un employé est libre de divulguer ce genre d'informations en tout temps, peu importe son motif. La description déjà publiée d'un brevet bien connu des personnes oeuvrant dans une industrie particulière en est un bon exemple.

La deuxième catégorie consiste en information qu'un employé doit traiter comme confidentielle parce qu'elle a été définie comme telle ou parce que sa nature le laisse clairement sous-entendre. Toutefois, il est évident que, une fois transmise, l'information reste dans la mémoire de l'employé et devient partie intégrante des aptitudes et connaissances qu'il applique dans l'exécution de son travail. Il ne peut cependant, tout au long de sa relation d'emploi, utiliser ou divulguer cette information contre les intérêts de l'employeur. Néanmoins, lorsque la relation prend fin et si aucune clause contractuelle ne limite l'employé, la loi lui permet alors d'utiliser pour son bénéfice toutes les connaissances et aptitudes acquises et ce, même s'il fait concurrence à son ancien employeur[34]. Par conséquent, un employeur désireux de protéger ce type d'informations une fois la relation d'emploi terminée doit se prémunir d'une stipulation contractuelle qui en restreindrait explicitement l'usage.

L'utilisation de l'information comprise dans cette deuxième catégorie est néanmoins quelque peu limitée, même en l'absence

---

31. *Société mutuelle d'assurances générales de la Gaspésie et des îles* c. *Gignac*, [1992] R.J.Q. 659 (C.S.).
32. [1986] 1 All E.R. 617. Voir aussi *G.E.C. Alsthom Energie Inc.* c. *Ernst*, D.T.E. 92T-1050 (C.S.).
33. *Volcano Inc.* c. *Lavoie*, D.T.E. 84T-871 (C.S.).
34. *The Lange Co.* c. *Platt*, [1973] C.A. 1068.

d'une restriction contractuelle. En effet, de façon générale, l'employé ne doit pas faire une concurrence déloyale à son ancien employeur. La loi veille à protéger contre certains usages issus de ce qui est de plus en plus connu comme la théorie du «tremplin». Ce principe énonce qu'un ancien employé ne devrait pas être autorisé à profiter d'un «tremplin» pour ouvrir la compétition avec son ancien employeur, comme il le ferait en tirant parti des informations confidentielles de ce dernier.

Les tribunaux québécois n'ont commencé que tout récemment à faire référence à cette théorie utilisée fréquemment dans les provinces de *common law*[35].

Il n'existe aucune liste exhaustive des types d'informations qui entrent dans cette catégorie. Tout ce qui se range entre des états financiers d'une compagnie privée et des stratégies de mise en marché peut en faire partie si l'information communiquée à un employé s'est faite dans des circonstances qui appelaient la confidentialité sans équivoque.

Le troisième type d'informations auquel sont exposés les employés au cours de leur emploi touche les secrets industriels. Ces informations sont confidentielles à un point tel qu'un employé, bien qu'il ait forcément mémorisé les renseignements et qu'il ait, par la suite, quitté l'entreprise, ne peut en faire usage autrement que pour le bénéfice exclusif de l'employeur à qui appartiennent ces informations.

Ces secrets sont de nature industrielle ou commerciale et peuvent inclure des procédés ou formules de fabrication, des listes de clients et de fournisseurs, des analyses et des stratégies de mise en marché, des programmes informatiques, etc.[36].

---

35. *Positron Inc.* c. *Desroches*, [1988] R.J.Q. 1636 (C.S.); *Société Pole-Lite Ltée* c. *Cormier*, [1989] R.J.Q. 1584 (C.S.). Voir aussi *Soquelec Télécommunications Ltée* c. *Microvolt Electroniques Inc.*, D.T.E. 91T-1061 (C.S.).

36. *Grynwald* c. *Playfair Knitting Mills Inc.*, [1959] C.S. 200. Dans *Volcano Inc.* c. *Lavoie*, D.T.E. 84T-871 (C.S.), aucun secret industriel ne fut divulgué. De plus, les listes de clients sont reconnues comme étant des secrets industriels. Les employés ne pourront solliciter les clients de leur ancien employeur si leur identité n'est pas facilement accessible (voir *Santé Naturelle Ltée* c. *Produits de Nutrition Vitaform Inc.*, [1985] 5 C.P.R. (3e) 548 (C.S.); *Montour Ltée* c. *Jolicoeur*, [1988] R.J.Q. 1323 (C.S.)), ou s'ils sont particulièrement visés, par opposition à ce que serait une sollicitation générale du marché.
Pour en savoir davantage sur le sujet des secrets industriels, voir David Vaver, «Civil Liability for Taking or Using Trade Secrets in Canada», (1981) 5 *Canadian Business Law J*. 253; *Hughes and Woodley on Patents*, p. 671 et s.; J.A. Talpis, *Le Secret des Affaires*, (1974) 5 R.G.D. 81.

Dans *Arcon Canada Inc.* c. *Arcobec Aluminium Inc.*[37], Monsieur le juge Pierre Boudreault a affirmé qu'une condition implicite à tout contrat d'emploi exige que, à sa terminaison, il soit interdit à un employé d'utiliser la liste des clients de son employeur dont il se servait pendant sa période d'emploi. L'ancien employé est généralement tenu de rendre à l'employeur ce genre de documents. Dans cette affaire, il était demandé à l'ancien employé, un vendeur, de rendre une liste de clients obtenue lors d'une exposition organisée et payée par son ancien employeur. Cependant, la Cour décida que le vendeur pouvait conserver et même utiliser sa liste de clients réguliers, le contrat stipulant que les clients recrutés par le vendeur étaient «les siens».

Dans *G.E.C. Alsthom Energie Inc.* c. *Ernst*[38], le tribunal examina la nature de l'information et l'usage qu'en faisait l'employeur pour déterminer s'il s'agissait d'un secret industriel.

2.   *Les inventions et les brevets*

Au Canada, la *Loi sur les brevets*[39] prévoit la protection des nouvelles inventions. Toutefois, elle ne prévoit aucune règle spécifique applicable à la relation d'emploi.

Plusieurs ententes ou contrats d'emploi comprennent des dispositions spécifiques qui régissent les questions touchant à la création, à la propriété et à la cession des inventions entre employeurs et employés. Lorsqu'il n'existe aucune entente ou que l'entente ne spécifie pas que l'employeur est propriétaire des inventions de l'employé, les tribunaux ont traditionnellement considéré que les inventions faites par un employé durant ses heures de travail, avec l'équipement et le matériel de l'employeur, étaient la propriété de l'employé, qui peut demander un brevet d'invention, sauf dans les cas suivants:

(a) s'il est employé spécifiquement pour faire des inventions; dans ce cas, l'invention demeure la propriété de l'employeur;[40]

---

37. J.E. 84-780 (C.S.). Dans *G.E.C. Alsthom Energie Inc.* c. *Ernst*, D.T.E. 92T-1050 (C.S.), la Cour décida qu'il était difficile de considérer confidentielle la liste des clients du demandeur puisqu'il ne traitait qu'avec une petite catégorie de clients, soit les entreprises publiques d'hydro-électricité.

38. D.T.E. 92T-1050 (C.S.).

39. L.R.C. (1985), c. P-4; également, le projet de loi C-22 adopté le 19 novembre 1987 (pas encore complètement en vigueur).

40. *Devoe-Holbein Inc.* c. *Yam*, [1984] 2 C.I.P.R. 229 (C.S.); *Bau-Und Forschungsgesellschaft Thermoform AG* c. *Pazner*, [1988] 20 C.I.P.R. 234 (B.C.S.C.). Quant aux droits des universités et des chercheurs lorsqu'il s'agit d'inventions, voir

(b) si l'invention est reliée à la nature de l'emploi; par exemple, les ingénieurs ou le personnel technique ont le devoir d'appliquer leur ingéniosité aux problèmes soumis par la direction;

(c) si l'individu fait partie de la direction; dans ce cas, il est déterminé par la nature de l'emploi qu'un tel individu doit appliquer tous ses talents au bien-être de la compagnie[41].

Dans *Marion c. La Brasserie Labatt Ltée*[42], le tribunal examina l'étendue du concept d'invention. Une observation de la part d'un employé, après avoir été vérifiée scientifiquement, avait entraîné l'adoption par l'employeur d'une nouvelle technique de fabrication. Ce ne fut toutefois pas considéré comme une invention par le tribunal qui jugea qu'une simple observation ne demandait aucun processus créatif.

3.   *Le droit d'auteur*

Un droit d'auteur confère le droit exclusif de reproduire ou d'autoriser la reproduction d'un ouvrage publié. Il n'affecte que le mode ou la forme d'expression, soit, par exemple, la façon dont un ouvrage est organisé ou présenté. Le droit d'auteur ne peut s'obtenir pour protéger des idées ou des informations déjà communiquées.

La *Loi sur le droit d'auteur*[43] permet à un auteur ou à sa succession de limiter les actes pouvant être posés par d'autres sur leurs oeuvres originales, qu'elles relèvent des domaines de la littérature, du théâtre, de la musique ou des arts plastiques. La Loi permet d'éviter que des oeuvres originales soient copiées ou reproduites. Le terme «oeuvre» inclut toute création littéraire et est défini par la Loi comme incluant, entre autres, la compilation d'oeuvres originales, quel que soit le style ou la forme d'expression, tels que livres, dépliants ou autres écrits. La jurisprudence a toutefois élargi le concept d'«oeuvre originale» pour couvrir certains travaux qui ne relèvent pas des domaines littéraire ou artistique, comme, par exem-

---

Christopher Grafflin Browning Jr., «The Souring of Sweet Acidophilus Milk: Speck v. North Carolina Dairy Foundation and the Rights of University Faculty to Their Inventive Ideas», (1985) 63 *Intellectual Property* 1248.

41. Voir *John A. MacDonald Railquit Enterprises c. Vapor Canada Limited*, [1977] 2 R.C.S. 134. Voir Harold G. Fox, *The Canadian Law of Trade marks and Unfair Competition* (Toronto: The Carswell Company Ltd., 3e éd., 1972), p. 325.

42. (1987) 13 C.I.P.R. 70 (C.S.).

43. L.R.C. (1970), c. C-30, telle qu'amendée par la *Loi modifiant la Loi sur le droit d'auteur et apportant des modifications connexes et corrélatives*, S.C. 1988, c. 15.

ple, des cartes, diagrammes, plans, schémas et documents de correspondance d'affaires[44]. Les tribunaux ont même reconnu que des programmes informatiques méritaient une protection légale en vertu des lois sur les droits d'auteur[45].

Conformément à la *Loi sur le droit d'auteur*, le créateur de l'oeuvre est généralement le propriétaire original du droit d'auteur. Il existe toutefois une importante exception à cette règle, laquelle concerne directement la relation d'emploi. Selon l'article 12(3) de la Loi, lorsque l'auteur est à l'emploi d'une autre personne en vertu d'un «contrat de services» ou d'un contrat d'apprentissage et que l'oeuvre est créée dans le cadre de son travail, l'employeur est alors considéré comme étant le propriétaire original du droit d'auteur. Toutefois, la présomption en faveur de l'employeur peut être réfutée si une entente à l'effet contraire a été conclue entre les parties[46].

Un droit d'auteur, qualifié d'automatique, existe même sans enregistrement. Le demandeur qui présente une action pour violation de son droit d'auteur bénéficie de deux présomptions:

(a) l'oeuvre en est une pour laquelle un droit d'auteur existe; et

(b) l'auteur de l'oeuvre est le détenteur du droit d'auteur[47].

Dans une cause, les défendeurs partirent leur propre affaire et utilisèrent des formulaires pratiquement identiques à ceux de leur ancien employeur. La Cour accorda une injonction leur ordonnant de cesser d'utiliser de tels documents[48].

D. Conflit d'intérêts

Un employé ne doit pas se placer dans une situation qui met en jeu les intérêts de son employeur. Il doit également éviter d'exercer une activité qui le place en situation de conflit d'intérêts. Ces circonstances constituent généralement une cause de congédiement[49].

Il n'est pas nécessaire de prouver que la situation a, dans les faits, causé un tort à l'employeur. Une position conflictuelle suffit à

---

44. Voir *British Oxygen Co. c. Liquid Air Ltd.*, [1925] Ch. 383.
45. *Loi modifiant la Loi sur le droit d'auteur*, S.C. 1988, c. 15, articles 1(2)-1(3).
46. *Marquis c. DKL Technologies Inc.*, [1989] C.S. 24.
47. Voir Harold G. Fox, *The Canadian Law of Copyright and Industrial Designs* (Toronto: The Carswell Company Limited, 2e éd., 1967), p. 3.
48. Voir *Arcon Canada c. Arcobec Aluminium Inc.*, J.E. 84-780 (C.S.).
49. *Ziade c. Services immobiliers Royal Lepage Ltée*, D.T.E. 92T-1048 (C.S.).

elle seule pour rompre le lien de confiance qui existait entre les parties.

De toute évidence, un employé ne peut faire concurrence à son employeur durant la relation d'emploi. Agir de la sorte placerait carrément l'employé en une situation de conflit d'intérêts. Par conséquent, mettre sur pied une entreprise concurrente ou continuer d'exploiter un tel commerce alors qu'on est employé peut constituer une cause de congédiement[50].

Dans une affaire[51], le défendeur n'avait pas informé son employeur au moment de l'embauche qu'il travaillait déjà pour une entreprise concurrente. En fait, l'employeur n'eut connaissance de ce fait qu'une fois la relation d'emploi terminée. La Cour condamna conjointement et solidairement l'employé et la compagnie à laquelle il était affilié à payer des dommages à l'employeur. Selon le tribunal, l'employé avait agi de mauvaise foi en n'informant pas l'employeur de sa relation avec un compétiteur.

On doit distinguer la conduite décrite ci-haut de celle d'un employé qui, durant l'emploi, planifie de faire concurrence à son employeur *après* la cessation de l'emploi. Les tribunaux pourront tolérer une certaine «planification» en termes de mise en place des structures administratives (incorporation d'une compagnie ou entente d'association avec un partenaire, par exemple). Une telle conduite est habituellement acceptable et ne constitue pas une violation de l'obligation de loyauté. L'employé n'a pas non plus l'obligation d'informer l'employeur de son intention de lui faire concurrence après l'emploi. Dans *Grynwald c. Playfair Knitting Mills Inc.*[52], l'employé, en dehors des heures de travail, s'était trouvé un associé, avait incorporé une compagnie et entrepris toutes les démarches nécessaires pour mettre en place une entreprise qui le rendrait éventuellement apte à faire concurrence à son ancien employeur une fois la relation d'emploi terminée. Dans *Chagnon c. Magasin Coop de St-Ferdinand d'Halifax*[53], le gérant d'un supermarché visita un autre magasin durant ses vacances dans l'intention d'en faire l'acquisition. Dans ces deux décisions, le tribunal décida qu'il n'y avait aucune violation de l'obligation de loyauté.

---

50. *Sturton c. PPG Industries Canada Ltd.*, J.E. 84-560 (C.S.); *Datamark c. Groleau*, D.T.E. 90T-146 (C.S.), renversée en appel pour un autre motif, D.T.E. 90T-474 (C.A.).
51. *Atlantipad Inc. c. Muratori*, D.T.E. 89T-2 (C.S.).
52. [1959] C.S. 200.
53. D.T.E. 87T-334 (C.S.).

L'utilisation d'informations confidentielles pendant l'emploi pour comploter un départ précipité n'est pas tolérée. À cet égard, un directeur général fut considéré avoir agi de façon déloyale lorsqu'il conspira, de concert avec d'autres employés, la compilation d'informations sur les clients de son employeur et ce, alors qu'il était toujours à son service. Ces renseignements devaient servir à une concurrence directe avec l'ancien employeur, une fois que les employés concernés auraient remis leurs démissions en bloc[54]. Le tribunal accorda une injonction interlocutoire afin de restreindre les activités de ces derniers.

Un employeur ne peut alléguer un conflit d'intérêts lorsqu'il était au courant des activités d'un employé et que son silence ou sa conduite démontrait qu'il tolérait une telle pratique[55]. Dans *Maheu, Noiseux et associés* c. *Ronéo Vickers Canada Ltd.*[56], un directeur de mise en marché, par le biais de sa propre compagnie, avait rempli des commandes d'équipement de bureau adressées à son employeur. Le tribunal jugea que l'employé avait manifestement violé son obligation de loyauté. Néanmoins, la Cour d'appel renversa la décision de la Cour supérieure parce qu'elle conclut que l'employeur avait toléré cette pratique.

En l'absence d'une clause d'«exclusivité des services» dans le contrat d'emploi, un employé est généralement libre d'occuper un poste chez divers employeurs s'il n'y a aucun conflit d'intérêts. Il incombe à l'employé de s'assurer que ses employeurs ne sont pas concurrents et qu'il n'en découle aucune situation conflictuelle. À cet égard, la Cour décida, dans *Villeneuve* c. *Soutien-Gorge Vogue Inc.*[57], qu'un vendeur avait été congédié illégalement pour avoir vendu des produits qui n'étaient pas ceux de l'employeur, puisque les uns ne faisaient pas concurrence aux autres. Le juge, dans cette affaire, fit pourtant remarquer que la conduite de l'employé était répréhensible en ce que les produits accessoires étaient vendus durant ses heures de travail.

Un autre exemple de situation conflictuelle se présente lorsqu'un agent affecté aux achats accepte les «pourboires» d'un fournisseur. De toute évidence, les intérêts personnels de l'employé peuvent ne pas être ceux de l'employeur qui, lui, désire rester libre

---

54. *Typoform Inc.* c. *Gignac*, D.T.E. 88T-622 (C.S.).
55. *Koné Inc.* c. *Dupré*, J.E. 91-1392 (C.S.); *Gagnon* c. *Thetford Transport Ltée*, D.T.E. 87T-935 (C.S.).
56. D.T.E. 88T-588 (C.A.).
57. D.T.E. 86T-739 (C.S.).

de choisir ses fournisseurs uniquement en fonction de la qualité et du prix. Accepter ce genre de faveurs pourrait empêcher l'employé d'exécuter ses fonctions en toute bonne foi. Des pourboires peuvent toutefois être perçus s'ils constituent simplement une marque d'appréciation des efforts de l'employé dans des industries où de telles gratifications sont pratique courante.

Dans *Métropolitaine Compagnie d'assurance-vie* c. *L'Industrielle Compagnie d'assurance-vie*[58], le tribunal considéra que des actes «déloyaux» avaient été commis par des agents d'assurances qui vendaient des polices d'une compagnie alors qu'ils travaillaient pour une concurrente, et par d'autres agents qui, après avoir pris une retraite anticipée et pendant qu'ils percevaient des prestations de retraite d'une compagnie, encourageaient des clients à changer de compagnie d'assurances.

Dans les cas où un conflit découle des activités d'un employé à l'extérieur de son travail, l'employeur peut l'inviter à se retirer de la situation conflictuelle. S'il refuse, l'employeur peut alors mettre fin à son emploi avec une meilleure assurance que le congédiement sera maintenu par les tribunaux.

Dans *Delorme* c. *Banque Royale du Canada*[59], le tribunal décida que la banque avait congédié à tort le directeur des prêts personnels accusé d'avoir demandé 100$ à des notaires en échange des services de la banque. L'enquête sur ces accusations très sérieuses de malhonnêteté et de corruption démontrait que la décision de congédier le directeur avait été prise beaucoup trop rapidement. La banque n'avait pas pris la précaution de vérifier le sérieux des accusations qui s'étaient finalement révélées fausses. Elle n'était pas non plus parvenue à démontrer que le directeur était en conflit d'intérêts puisqu'il s'était retiré d'une situation conflictuelle aussitôt qu'on lui en avait fait la demande.

Un employeur se sent parfois mal à l'aise lorsque l'un de ses employés partage une relation intime avec une personne à l'emploi d'un compétiteur. S'agit-il d'un conflit d'intérêts? Y a-t-il une différence entre ce genre de relation et une autre purement platonique? Les tribunaux semblent être d'avis que seules des circonstances exceptionnelles pourraient faire naître de cette situation un conflit d'intérêts justifiant un congédiement.

---

58. Non rapportée, C.S.M. 500-05-007920-828, 25 juillet 1983. Voir aussi *Mahoney* c. *Alliance, Cie mutuelle d'assurance-vie*, J.E. 91-708 (C.S.).
59. D.T.E. 87T-791 (C.S.).

La *Charte des droits et libertés de la personne*[60] interdit spécifiquement toute forme de discrimination dans l'embauche fondée sur l'état civil. Par exemple, un employeur ne sera justifié de congédier un employé sous prétexte que son conjoint est à l'emploi d'un compétiteur que s'il parvient à établir formellement l'existence d'un conflit d'intérêts[61]. Dans la pratique, il est plutôt rare qu'un employeur intervienne dans les relations personnelles d'un employé à l'extérieur de ses heures de travail. Les tribunaux sont d'ailleurs généralement réticents à interférer dans le droit fondamental d'un individu à sa vie privée.

Dans *Banque de Commerce Canadienne Impériale c. Boisvert et Chayer*[62], une comptable à l'emploi d'une institution bancaire connaissait les mesures de sécurité en vigueur dans l'établissement. Elle vivait avec un artiste du vol à main armée qui avait déjà cambriolé deux succursales de cette même banque. À la suite des vols en question, la banque mit fin à l'emploi de la comptable. Celle-ci entreprit une action, alléguant avoir été démise de ses fonctions sans cause juste et suffisante. Dans leurs décisions, deux des juges de la Cour d'appel fédérale décidèrent que sa cohabitation avec un cambrioleur la plaçait dans une position incompatible avec les obligations qu'elle avait envers son employeur. En dépit de sa connaissance des activités et des intentions de son compagnon et en raison du fait qu'elle partageait intimement la vie de l'accusé, il était possible que, même par inadvertance, elle divulgue des informations utiles au criminel à l'esprit alerte. Le tribunal décida qu'elle s'était placée dans une situation de conflit d'intérêts. Un troisième juge émit l'opinion que le concept de conflit d'intérêts ne s'appliquait pas en l'occurrence. Selon lui, un tel concept ne peut être utilisé que dans les situations où l'employé s'est engagé dans des activités qui entrent en conflit ou en concurrence avec son emploi. Il ajouta que, dans ce cas, la cohabitation avec un virtuose du vol à main armée entraînait la perte d'une qualité ou d'un attribut qui pouvait raisonnablement être considéré comme nécessaire à l'exécution de ses fonctions. La situation provoquait une perte de confiance de sorte qu'il était impossible qu'une bonne relation employeur/employée existe dans le futur. En conséquence, le congédiement fut justifié.

60. L.R.Q., c. C-12, articles 10 et 16.
61. *Commission des droits de la personne du Québec c. Courtier Provincial en Alimentation (1971) Inc.*, (1982) 3 C.H.R.R. 1134 (C.S.).
62. D.T.E. 86T-399 (C.A.F.).

Dans l'affaire *Barabé* c. *F. Pilon Inc.*[63], une assistante-gérante avait été remerciée de ses services en raison de sa relation intime avec le gérant des ventes que l'employeur venait de congédier. Comme il craignait que l'ex-employé ne devienne son compétiteur, il jugea donc qu'il était préférable de mettre également fin à l'emploi de la femme. Le tribunal devait décider dans cette affaire que l'employée était victime d'un congédiement injustifié. Les motifs du congédiement ne relevaient pas de son travail et étaient reliés uniquement à sa vie privée. Dans le cas de *Mormina* c. *Ville de St-Léonard*[64], le maire congédia sa secrétaire parce qu'elle avait participé à une démonstration d'appui pour le principal rival du maire, que son mari appuyait en vue des prochaines élections. Le tribunal devait décider que la participation de la secrétaire à ce genre de rencontre ne justifiait pas son congédiement. Dans cette même affaire, la Cour rejeta dans son jugement l'allégation de l'employée à l'effet qu'il s'agissait de discrimination fondée sur l'état civil et les convictions politiques, prévue par la Charte québécoise.

E. Concurrence après l'emploi

Après la cessation de l'emploi, une personne est libre de concurrencer directement avec son ancien employeur s'il n'existe aucune clause de non-concurrence entre les parties. L'employé ne doit toutefois pas violer son obligation d'agir de bonne foi. De plus, il doit éviter les tactiques déloyales ou l'utilisation illégale d'informations confidentielles[65]. La dérogation à cette obligation constitue une concurrence déloyale au sens de l'article 1053 du Code civil et est interdite.

Dans *Lange Canada Inc.* c. *Platt*[66], le tribunal décida qu'un employé ne violait aucune obligation implicite lorsqu'il utilisait chez un nouvel employeur les connaissances générales acquises chez le précédent, eu égard à l'organisation et aux pratiques commerciales. La Cour supérieure, dans la cause de *Grynwald* c. *Playfair Knitting Mills*[67], décidait dès 1959 que:

> «C'est le droit naturel d'un homme, en l'absence de limitations contractuelles, de chercher à améliorer sa situation dans la vie en établissant sa propre entreprise et en utilisant pour cette fin

---

63. D.T.E. 87T-132 (C.S.).
64. D.T.E. 87T-757 (C.S.).
65. *Dufresne* c. *Groupe Christie Ltée*, D.T.E. 92T-499 (C.A.); *Correpro-Fap (Québec) Ltée* c. *Lalonde*, D.T.E. 89T-1181 (C.S.).
66. [1973] C.A. 1068. Voir également *Koné* c. *Dugré*, D.T.E. 91T-1025 (C.S.).
67. [1959] C.S. 200.

toute connaissance acquise pendant son emploi précédent. Cependant, il peut le faire à condition de ne pas violer son obligation de confidentialité ou de ne révéler aucune information secrète lui ayant été divulguée par son employeur.»

Dans *Arcon Canada Inc.* c. *Arcobec Aluminium Inc.*[68], on trouve ce principe: «Dans notre système économique, la concurrence est non seulement permise, mais elle est désirée. Cependant, elle ne doit pas être déloyale». Un auteur français énumère certains actes que les tribunaux ont considérés comme déloyaux après la fin de l'emploi: a) obtenir la liste des clients par l'entremise d'employés toujours à l'emploi de la compagnie; b) révéler les affaires de son ancien employeur; c) se faire engager uniquement pour apprendre qui sont les clients de l'employeur et partir avec ses employés[69].

Dans *Volcano Inc.* c. *Lavoie*[70], la Cour supérieure réaffirma ce principe. Le tribunal mentionna que seule une clause de non-concurrence pouvait empêcher un individu de faire concurrence à son ancien employeur, même si ce dernier devait encourir des pertes financières parce que l'ex-employé utilisait l'habileté, l'expérience et les connaissances générales acquises à son emploi.

Dans *Assurances Leblanc & Croteau Ltée* c. *Assurance Denis Corneau Inc.*[71], le tribunal émit une injonction contre un ancien employé qui faisait une concurrence déloyale après la fin de sa relation d'emploi avec une compagnie d'assurances. Plus précisément, il avait approché d'anciens clients exactement au moment du renouvellement de leur police d'assurances et s'était servi de numéros de téléphone confidentiels.

Dans *Groupe Québécor Inc.* c. *Grégoire*[72], la Cour supérieure fut d'avis qu'un cadre avait agi de manière déloyale au sens de l'article 1053 C.c. lorsqu'il commença à concurrencer son ancien employeur après avoir réussi à convaincre certains employés-clés de se joindre à lui. Le tribunal émit une injonction afin d'empêcher le cadre de continuer à solliciter les employés et les clients qu'il connaissait au moment de son départ.

68. [1984] C.S. 1027.
69. Voir *Droit civil du contrat de louage*, Baudry-Lacantinière - Wahl, 3e éd., tome 2, p. 41-52.
70. D.T.E. 84T-871 (C.S.).
71. D.T.E. 88T-354 (C.S.).
72. J.E. 86-760 (C.S.).

Dans le même ordre d'idée, la Cour supérieure jugeait que certains employés, des courtiers d'assurances, avaient fait une concurrence déloyale à leur ancien employeur en utilisant, après la cessation de leur emploi, des listes confidentielles de clients et autres informations appartenant à l'employeur[73]. Le tribunal émit une injonction afin d'empêcher les anciens employés de continuer à utiliser illégalement les informations confidentielles de l'employeur.

Dans la décision *La Mutuelle du Canada Cie d'assurance-vie* c. *L'Excelsior Cie d'assurance-vie*[74], la Cour supérieure du Québec affirma que des agents d'assurances quittant leurs postes avaient effectué de la concurrence déloyale en tentant systématiquement d'orchestrer une substitution de polices d'assurances. Dans cette affaire, les employés avaient tenté de substituer les polices d'assurances de leur ancien employeur pour les transférer auprès de leur nouvel employeur en faisant de fausses représentations quant aux avantages respectifs des polices d'assurances. Les anciens employés et leur nouvel employeur furent condamnés à verser des dommages.

Dans *Sherelco Inc.* c. *Laflamme*[75], un cadre, pour s'être approprié des documents confidentiels de son ancien employeur dans le but d'effectuer de la concurrence déloyale en sollicitant des contrats de ses anciens clients, fut déclaré «manifestement de mauvaise foi».

Par contre, les agissements d'un cadre qui prévoyait la fermeture de la compagnie et qui, pour cette raison, avait réuni une liste des clients de son ancien employeur pour son usage personnel une fois l'emploi terminé, ne furent pas jugés comme de la concurrence déloyale[76]. La Cour affirma que cette situation était tout à fait différente de celle où un employé, pendant son emploi, réunit de l'information dans le but de l'utiliser après son départ pour concurrencer directement l'employeur.

F.   Obligation de fiduciaire ou de très grande loyauté

Dans les provinces de *common law,* on parle de relation fiduciaire lorsqu'une personne se trouve dans une position de con-

---

73. *Assurances Leblanc & Croteau Ltée* c. *Assurance Danis-Corneau Inc.*, [1988] R.J.Q. 1051 (C.S.). Voir aussi *Arcon Canada Inc.* c. *Arcobec Aluminium Inc.*, [1984] C.S. 1027; et plus récemment, *Soquelec Télécommunications Ltée* c. *Microvolt Électroniques Inc.*, J.E. 91-1442 (C.S.).
74. J.E. 88-969 (C.S.). Voir aussi *Di Stilio Fuel Oil Inc.* c. *Colavincenzo*, [1992] R.J.Q. 1941 (C.S.); *Unisac Inc.* c. *Verret*, D.T.E. 92T-1414 (C.S.).
75. D.T.E. 92T-485 (C.S.).
76. *A. Martin & Cie* c. *Premier Fourrure Inc.*, J.E. 91-1296 (C.S.).

fiance vis-à-vis d'une autre. Ce type de relation entraîne une obligation de fiduciaire. Le concept d'obligation fiduciaire est apparu pour assurer la protection des intérêts d'une partie qui confie à une autre partie le pouvoir d'agir en son nom à l'intérieur d'une sphère d'activités particulière. Ainsi, un employé a une obligation de fiduciaire envers son employeur puisque l'une des caractéristiques fondamentales de leur relation est qu'il s'engage à agir dans le meilleur intérêt de ce dernier. L'obligation fiduciaire qui émane de la relation d'emploi fait en sorte que l'employé doit dévoiler à l'employeur toute l'information qui lui est communiquée en raison de son poste. Il doit de plus utiliser cette information au profit exclusif de l'employeur à moins d'être expressément autorisé à agir autrement. L'employé qui utilise cette information à l'encontre des intérêts de l'employeur ou pour son profit personnel viole son obligation de fiduciaire.

Au Québec, le concept d'«obligation fiduciaire» suscite une importante confusion[77] qui découle largement du fait que cette théorie tire son origine du *common law*. Certains juges québécois ont référé catégoriquement à l'«obligation de fiduciaire» sans expliquer comment ils incorporaient un concept de *common law* au droit québécois. D'autres, désirant éviter l'utilisation d'une notion étrangère au droit civil, ont néanmoins reconnu et appliqué les mêmes obligations, mais en faisant plutôt référence à l'obligation générale de loyauté et au principe selon lequel plus le poste est important, plus les responsabilités sont lourdes. Quoi qu'il en soit, nous sommes d'avis que l'obligation de loyauté prévue en droit civil québécois est assez étendue pour réglementer la conduite de l'employé, tant durant qu'après l'emploi, sans qu'il soit nécessaire de référer au concept de *common law*.

En effet, que l'on parle d'«obligation fiduciaire» ou d'«obligation rigoureuse de loyauté», le résultat est le même; il s'agit d'un devoir qui exige d'un employé une éthique prononcée, tant dans son travail que dans sa conduite personnelle, et dont l'intensité varie selon le degré de contrôle ou d'indépendance de l'employé dans l'exercice de ses fonctions.

---

77. Pour une étude générale de cette question, voir: François Guay, «Les obligations contractuelles des employés vis-à-vis leur ex-employeur: la notion d'obligation fiduciaire existe-t-elle en droit québécois?», (1989) 49 *R. du B.* 739; Glen Bowman, «Senior Managers of Quebec and their Fiduciary Obligations», 4 *National Labour Review* 62.

Dans *Canadian Aero Services Limited* c. *O'Malley, Zarzycki, Wells, Surveys*[78], la Cour suprême tenta de clarifier la responsabilité des fiduciaires face à des occasions d'affaires. Canadian Aero Services Limited («Canaero») faisait des cartes topographiques et de l'exploration géophysique. Les défendeurs O'Malley et Zarzycki avaient poursuivi auprès de la compagnie une carrière longue et fructueuse qui les avait menés jusqu'aux échelons respectifs de président-directeur général et vice-président exécutif. Les deux étaient très impliqués, comme représentants de Canaero, dans un projet du gouvernement du Canada qui visait à réaliser des cartes topographiques et des photographies aériennes de certaines régions de la Guyane. Les défendeurs poursuivirent activement le projet jusqu'au 25 juillet 1966. Dans le mois qui suivit, ils incorporèrent leur propre compagnie et, trois jours plus tard, démissionnèrent de leurs postes chez Canaero. Ils proposèrent alors leurs services au gouvernement fédéral pour ce même projet et décrochèrent le contrat. Canaero poursuivit O'Malley et Zarzycki pour avoir violé leurs «obligations de fiduciaires». La compagnie réclama les profits réalisés par les deux défendeurs, alléguant que ceux-ci lui avaient usurpé une occasion d'affaires.

La Cour suprême du Canada affirma que l'obligation des défendeurs était plus importante que celle de la plupart des employés. En effet, en faisant partie de la haute direction, ils n'étaient pas de simples employés dont l'obligation envers leur employeur, à moins qu'elle n'ait été étendue par contrat, ne consiste qu'à respecter les secrets industriels et le caractère confidentiel des listes des clients.

La Cour ajouta que O'Malley et Zarzycki étaient liés à Canaero par des liens fiduciaires qui, «d'une manière générale, commandent la loyauté, la bonne foi et l'absence de conflit d'intérêts ou d'obligation». Selon la Cour, la relation fiduciaire va au moins aussi loin que d'empêcher un cadre supérieur de s'approprier, en secret ou sans approbation, un bien ou un avantage commercial appartenant à la compagnie ou que celle-ci avait négocié; ceci, davantage encore quand le cadre en question a participé, au nom de la compagnie, à de telles négociations.

La Cour conclut qu'il était interdit à un fiduciaire de violer son obligation *même après* sa démission; autrement, il lui serait trop facile de se soustraire à ses responsabilités en présentant simplement sa démission. La Cour ordonna à O'Malley et Zarzycki de rendre compte de leurs profits.

---

78. [1974] R.C.S. 592.

Certains éléments se dégagent de la jurisprudence canadienne récente quant à l'«obligation de fiduciaire» et à la conduite acceptable face à un ancien employeur après une cessation d'emploi.

Les tribunaux canadiens semblent établir une distinction entre les «simples employés» et la «haute direction» ou les «cadres supérieurs», du fait que ces derniers, contrairement aux simples employés, participent activement à la gestion de l'entreprise[79].

Le titre d'un individu n'a pas un caractère significatif lorsqu'on détermine qui est un «simple employé»[80]. Ce qui importe pour déterminer si une obligation fiduciaire sera imposée à un individu est de savoir si, dans les faits, ce dernier exerçait une autorité dans l'entreprise ou un contrôle sur ses opérations.

Depuis l'affaire *Canaero*, la plus haute instance au Québec a, à trois reprises vers le milieu des années 80, émis des injonctions interdisant la sollicitation des clients de l'ancien employeur en vertu des obligations de fiduciaire et de loyauté[81]. Dans l'une de ces affaires, un gérant d'un bureau régional et trois gérants de division avaient quitté leurs emplois pour mettre sur pied une entreprise concurrente. Une vingtaine de représentants des ventes qui avaient travaillé pour les quatre gérants quittèrent également leur emploi pour se joindre à eux. Le tribunal affirma que les quatre anciens gérants avaient incité les représentants à démissionner en leur affirmant qu'ils pourraient vendre les mêmes produits, ce qui était faux. La Cour conclut à l'existence d'une relation fiduciaire et fut d'avis que les actes reprochés étaient inacceptables. L'injonction fut donc émise dans les termes suivants:

– ne pas faire usage des renseignements contenus dans des documents spécifiques et portés à la connaissance des défendeurs alors qu'ils étaient au service de la requérante;

– ne pas tenter d'entrer en contact avec les clients de la requérante qu'ils desservaient avant leur départ;

79. *Koné Inc.* c. *Dupré*, J.E. 91-1392 (C.S.); *P. Brunet Insurance Inc.* c. *Mancuso*, non rapportée, C.S.M. 500-05-008530-873, 17 février 1988; *Montour Limitée* c. *Jolicoeur*, [1988] R.J.Q. 1323 (C.S.).
80. *National Financial Brokerage Center Inc.* c. *Investors Syndicate Ltd.*, (1986) 9 C.P.R. (3e) 497 (C.A.).
81. *National Financial Brokerage Center Inc.* c. *Investors Syndicate Ltd.*, (1986) 9 C.P.R. (3e) 497 (C.A.); *Resfab Manufacturier de Ressort Inc.* c. *Archambault*, (1986) 4 R.D.J. 32 (C.A.); *Picard* c. *Johnson and Higgens Willis Faber Ltée*, [1988] R.J.Q. 235 (C.A.).

– ne pas inciter les employés de la requérante à se joindre à eux ou à rompre leurs engagements envers celle-ci;

– ne pas déclarer à qui que ce soit qu'ils pouvaient continuer à vendre les produits exclusifs de la requérante[82].

Depuis ces trois décisions de la Cour d'appel, il est devenu évident que le standard d'éthique établi par la Cour suprême dans la décision *Canaero* s'applique aussi bien à la haute direction au Québec que partout ailleurs au Canada.

Avant ces décisions, la jurisprudence québécoise était plutôt contradictoire[83]. Maintenant qu'elle suit la trilogie de la Cour d'appel, elle est heureusement plus constante.

Dans *Montour Ltée* c. *Jolicoeur*[84], la compagnie demanda au tribunal de lui accorder une injonction permanente pour limiter les activités de son ancien directeur des ventes. Après son congédiement, celui-ci avait entrepris de solliciter les clients de son ancien employeur et livrait ainsi à ce dernier une concurrence directe. La Cour déclara ce qui suit:

«Les principes de droit soutenant la décision Canaero ne font pas partie du droit civil québécois. Toutefois, selon le soussigné, le standard d'éthique élaboré par le juge Laskin dans la décision Canaero est tout autant applicable à la «haute direction» ou aux «dirigeants supérieurs» au Québec qu'il l'est en Ontario pour définir les obligations de l'administrateur prudent dont il est question à l'article 1710 C.c.»
(traduction libre)

La Cour conclut toutefois que le défendeur n'occupait pas un poste de cadre supérieur. Par conséquent, il n'était pas soumis à l'«éthique rigoureuse» de la décision *Canaero*.

---

82. *National Financial Brokerage Center Inc.* c. *Investors Syndicate Ltd.*, (1986) 9 C.P.R. (3e) 497 (C.A.).
83. *La Métropolitaine Compagnie d'assurance-vie* c. *L'industrielle Compagnie d'assurance-vie*, non rapportée, C.S.M. 500-05-007920-828, 25 juillet 1983; *Agfor Inc.* c. *Laliberté*, J.E. 86-242 (C.S.); *Depanago* c. *Houde*, J.E. 86-317 (C.S.); *Guarantee Company of North America* c. *Alta Surete Company*, non rapportée, C.S.M. 500-05-009551-852, 4 septembre 1986; *Pichet, Charron et associés* c. *Perron*, J.E. 84-756 (C.S.).
84. [1988] R.J.Q. 1323 (C.S.). Voir aussi *Dion DeGagné et Associés Inc.* c. *Marchand*, D.T.E. 92T-1352 (C.S.); *Koné Inc.* c. *Dugré*, D.T.E. 91T-1025 (C.S.); *Correpro-Fap (Québec) Ltée* c. *Lalonde*, D.T.E. 89T-1181 (C.S.); *Ref-Com Commercial Inc.* c. *Halcomb*, D.T.E. 91T-989 (C.S.).

Dans *157079 Canada Inc.* c. *Sainte-Croix*[85], le tribunal accorda une injonction interlocutoire contre deux employés cadres qui avaient une obligation de «fiduciaire» face à leur employeur, afin de les empêcher d'effectuer des soumissions en faveur de leur nouvel employeur. En effet, les anciens vice-présidents exécutifs, responsables de la préparation des soumissions, cherchaient à occuper les mêmes fonctions chez un employeur concurrent. Même si la Cour reconnut leur droit à la concurrence, elle réitéra qu'ils devaient toutefois se trouver dans la même position que les autres compétiteurs. Ils ne pouvaient tenter de décrocher des contrats dont l'octroi dépendait uniquement des soumissions proposées, ni utiliser des informations obtenues dans l'exercice de leurs anciennes fonctions pour présenter des soumissions plus intéressantes au profit de leur nouvel employeur.

Dans *Marque d'Or Inc.* c. *Clayman*[86], Monsieur le juge Gonthier (alors de la Cour supérieure), même s'il affirma lui aussi que l'obligation fiduciaire de la décision *Canaero* était applicable aux dirigeants supérieurs au Québec, procéda toutefois au jugement de l'affaire en se basant sur les principes généraux de concurrence déloyale.

Au cours de la même année, Monsieur le juge Gonthier rendit la décision *P. Brunet Assurance Inc.* c. *Mancuso*[87]. Dans cette affaire, un employeur tenta d'obtenir une injonction interlocutoire pour empêcher un employé de lui faire concurrence après son départ. L'employeur fut débouté puisqu'il n'était pas parvenu à établir que l'employé s'était conduit d'une manière déloyale.

Il est intéressant de noter que l'employé, qui n'était pourtant pas un cadre, fut néanmoins considéré comme ayant une obligation de fiduciaire. En effet, il occupait une position de confiance vis-à-vis de son ancien employeur à cause de sa connaissance approfondie de la clientèle de ce dernier. Le tribunal ajouta qu'il n'était pas libre de solliciter *directement* les clients de son ancien employeur après son départ puisqu'il utiliserait alors à son avantage l'information privilégiée qu'il détenait pour concurrencer celui-ci. Le Tribunal poursuivit toutefois en déclarant que, à l'exception de quelques incidents isolés, l'employé ne s'était approprié aucun bien appartenant à l'employeur et n'avait pas fait usage d'informations confidentielles.

---

85. [1988] R.J.Q. 2842 (C.S.).
86. [1988] R.J.Q. 706 (C.S.). Voir aussi *Correpro-Fap (Québec) Ltée* c. *Lalonde*, J.E. 89-1641 (C.S.) et *Charles Chapman Co.* c. *153291 Canada Inc.*, D.T.E. 92T-272 (C.S.).
87. Non rapportée, C.S.M. 500-05-008530-873, 17 février 1988.

Par conséquent, il était en droit d'effectuer une sollicitation *générale* des clients de son ancien employeur. Le tribunal semble permettre à des fiduciaires ayant quitté leur emploi de faire des sollicitations *générales* des clients de leur ancien employeur en leur interdisant toutefois toute sollicitation directe[88].

Finalement, dans l'affaire *Scandia Shipping Agencies Ltd.* c. *Ashraf*[89], Monsieur le juge Lagacé de la Cour supérieure a expliqué qu'il était possible d'incorporer au droit québécois le concept d'«obligation fiduciaire» par le biais de l'article 1053 C.c., en autant que soient présentes les conditions nécessaires pour retenir la responsabilité civile. Par exemple, une personne entre en contravention avec l'article 1053 si sa conduite peut être qualifiée de malhonnête, déloyale ou contraire à celle d'un administrateur prudent.

Le savant juge ajouta que la simple sollicitation des clients d'un ancien employeur ne constitue pas, à elle seule, de la concurrence déloyale et ce, sans égard au poste que l'employé occupait auprès de la compagnie. Cette décision ne traitait pas de la distinction apportée par Monsieur le juge Gonthier dans l'affaire *Mancuso* entre une sollicitation générale et une sollicitation directe. Dans l'affaire *Ashraf*, l'employeur ne put démontrer que ses anciens employés avaient fait davantage que solliciter les clients. Par conséquent, la requête en injonction fut rejetée.

Dans *Poirier* c. *Textiles Absorb-Plus Inc.*[90], un vice-président à la mise en marché qui avait quitté son poste pour se joindre à un concurrent ne fut pas considéré avoir violé son obligation de fiduciaire ou avoir commis un acte déloyal. Il n'avait pas dévoilé de secrets industriels mais avait simplement fait usage de ses aptitudes, de son expérience et de son savoir-faire, ce qui constituait un droit légitime.

Dans *Fromagerie du Gourmet Inc.* c. *Dumas*[91], le directeur des ventes avait commencé à solliciter directement des clients de son ancien employeur le lendemain de sa cessation d'emploi. Le tribunal déclara qu'il avait violé son obligation de fiduciaire.

---

88. Voir également *Emile Leclerc Inc.* c. *Moussette*, D.T.E. 93T-130 (C.S.); *F.C. Hume & Company* c. *Actaes Inc.*, J.E. 90-1581 (C.S.).
89. D.T.E 88T-590 (C.S.).
90. D.T.E. 91T-329 (C.S.).
91. J.E. 91-469 (C.S.).

Dans la décision *Compro Communications Inc.* c. *Communications Promophone L.T. Inc.*[92], après avoir quitté la compagnie, des administrateurs avaient concurrencé avec leur ancien employeur. Selon le tribunal, ils avaient violé leurs obligations de fiduciaires en tentant de convaincre des clients de rompre leurs contrats avec leur ancien employeur, en utilisant des listes confidentielles de clients et en sollicitant des clients et des employés. Les faits révélèrent que les défendeurs avaient effectué du recel, acte qui est en lui-même une infraction. Une injonction permanente fut accordée à l'employeur, empêchant ainsi les administrateurs d'agir de la sorte sur une période de dix-huit mois.

Toutefois, tel que mentionné précédemment, la plupart de ces cas auraient pu facilement être jugés en vertu des principes de concurrence déloyale. En fait, la plupart des comportements reprochés constituaient une faute au sens de l'article 1053 C.c.

En plus de l'obtention d'une injonction, le dédommagement traditionnel relatif à un manquement dans l'obligation de fiduciaire est la remise des profits qui en découlent. Une telle imposition est faite sans égard à l'existence réelle d'une perte subie par l'employeur et sans tenir compte de la bonne foi du fiduciaire. La responsabilité est retenue dès que le fiduciaire a effectué un profit, et ce, peu importe son honnêteté ou ses bonnes intentions.

La Cour suprême du Canada, dans l'affaire *Banque de Montreal* c. *Ng*[93], a eu l'occasion de traiter de cette question. Dans cette affaire, les principales fonctions de Monsieur Ng était de vendre des devises étrangères au nom de la banque et de plusieurs clients importants. Le poste de l'employé lui donnait l'autorité nécessaire pour engager la banque dans des transactions qui pouvaient atteindre jusqu'à 40 millions de dollars par jour.

Au cours de son emploi, Ng utilisa, à l'insu de son employeur, les fonds de la banque pour effectuer des transactions qui lui firent réaliser de larges profits. Lorsque la banque découvrit le pot aux roses, elle congédia Ng sur-le-champ. Même si elle n'avait subi aucune perte ou dommage en raison des actes de Ng, la banque le poursuivit néanmoins pour obtenir les profits réalisés par celui-ci.

La Cour affirma dans le cas Ng que la jurisprudence québécoise reconnaissait depuis longtemps que le manquement à l'obligation de

92. J.E. 91-1269 (C.S.).
93. [1989] 2 R.C.S. 429.

loyauté à laquelle sont tenus les cadres supérieurs engendre leurs responsabilités de rendre les profits réalisés à la suite de cette violation parce qu'elle considérait les cadres supérieurs comme des mandataires de la compagnie.

Le tribunal décida que Ng devait rembourser à la banque les gains réalisés, en vertu du principe que nul ne doit bénéficier de sa propre turpitude ou mauvaise foi. Le tribunal affirma que ce principe était après tout un précepte moral fondamental.

Cette décision constitue un avertissement pour tous les employés, y compris ceux qui ne peuvent être qualifiés strictement de fiduciaires ou de mandataires, qu'ils seraient tenus de rendre à leur employeur les profits réalisés dans l'exercice de leurs fonctions quand ils résultent de leur mauvaise foi.

La décision *Ng* est également importante sur un autre point; elle contient une déclaration, émanant du plus haut tribunal du Canada, qui a pour effet de rapprocher les systèmes de *common law* et de droit civil en ce qui a trait à l'obligation des fiduciaires durant l'emploi:

> «L'obligation de fiduciaire que la common law reconnaît dans ces circonstances trouve son équivalent en droit civil dans la bonne foi et la loyauté que doit témoigner l'employé à son employeur, et dans les efforts qu'il doit déployer pour éviter les conflits d'intérêts, notamment pour éviter de rechercher des avantages incompatibles avec les conditions de son emploi.» (p. 443)

Dans *Brimarierre Inc.* c. *Laplante*[94], le directeur général d'une roulathèque avait loué à une autre compagnie pour la période estivale (saison morte dans cette industrie), 500 paires de patins à roulettes pour la somme de 9 000$. Le Tribunal fut d'avis que l'employé, en raison du poste qu'il occupait auprès de la compagnie, était un agent de l'employeur et fiduciaire dans le meilleur de ses intérêts. L'employé, ayant loué des patins pour son propre profit, avait violé son obligation de fiduciaire et devait ainsi rendre les profits engendrés. L'employeur n'avait pas à démontrer que son employé avait agi de mauvaise foi. Le simple fait qu'il ait, dans l'exercice de ses fonctions, encaissé un profit qui n'aurait pas existé autrement, était suffisant pour constituer un manquement à ses obligations de fiduciaire.

---

94. D.T.E. 84T-37 (C.S.). Voir également *Les Entreprises Rock Limitée Nozetz* c. *Les Habitations C.J.C. Inc.*, non rapportée, C.S. St-Hyacinthe 750-05-00323-81.

CHAPITRE 12

TERMINAISON DU CONTRAT D'EMPLOI

En matière du droit de l'emploi, bon nombre de décisions ont discuté du droit de mettre fin à un contrat d'emploi et des conséquences qui découlent de cette terminaison. De façon générale, le contrat d'emploi peut être résilié lorsque surviennent certains événements ou à l'initiative de l'une des parties contractantes. Par ailleurs, les articles 1022 et 1670 C.c. prévoient la possibilité de mettre fin au contrat d'emploi en tout temps par consentement mutuel de l'employeur et de l'employé. Les parties peuvent également choisir de suspendre plutôt que de rompre la relation d'emploi[1].

A.   Terminaison suite à la survenance d'un événement

1.   *L'expiration du terme*

Comme il a été vu au chapitre 7 – Obligation de fournir le travail –, la durée du contrat d'emploi peut être fixe ou indéterminée. Le contrat d'emploi conclu pour une période déterminée prendra fin automatiquement à l'expiration du terme, établie par une date d'échéance, par la survenance d'un événement ou par l'accomplissement de l'objet du contrat[2]. Dans un tel cas, les parties n'auront pas à fournir de préavis ou de justifications puisqu'il ne s'agit pas d'un congédiement ou d'une démission[3].

---

1. *Morin c. Honeywell Ltd.*, D.T.E. 90T-529 (C.S.).
2. *Groulx c. Commission Municipale du Québec*, D.T.E. 90T-739 (C.S.); *Tinker Labrecque c. Corp. de l'Hôpital d'Youville de Sherbrooke*, [1986] R.J.Q. 1283; *United Talmud Torahs of Montreal Inc. c. Dulude*, D.T.E. 84T-41 (C.S.); *Lapointe c. Office de la Construction du Québec*, D.T.E. 91T-348 (C.S.); *Lemay c. Boileau et Associés Inc.*, D.T.E. 88T-618 (C.S.); *Bélair c. Communications Radiomutuel Inc.*, D.T.E. 88T-268 (C.S.).
3. *Lemay c. Boileau et associés Inc.*, D.T.E. 88T-618 (C.S.); *Bélair c. Communications Radiomutuel Inc.*, D.T.E. 88T-268 (C.S.).

2.   L'impossibilité d'exécution

Le contrat d'emploi prend fin lorsque l'une des parties, sans faute de sa part, devient incapable d'exécuter ses obligations. Les parties sont alors libérées de leurs obligations respectives (articles 1202 et 1668 C.c.).

(a)   La maladie

L'incapacité de l'employé face à l'exécution de son travail devra être permanente ou s'étendre sur une période de temps considérable pour causer la rupture de la relation d'emploi[4]. Il est difficile d'établir avec précision la durée de l'absence involontaire d'un employé pour que l'employeur puisse considérer le contrat d'emploi comme résilié; c'est une question de faits. Les facteurs à considérer comprennent, entre autres, la nature du problème de santé, la durée prévue de la période de convalescence, les chances de guérison, l'importance des tâches et des responsabilités de l'employé ainsi que la nature de l'entreprise.

Une absence qui se prolonge sur une période considérable par rapport à la durée du contrat d'emploi constitue généralement une cause de terminaison du contrat. Dans *Vachon* c. *Cotton*[5], l'employé avait été sérieusement blessé dans un accident d'automobile. Il fut, par conséquent, incapable de travailler pendant plus de quatre mois. Le tribunal déclara que le contrat d'emploi était résilié puisque l'absence de l'employé s'étendait sur plus du tiers de la durée prévue. Les faits démontraient que l'absence de l'employé concordait avec la période de pointe de l'entreprise et que son remplacement s'avérait urgent. (Voir le chapitre 10 pour une discussion sur la présence au travail.)

(b)   Les difficultés financières

Pour qu'un employeur soit entièrement exonéré, son incapacité d'exécuter ses obligations contractuelles doit résulter d'un cas fortuit ou d'une force majeure comme un incendie, une inondation, un tremblement de terre ou tout autre désastre naturel hors de son contrôle. Toutefois, pour que le contrat cesse de produire ses effets,

---

4. *Bolduc* c. *Tremblay*, J.E. 80-531 (C.S.); *Bruneau* c. *Caverhill*, (1910) 37 C.S. 271; *Fortin* c. *Tremblay*, (1887) 10 L.N. 230. Voir *Beaudoin* c. *Asselin*, D.T.E. 90T-132 (C.Q.), où la maladie de l'employé justifia sa démission sans préavis.
5. [1953] C.S. 167.

l'incapacité de l'employeur ne doit pas s'étendre sur une base temporaire. En effet, le contrat ne sera résilié que lorsque le cas fortuit ou
la force majeure produit un effet durable.

En dépit des prétentions de certains employeurs, les tribunaux
sont unanimes à conclure que les difficultés financières d'un employeur[6], une crise économique[7] et le non-renouvellement par une
tierce partie d'un contrat de services avec l'employeur[8] ne sont pas
considérés comme des cas fortuits. Le simple fait qu'un contrat
engendre moins de profits que ce qui avait été prévu ne constitue pas
une impossibilité d'exécution. Un congédiement pour l'un de ces
motifs équivaut à un congédiement sans cause; il permet donc à
l'employé d'obtenir un préavis raisonnable.

De plus, dans les cas où une caution s'est portée garante de
l'exécution des obligations d'un employeur en faillite qui se trouve
dans l'incapacité de payer, elle pourra être tenue d'indemniser l'employé pour les dommages découlant de la terminaison unilatérale de
son contrat d'emploi[9]. Cependant, dans *Macdermid* c. *Atlantic &
Pacific Co.*[10], une grève déclenchée par les employés permit à l'employeur de justifier son refus de verser des indemnités de départ.

D'autre part, des difficultés financières ou même une faillite
personnelle d'un employé ne permettent pas à l'employeur de résilier
unilatéralement le contrat d'emploi, pas plus qu'elles ne constituent
une cause valable de congédiement[11].

(c)   Le changement d'employeur

Lorsqu'un employeur vend son entreprise, ses obligations en
vertu du contrat d'emploi ne prennent pas nécessairement fin et ne

---

6.   *Allaire-Gingras* c. *Hébergement Magog-Orford inc.*, D.T.E. 92T-222 (C.S.);
     Selick c. *149244 Canada Inc.*, [1991] R.J.Q. 2010 (C.S.) (en appel); *Bordeleau*
     c. *Union Carbide of Canada Ltée*, J.E. 84-830 (C.S.); *Bergeron* c. *Emballages
     Purity Ltée*, J.E. 84-811 (C.S.); *Leduc* c. *Union Carbide of Canada Ltée*, J.E.
     84-783 (C.S.); *Harkans* c. *Hercules Canada Ltée*, D.T.E. 84T-635 (C.S.); *Benson*
     c. *Brown Boveri Canada Ltée*, [1983] C.S. 229; *Lefebvre* c. *Westmount Life
     Insurance Co.*, J.E. 81-122 (C.S.).
7.   *Thomas* c. *Surveyer, Nenniger & Chenevert Inc.*, D.T.E. 85T-192 (C.S.), confir-
     mée en appel D.T.E. 89T-640 (C.A.); *Auger* c. *Albert Dyotte Inc.*, D.T.E. 85T-2
     (C.S.); *Labelle* c. *Experts Conseils Shawinigan*, D.T.E. 84T-547 (C.S.); *Cor-
     riveau* c. *Larose*, (1903) 24 C.S. 44; *Ferland* c. *Lachute*, J.E. 82-920 (C.Q.).
8.   *Cadorette* c. *O.G.I.S. Inc.*, D.T.E. 88T-575 (C.S.); *Martin* c. *Okanagan Helicop-
     ters Ltd.*, non rapportée, C.S. 650-05-000100-843, 24 mai 1985.
9.   *Holbrook* c. *Gordon*, [1968] C.S. 37.
10. [1975] C.S. 54.
11. *Leblond* c. *Québec (Procureur général)*, D.T.E. 89T-554 (C.A.).

sont pas automatiquement transférées à l'acquéreur. La vente de l'entreprise qui place l'employeur dans l'impossibilité de respecter ses obligations contractuelles ne constitue pas pour autant un cas fortuit ou une force majeure. Par conséquent, l'employeur sera réputé avoir résilié unilatéralement le contrat d'emploi et pourra donc être tenu responsable s'il ne fournit pas un préavis raisonnable à l'employé.

Dans le cas d'une vente d'actions à une autre corporation, l'employeur demeure le même malgré le changement au niveau des actionnaires. Si seulement des actifs de la corporation sont vendus à une tierce partie, la relation d'emploi n'est alors pas transférée, et l'employeur reste responsable de tout manquement à l'obligation de fournir le travail.

Cependant, si une entreprise est vendue à une tierce partie et qu'un employé se voit offrir la continuation de son contrat d'emploi selon les mêmes conditions de travail, il ne pourra, s'il accepte cette offre, réclamer de son ancien employeur des dommages pour bris de contrat. De toute évidence, si l'employé refuse de poursuivre son contrat d'emploi avec le nouvel acquéreur, il manquera alors à son obligation de minimiser les dommages[12].

Si aucune entente n'est conclue avec l'acquéreur quant à la continuation du contrat d'emploi selon les mêmes conditions de travail ou quant à la création de nouvelles conditions de travail et que le poste de l'employé n'est pas interrompu, le nouvel employeur ne sera lié que par les conditions qui lui auront été signifiées avant le début de la relation d'emploi[13]. Par conséquent, l'ancien employeur demeurera responsable de toutes les obligations qui n'auront pas été assumées par le nouvel employeur au cours de la période durant laquelle un préavis raisonnable aurait dû être accordé[14].

Dans *Vigeant* c. *Canadian Thermos Products Ltd.*[15], un représentant des ventes avait accepté de demeurer à l'emploi du nouveau propriétaire de l'entreprise. Toutefois, il démissionna quelques mois plus tard lorsqu'il constata que ses conditions d'emploi étaient inférieures à celles dont il jouissait auparavant. L'ancien employeur (celui qui avait vendu l'entreprise) fut condamné à payer à l'employé l'équivalent de douze mois de salaire. Dans *Luzy* c.

---

12. *Mark* c. *R.C.A. Ltd.*, [1978] C.P. 125.
13. *Matheson* c. *Sprecher & Schuh Inc.*, D.T.E. 88T-646 (C.S.).
14. Sujet à l'article 97 L.N.T. qui énonce que les normes continuent de s'appliquer malgré la vente de l'entreprise.
15. D.T.E. 88T-295 (C.S.).

Mondou[16], un hôtel fut vendu quelques mois seulement après l'embauche d'un chef d'orchestre. Le vendeur fit défaut de prévoir que les acquéreurs assumeraient le rôle d'employeur du chef d'orchestre. Le tribunal déclara:

> «Le Tribunal est aussi d'opinion que le fait que le plaignant (le chef d'orchestre) a travaillé pour Dion et Vignault (les acheteurs) pendant près de trois mois après qu'ils eurent acquis l'hôtel des défendeurs (l'employeur-vendeur) ne constitue pas une renonciation tacite en faveur des défendeurs. Rien n'indique de façon nette que le plaignant a accepté Dion et Vignault en lieu et place des défendeurs. Il a pu penser que les *nouveaux* acquéreurs avaient entrepris de poursuivre son contrat, mais, lorsqu'il reçut un avis de congédiement et apprit que les nouveaux propriétaires n'avaient pas assuré son contrat, il se tourna immédiatement vers les défendeurs pour qu'ils l'assistent. Je ne vois rien dans la conduite du plaignant qui me permettrait de conclure qu'il avait tacitement libéré les défendeurs de leurs obligations en vertu du contrat.» (p. 137) (traduction libre)

Néanmoins, si l'employé libérait l'employeur-vendeur de ses obligations en vertu du contrat, la responsabilité de ce dernier disparaîtrait.

Dans certains cas, un contrat d'emploi peut entrer en conflit avec un contrat de vente d'actions. Dans *Dupré Quarries Ltd.* c. *Dupré*[17] et *Bélanger* c. *Bélanger*[18], les demandeurs avaient vendu leur entreprise en considération d'un montant payé comptant et d'une entente à l'effet qu'ils conservaient un emploi au sein de la compagnie. La Cour décida toutefois que les acquéreurs n'avaient pas renoncé à leur droit de congédier les vendeurs-employés pour cause. Dans *Brault* c. *Poitras*[19], le demandeur avait accepté d'acheter la quincaillerie du défendeur en vertu d'une entente stipulant que le vendeur conservait ses droits sur les actions jusqu'à ce que le prix d'achat soit acquitté en entier par l'acquéreur. Il avait également été entendu que l'acquéreur serait à l'emploi du vendeur durant ce laps de temps. Lorsque, par la suite, le vendeur congédia l'acheteur, ce dernier entreprit une action pour obtenir la résiliation du contrat de vente et

---

16. [1949] C.S. 135.
17. [1934] R.C.S. 528.
18. (1895) 24 R.C.S. 678.
19. [1962] R.C.S. 282.

le remboursement de son argent. Le tribunal, dans cette affaire, statua qu'il s'agissait d'un cas différent des arrêts *Dupré Quarries Ltd.* et *Bélanger* mentionnés plus haut, en ce que l'employé était ici l'acquéreur et non le vendeur. La Cour refusa donc de dissocier le contrat d'emploi du contrat de vente d'actions. Le demandeur-acheteur avait intérêt à travailler pour la compagnie afin de protéger les paiements déjà effectués et ceux qui viendraient par la suite. Par ailleurs, le défendeur-vendeur ne pouvait à la fois conserver les paiements déjà effectués et congédier le demandeur-acheteur.

3. *Le décès*

Le décès d'un employé met fin à la relation d'emploi[20], et sa succession ne peut être tenue d'indemniser l'employeur pour les dommages causés par l'impossibilité de l'employé de poursuivre son travail.

Le décès d'un employeur, lorsqu'il s'agit d'une personne physique et non d'une entreprise, peut, dans certains cas, produire le même effet[21]. De façon générale, toutefois, la succession de l'employeur sera liée par le contrat d'emploi. L'exception existe surtout lorsque la relation employeur-employé est de nature tellement personnelle que la mort de l'employeur a pour effet d'y mettre fin automatiquement[22]. Par exemple, les services d'une infirmière privée cessent au décès de son patient ou encore, ceux d'un valet à la mort de son maître[23]. Dans *Sperano c. Héritiers de M. André St-Pierre*[24], la Cour provinciale décida que le décès d'un propriétaire de restaurant qui avait engagé Sperano à titre d'animateur n'avait pas mis fin au contrat d'emploi. Les services rendus par Sperano au propriétaire du restaurant n'étaient pas de nature personnelle, et sa mort ne mettait pas fin au contrat d'emploi. Les faits démontraient que Sperano avait continué de produire son spectacle pendant plus d'un mois après le décès de son employeur. La succession de l'employeur se vit donc ordonner de payer à Sperano l'indemnité prévue au contrat d'emploi dans le cas d'un congédiement.

---

20. Art. 1668(1) C.c.
21. Art. 1668(2) C.c. Voir *Martel c. U.P.S.A. Canada Inc.*, D.T.E. 93T-98 (C.S.).
22. Art. 1028 C.c.
23. *Laplante c. Archambault*, (1918) 24 R.L. (N.S.) 458.
24. D.T.E. 84T-174.

B. Terminaison par l'employé

1. La démission

Un employé partie à un contrat d'emploi à durée fixe ne peut cesser de fournir ses services avant l'expiration du terme. Un employé partie à un contrat d'emploi à durée indéterminée peut mettre fin unilatéralement à la relation d'emploi en donnant un préavis raisonnable à son employeur (ou selon la procédure prévue par les parties au contrat d'emploi). Toutefois, la démission pour cause ne demande aucun préavis.

Sauf entente entre les parties à l'effet contraire, aucune forme particulière n'est requise pour le préavis de démission[25].

La durée du préavis de démission ainsi que le moment du départ dépendent de la nature des services fournis par l'employé et du type d'entreprise dans laquelle la relation d'emploi s'inscrit. Chaque cas en est un d'espèce. Parmi les facteurs que les tribunaux considéreront, on compte le temps requis et la difficulté pour l'employeur de trouver un remplaçant, la situation géographique du lieu de travail, le type de travail et les qualités requises pour l'accomplir.

L'exigence d'un préavis raisonnable est facilement compréhensible, spécialement lorsque les activités de l'employeur se concentrent à l'intérieur de quelques semaines ou de quelques mois au cours de l'année. Dans pareille situation, la démission soudaine d'un employé-clé pendant la période de pointe peut causer un préjudice sérieux à la compagnie. Par ailleurs, un préavis de démission de quelques semaines durant la haute saison pourrait s'avérer insuffisant, alors qu'un autre de même durée serait adéquat pendant une période moins critique.

Le défaut de donner un préavis raisonnable de démission peut entraîner la responsabilité de l'employé et l'obligation pour celui-ci de compenser l'employeur pour les dommages causés, comme ce fut le cas dans l'affaire *Terres Noires Sherrington Ltée* c. *Barachina*[26]. Terres Noires était une compagnie qui importait des produits frais au Canada. Barachina avait été embauché au Canada comme direc-

---

25. Toutefois, il existe une décision relativement ancienne qui maintient que, sous l'existence d'un contrat d'emploi écrit, la démission doit également être présentée par écrit: *Bulkens* c. *Municipalité d'Oka*, [1966] R.D.T. 316 (C.S.).
26. D.T.E. 88T-623 (C.S.). Voir aussi Chapitre 17.

teur-gérant en Espagne. Chaque année, des négociations pour l'achat de produits frais en provenance de l'Espagne avaient lieu au cours des mois d'août, septembre et octobre. Le transport de ces produits vers le Canada s'effectuait entre les mois de novembre et février. Le 8 août, après trois ans de service, Barachina informa un représentant de Terres Noires en Espagne de sa démission. Le 20 août, Barachina fit parvenir au Canada sa lettre de démission, rétroactive au 2 août. La Cour supérieure, à la page 11 de son jugement, s'exprima ainsi:

«Ce contrat passé au Canada est donc assujetti aux lois d'ici. Aux termes de celles-ci, il incombait à Barachina de donner un avis raisonnable, dans le temps, de son intention de rompre sa relation d'employeur-employé. Il se devait, de plus, compte tenu des circonstances particulières du présent litige, de minimiser au possible les inconvénients que sa démission pouvait causer à son employeur. Il apparaît à cette Cour que, de toute évidence, à cet égard, il ne pouvait ignorer que la période du mois d'août était la plus inappropriée; sans oublier que sa démission écrite le 20 août parvient à l'employeur le 2 septembre alors qu'à toutes fins pratiques elle est déjà en vigueur depuis le début du mois; l'avis de démission était nettement insuffisant dans les circonstances [...] Barachina a donc manqué à ses obligations contractuelles, et sa responsabilité doit être retenue à cet égard. Cette responsabilité a contribué à la perte subie par les demandeurs.»

Aucun préavis de démission n'est requis lorsqu'un employé a un motif valable pour démissionner et ce, qu'il s'agisse d'un contrat d'emploi à durée fixe ou indéterminée. En effet, lorsque l'employeur manque à ses obligations en vertu du contrat d'emploi, l'employé peut mettre fin à sa relation pour cause. Dans *Sarfati* c. *Bendwell & Associés Ltée*[27], le tribunal décida que, en raison du fait que l'employeur n'émettait pas régulièrement les chèques de paie et qu'il ne les honorait pas, l'employé était justifié de mettre fin prématurément à son emploi et ce, même s'il avait signé un contrat de deux ans.

Pour être valide, la démission doit être faite de façon libre et volontaire. Dans la détermination du caractère volontaire d'une démission, les tribunaux ne se limitent pas qu'à la forme mais ils tiennent également compte des motifs et circonstances menant à la

---

27. J.E. 79-1031 (C.S.). Voir aussi *Grenier* c. *Radiodiffusion Mutuelle Canada Ltée*, D.T.E. 87T-577 (C.S.).

démission[28]. Une démission obtenue par la contrainte, par la peur ou suite à des menaces de congédiement, sera invalide. Une démission forcée équivaut à un congédiement, et la loi relative au congédiement illégal trouve donc son application. Dans *Côté* c. *Placements M et A Brown Inc.*[29], suite à la découverte d'irrégularités dans le département de la comptabilité, la compagnie informa l'employée qu'aucune poursuite criminelle ne serait intentée contre elle si elle démissionnait et renonçait à ses droits quant à son congé annuel et à son indemnité de départ. On lui mentionna également que, si elle n'acceptait pas cette proposition, elle aurait un casier judiciaire et ce, même si elle était acquittée des accusations qui seraient portées contre elle. La Cour invalida sa démission puisqu'elle avait été remise sous l'influence de la peur[30].

Dans *Landry* c. *Comterm Inc.*[31], l'employeur informa Landry que, à moins qu'il ne démissionne, il serait congédié. Afin de protéger sa réputation et ses chances de trouver un nouvel emploi, Landry choisit de démissionner. Le tribunal jugea que cette démission n'était pas le fruit d'une décision libre et volontaire. Comme aucune cause juste de congédiement ne put être établie, Landry se vit accorder l'équivalent de six mois de salaire pour congédiement illégal.

Une démission peut également être invalidée lorsque l'employé était mentalement inapte au moment de sa démission. Bien qu'un manque de jugement (même en raison d'intoxication[32]) de la part de l'employé ne soit pas suffisant pour annuler une démission, une erreur de sa part peut toutefois permettre une telle invalidation. Dans *Robitaille* c. *P.G. du Québec*[33], Robitaille, victime de problèmes de santé, dut cesser de travailler. Il reçut une indemnité en vertu d'un régime d'assurance-salaire. En apprenant que son incapacité serait permanente, il écrivit une lettre de démission à son employeur. On l'informa alors que, suite à sa démission, il n'était plus éligible aux

28. Voir *Bouffard* c. *Canico hydraulique Inc.*, D.T.E. 89T-717 (C.S.), où le tribunal fut d'avis que M. Bouffard n'avait pas quitté son emploi volontairement, mais avait plutôt été forcé de le faire suite à de nombreuses querelles avec les nouveaux propriétaires, ce qui rendit ses conditions d'emploi intolérables; *Bélair* c. *Communications Radiomutuel*, D.T.E. 88T-268 (C.S.); *Marleau* c. *Overnite Express (1980) Inc.*, D.T.E. 87T-754 (C.A.).
29. D.T.E. 87T-956 (C.Q.).
30. Voir l'article 995 C.c.
31. J.E. 84-451 (C.S.). Voir aussi *Johnson, Drake and Piper* c. *Robert*, [1958] B.R. 378 (C.A.).
32. *Ross* c. *Hawker Sideley Canada Inc.*, D.T.E. 88T-589 (C.A.); *Boulay* c. *Stelco Inc.*, D.T.E. 88T-620 (C.S.); *Tardif* c. *Ville de Montréal*, D.T.E. 87T-320 (C.S.).
33. D.T.E. 83T-3 (C.S.). Voir aussi *Grenier* c. *Radiodiffusion Mutuelle Canada Ltée*, D.T.E. 87T-577 (C.S.); *Dufresne* c. *Dorion*, D.T.E. 86T-223 (C.P.).

régimes d'assurance-salaire et d'assurance-invalidité. Robitaille tenta alors d'obtenir un jugement déclaratoire à l'effet que la lettre envoyée à son employeur ne représentait pas une démission mais plutôt l'expression de son intention de ne pas retourner au travail. La Cour décida que Robitaille savait qu'il avait signé une lettre de démission et que, par conséquent, il ne pouvait chercher à faire déclarer un document pour ce qu'il n'était pas. Cependant, le tribunal déclara que la démission de l'employé était attribuable à une erreur et à l'ignorance de ses droits et qu'il lui était possible de demander l'annulation de sa démission par une action en nullité fondée sur l'erreur.

2. La démission déguisée

Il existe des cas donnant lieu à un verdict de démission déguisée de la part d'un employé. Généralement, pareilles situations touchent la conduite de l'employé, laquelle indique l'abandon de son emploi. Par exemple, le fait qu'un employé s'absente du travail sans explication ou occupe un poste chez un autre employeur durant ses heures régulières de travail peut mener à la conclusion que ce dernier a démissionné. Pareillement, lorsque les paroles d'un employé invitent au congédiement ou qu'il menace de démissionner si ses demandes ne sont pas acceptées, il est permis à l'employeur de conclure à la démission de son employé[34].

Dans *Marleau* c. *Overnite Express (1980) Inc.*[35], Marleau ne répondit pas à l'offre d'un autre poste formulée par le président. Il s'absenta temporairement et ne revint que pour reprendre ses effets personnels. La Cour décida que l'employeur avait été justifié de conclure à la démission de Marleau. De façon similaire, en Alberta, la Cour du Banc de la Reine[36] décida que le défaut d'aviser de son intention de s'absenter, le fait de retourner les clés de la compagnie ainsi que les cartes de crédit et de reprendre tous ses effets personnels amenaient raisonnablement à croire qu'il s'agissait d'une démission déguisée. Toutefois, chaque cas en est un d'espèce et doit être examiné à la lumière des faits avant de pouvoir conclure qu'un employé a démissionné tacitement.

---

34. *Jacques* c. *96955 Saskatchewan Ltd. (The Drapery Shoppe)*, (1984) 31 Sask. R. 96 (Q.B.); *Tall* c. *Deconinck*, (1983) 51 N.B.R. (2e) 62, varg 51 N.B.R. (2e) (C.A.).
35. D.T.E. 87T-754 (C.A.).
36. *Farrugia* c. *Ashland Oil Canada Ltd.*, (1986) 75 A.R. 11 (Alta. Q.B.).

Qu'advient-il des cas où l'intention de l'employé de ne plus continuer son emploi n'est pas aussi évidente? Dans la majorité des cas, plutôt que d'attendre la démission de l'employé, l'employeur le congédie simplement. Toutefois, dans pareil cas, il y a un risque que l'employé réclame une indemnité pour congédiement illégal. Le succès de l'employeur dans sa défense dépendra en grande partie de la gravité et de la fréquence des actes ou omissions reprochés à l'employé. Alternativement, la qualité de la preuve relative à l'insatisfaction de l'employeur vis-à-vis de l'employé et la présentation de témoins joueront pour beaucoup dans ses chances de succès. Par contre, lorsque l'insatisfaction résulte de faits intangibles et non mesurables, il devient alors beaucoup plus difficile pour l'employeur de présenter une défense solide.

Lorsque la conduite d'un employé indique un manque évident d'intérêt dans son travail et qu'elle équivaut pratiquement à une invitation à y mettre fin, l'employeur peut être en mesure de soutenir que l'employé, par sa conduite, a tacitement démissionné ou, en d'autres mots, qu'il s'agit d'une démission déguisée.

L'employeur peut alléguer que l'employé a mis fin au contrat d'emploi et ce, même si le dernier d'une série d'événements est une lettre de l'employeur entraînant l'absence permanente de l'employé à son travail. Dans certains cas, l'employeur peut même instituer une réclamation pour les dommages découlant du manquement de l'employé à remettre un avis de démission.

Au Québec, bien qu'il n'existe à l'heure actuelle aucune décision qui définisse ou même traite de démission déguisée, au moins un arrêt a tout de même mentionné le concept. Dans *Bélair* c. *Communications Radiomutuel Inc.*[37], le demandeur-employé alléguait avoir été victime d'un congédiement déguisé. En examinant la conduite des parties qui avait mené à la dégradation de la relation, la Cour rejeta la réclamation de l'employé, car, selon elle: «en l'espèce, ce n'était pas le congédiement qui était déguisé mais la démission».

Finalement, le fait qu'un employé soit à la recherche d'un nouvel emploi ou qu'il s'engage dans un accord d'emploi avec quelqu'un d'autre ne signifie pas forcément qu'il veut démissionner.

---

37. D.T.E. 88T-268 (C.S.), p. 15.

C.   Terminaison par l'employeur

1.   *Le congédiement*

L'employeur ne peut mettre fin prématurément à un contrat d'emploi à durée fixe et ne peut résilier un contrat d'emploi à durée indéterminée qu'après en avoir avisé l'employé à l'avance ou lui avoir versé l'équivalent de la rémunération qu'il aurait reçue durant la période de préavis.

Les exceptions à ces règles se présentent lorsqu'il y a «cause» de terminaison, auquel cas l'employeur peut mettre fin abruptement à la relation d'emploi, ou bien lorsque les parties se sont expressément entendues sur la façon de rompre la relation, auquel cas une telle clause prévaut[38].

Quand vient le temps de mettre fin à une relation d'emploi, la plupart des employeurs présentent les faits clairement. Il existe certains cas, toutefois, où la situation n'est pas aussi claire. Il serait alors plus pertinent de dire qu'il y a congédiement lorsqu'une personne en position d'autorité agit d'une façon qui pourrait être interprétée par une personne raisonnable comme signifiant que ses services ne sont plus nécessaires, qu'elle est invitée à quitter son travail et à ne plus y retourner.

Dans *Talbot c. Jos. Dufresne & Fils Ltée*[39], un cadre supérieur avait ordonné à Talbot de quitter les lieux de la compagnie d'une manière insultante et méprisante. Le comptable ainsi qu'un actionnaire de la compagnie l'invitèrent à ne pas partir, mais Talbot, qui relevait de l'autorité du cadre en question, quitta puisqu'il se considérait congédié. La Cour confirma sa décision.

(a)   *Le congédiement pour cause*

Lorsqu'un employeur est justifié de congédier un employé, la relation peut prendre fin sans préavis ni indemnité de préavis[40].

---

38. *Paradis c. Cie Crawley & McCraken Ltée*, D.T.E. 87T-33 (C.P.); *Macaulay c. Imperial Life Assurance Co. of Canada*, D.T.E 84T-395 (C.S.); *Cassane c. Grolier*, J.E. 79-945 (C.A.). Dans *F c. Erb Offset Plates*, [1955] C.S. 245, l'employé ne pouvait pas compter sur une clause de terminaison favorable puisqu'il avait manqué à ses obligations d'emploi.
39. J.E. 79-778 (C.Q.).
40. *Daigle c. Caisse populaire Les Etchemins*, D.T.E. 90T-442 (C.S.); *Gobeil c. C.L.S.C. Saguenay-Nord*, J.E. 82-524 (C.S.).

Un manquement important de l'employé à ses obligations en vertu du contrat d'emploi constitue pour l'employeur une cause juste de congédiement[41]. Insubordination, indiscipline sérieuse ou répétée, négligence, incompétence, malhonnêteté, vol ou fraude peuvent constituer une cause juste de congédiement, selon la gravité et la fréquence[42]. Les tâches et les responsabilités d'un employé à l'intérieur d'une entreprise expliquent le plus souvent si un acte ou une omission constitue effectivement une cause de congédiement immédiat[43]. La raison ou le motif invoqué pour justifier un congédiement ne doit pas servir de prétexte[44].

Dans *Maheu, Noiseux & Associés* c. *Roneo Vickers Canada Ltd.*[45], la Cour d'appel a déclaré qu'une cause de congédiement existait ou bien n'existait pas; il n'y avait pas de demi-mesure. Un juge saisi d'une action pour bris de contrat ne peut examiner la valeur relative des fautes du demandeur-employé. Cette décision devrait mettre un terme à l'école de pensée exprimée par une minorité de jugements qui ont réduit la durée du préavis requis à l'endroit du demandeur-employé lorsque sa conduite, sans constituer une cause valable de congédiement, n'en était pas moins répréhensible[46]. S'il y

41. *Bilodeau* c. *Bata Industries Ltd.*, [1986] R.J.Q. 531 (C.A.); *Commission Scolaire de Sept-Iles* c. *Club de Ski Gallix-Ski Club Inc.*, D.T.E. 91T-653 (C.S.).
42. *Lapasin* c. *Action Ford Ltd.*, D.T.E. 90T-1116 (C.S.).
43. *Gagnair Consultants Ltée* c. *Dupras*, D.T.E. 90T-869 (C.A.).
44. *Louette* c. *Creditel of Canada Ltd.*, non rapportée, C.S.M. 500-05-002357-745, 15 décembre 1975.
45. D.T.E. 88T-588 (C.A.).
46. Il est donc quelque peu surprenant de voir que la Cour supérieure, dans *Poulin* c. *Chez nous des Artistes Inc.*, D.T.E. 89T-739, a mis une certaine emphase sur le fait que Poulin ne pouvait imputer à son employeur toute la faute relative à son congédiement. Poulin, alors directeur général d'un projet de construction d'un édifice à logements pour artistes âgés et démunis, avait refusé de se soumettre à la requête du conseil d'administration. Monsieur le juge Savoie écrit à la p. 17 de son jugement:
«[...] il faut convenir que la preuve révèle de sa part une certaine inconduite ainsi qu'un refus évident d'obéir aux ordres reçus du conseil. L'insubordination est depuis longtemps un motif sérieux de congédiement et les circonstances décrites par les témoins entendus montrent bien que la conduite du demandeur, dans l'opiniâtreté dénotée, *dépassait les bornes permises et plaçait le conseil devant l'alternative de démissionner en bloc ou de congédier le demandeur, ni plus ni moins.*» (les italiques sont de l'auteur)
La Cour ordonna que l'employé reçoive l'équivalent de trois mois de salaire malgré sa conclusion que l'employeur n'avait d'autre choix que de congédier l'employé. Il semble que la Cour ait jugé que les trois années et demie de services de l'employé auprès de l'employeur, dont trois à titre de bénévole, et sa contribution de fondateur et d'âme dirigeante du projet, obligeait le défendeur à donner au demandeur une dernière chance de changer son attitude et de corriger sa conduite.

a conduite fautive mais pas au point de constituer une cause de congédiement, les tribunaux n'ont pas le loisir d'imposer une suspension ou une autre mesure du même type[47].

La détermination de ce qui constitue une cause de congédiement est une question de faits[48]. Tout d'abord, les tribunaux ont établi que l'inconduite de l'employé doit être grave[49]. Les facteurs considérés par les tribunaux incluent le nombre d'années de services de l'employé, sa conduite passée ainsi que les tâches et les responsabilités qu'il détenait dans l'entreprise[50]. Quant à ce dernier critère, plus le degré de confiance remis à l'employé par rapport à certains sujets est élevé, moins les tribunaux se montrent tolérants. L'employeur a le fardeau de prouver l'existence d'une cause de congédiement[51], à moins que l'employé n'admette qu'il est incapable de remplir ses fonctions[52].

Dans l'établissement de la cause de congédiement, les tribunaux québécois expriment des vues conflictuelles sur la question de savoir si l'employeur peut établir sa preuve sur des actes posés par l'employé, mais dont il ignorait l'existence au moment du congédiement[53].

Le refus d'une tierce partie, telle qu'un client ou un associé, de travailler ou d'être servie par un employé particulier ne constitue pas forcément une raison pour congédier l'employé. Dans *Shawinigan Lavalin Inc. c. Espinosa*[54], Lavalin s'était vu octroyer un contrat en Afrique à titre de consultant en agriculture sur un projet guinéen. Peu de temps après son arrivée, Monsieur Espinosa éprouva certaines difficultés avec son homologue de la Guinée, et les responsables guinéens du projet demandèrent son renvoi en alléguant que sa connaissance de la langue française était insuffisante et qu'il était incompétent dans sa fonction de gérant de projet. Malgré de nombreuses tentatives d'en arriver à un compromis avec les responsables guinéens, Lavalin consentit finalement à résilier le contrat d'emploi

---

47. *Mahoney c. Alliance, Cie Mutuelle d'assurance-vie*, [1991] R.J.Q. 1115 (C.S.).
48. *Dupré Quarries Ltd. c. Dupré*, [1934] R.S.C. 528.
49. *Thorneloe c. CSR Eastern Townships*, J.E. 84-1018 (C.S.); *Jolicoeur c. Lithographie Montréal Ltée*, [1982] C.S. 230, appel rejeté, 15 avril 1987 (C.A.M., 500-09-000314-823).
50. *Gagnair Consultants Ltée c. Dupras*, D.T.E. 90T-869 (C.A.).
51. *Gignac c. Trust Général du Canada*, D.T.E. 91T-213 (C.S.); *Mailloux c. Ville de Montréal*, non rapportée, C.S.M. 500-05-009452-887, septembre 1990); *Lefrançois c. Lithographie Montréal Ltée*, [1983] C.S. 232.
52. *Chabot c. Montréal*, D.T.E. 92T-1224 (C.S.).
53. *Caron c. Yaccarini*, J.E. 83-447 (C.S.); contra *Mahoney c. Alliance, Cie mutuelle d'assurance-vie*, [1991] R.J.Q. 1115 (C.S.).
54. D.T.E. 90T-261 (C.A.).

de Monsieur Espinosa. La Cour d'appel conclut que Monsieur Espinosa avait été victime d'intolérance et d'incompréhension de la part de ses collègues guinéens. La preuve ne démontrait aucune conduite fautive ou incompétence quelconque. La Cour d'appel comprenait que Lavalin avait préféré consentir aux demandes des responsables guinéens plutôt que de mettre le projet en péril. Néanmoins, cela ne justifiait pas Lavalin de résilier unilatéralement le contrat d'emploi pour l'une des raisons qui y étaient prévues. Par conséquent, pour compenser l'absence d'un préavis, Monsieur Espinosa se vit accorder une indemnité équivalant à six mois de salaire.

(b) Le congédiement sans cause

(i) Contrat à durée fixe

Un congédiement sans cause fait avant l'échéance ou l'achèvement d'un contrat à durée fixe constitue un manquement aux obligations de l'employeur en vertu du contrat d'emploi. Un tel manquement rend l'employeur responsable du paiement de la rémunération de l'employé pour le reste de la durée de son contrat[55]. Les indemnités accordées à un employé pour bris de contrat à durée fixe sont traitées en détail au chapitre 14.

(ii) Contrat à durée indéterminée

En ce qui concerne les contrats à durée indéterminée, l'employé a un droit implicite à un préavis raisonnable de congédiement lorsque celui-ci est sans cause[56]. Au lieu d'un préavis, l'employeur peut, comme alternative, payer à l'employé la rémunération à laquelle il aurait eu droit durant cette période. Le défaut de transmettre un préavis de congédiement ou de verser une indemnité tenant lieu de préavis constitue pour l'employeur un manquement à ses obligations contractuelles[57]. L'employé victime d'un tel congédiement peut alors réclamer la rémunération à laquelle il aurait eu droit s'il avait continué de travailler pendant la période de préavis[58]. Là encore, la question des dommages accordés en raison de l'absence d'un préavis ou d'un préavis déraisonnable est traitée au chapitre 14.

---

55. *Mainville c. Brasserie Michel Desjardins*, D.T.E 88T-292 (C.S.); *Landry c. Radio du Pontiac Inc.*, D.T.E. 83T-200 (C.S.).
56. *Chabot c. Montréal*, D.T.E. 92T-1224 (C.S.).
57. *Soupes Campbell Ltée c. Cantin*, D.T.E 91T-741 (C.A.).
58. *Surveyer, Nenniger & Chenevert Inc. c. Thomas*, D.T.E. 89T-640 (C.A.); *Perron c. Cie Minière Québec Cartier*, D.T.E. 89T-290 (C.S.).

Les causes raisonnables de préavis de congédiement sont prévues, pour certains types de travailleurs, au troisième paragraphe de l'article 1668 C.c.

L'article 1668 C.c. indique la durée du préavis requis pour un domestique, un serviteur, un compagnon ou un journalier, engagé à la semaine, au mois ou à l'année, mais pour un laps de temps indéfini. Le Code stipule que, pour ces catégories, l'emploi peut prendre fin après une semaine de préavis si le contrat est à la semaine, après deux semaines s'il est au mois, et après un mois s'il est à l'année.

Les tribunaux ont étendu l'application de l'article 1668 C.c. aux employés exécutant des travaux de niveaux jugés comparables dans la hiérarchie d'une organisation[59].

En ce qui concerne les employés des catégories non visées par le Code, les tribunaux ont statué qu'ils avaient droit à un préavis raisonnable de fin d'emploi en vertu du droit civil dont les tribunaux se réservent l'interprétation.

Des dispositions légales ont été adoptées pour déterminer les périodes de préavis de congédiement pour les employés autres que des employés cadres (articles 3(6) et 82 de la *Loi sur les normes du travail*[60]). Cette loi prévoit que la durée du préavis est déterminée en fonction du nombre d'années de service continu.

Après plusieurs années de décisions contradictoires, la Cour d'appel du Québec a finalement statué que la durée du préavis stipulée à la Loi constituait un droit minimal[61]. La même règle

---

59. *Beaumont* c. *Weisor Ltée*, [1961] R.L. 551; *Cooney* c. *Drew*, [1956] R.L. 96; *Paradis* c. *Cie Crawley et McCracken Ltée*, D.T.E. 87T-33 (C.Q.); *Carignan* c. *Infasco Division Ivaco Inc.*, D.T.E. 89T-118 (C.S.), (apprenti-mécanicien) où la Cour condamna la défenderesse à verser l'équivalent d'une semaine de salaire à titre de préavis, auquel s'ajoutèrent trois semaines de salaire et les frais encourus suite à la résiliation du bail du demandeur, en raison de son congédiement abusif.

60. L.R.Q., c. N-1.1.

61. *Domtar Inc.* c. *Saint Germain*, D.T.E. 91T-604 (C.A.): le tribunal décida que l'article 1024 du Code civil, qui étend la coutume et l'usage dans tous les contrats, est la source de l'obligation de fournir un préavis raisonnable de congédiement. Le préavis est dû à tous les employés, qu'ils soient cadres ou non-cadres. Cette interprétation est conforme à la doctrine française où le concept de préavis de congédiement (délai-congé) provient de la coutume et de l'usage, tel qu'hérité des anciennes corporations en France. (Beudant, *Cours de droit civil français*, 2e éd., t. 12, Paris, 1947, no 152; Planiol et Ripert, *Traité pratique de droit civil français*, 2e éd., t. 11, Paris, 1954, no 859; Aubry et Rau,

s'applique au préavis de fin d'emploi prévu au Code canadien du travail[62]. Chaque cas en est un d'espèce dans la détermination du préavis jugé raisonnable dans les circonstances.

(iii) Évaluation du préavis raisonnable

Le but d'un préavis raisonnable en droit civil vise à allouer suffisamment de temps à l'employé pour lui permettre de trouver un emploi comparable. Les tribunaux tiennent compte d'un certain nombre de facteurs dans la détermination de la durée du préavis, dont, entre autres, les circonstances ayant mené à l'embauche, la nature et l'importance de la position occupée par l'employé au moment du congédiement, le nombre d'années de service avec l'employeur ainsi que l'âge de l'employé. D'autres facteurs, tels que la présence ou l'absence d'incitations à quitter un emploi stable, les intentions des parties contractantes au moment de la formation du contrat et la difficulté pour l'employé de trouver un poste équivalent, sont également considérés[63]. Selon les circonstances particulières à chaque cas, un tribunal accordera plus ou moins d'importance à chacun de ces facteurs. Exceptionnellement, les tribunaux ont retenu d'autres facteurs, tel le fait de croire erronément être lié par un contrat à terme[64] ou encore la situation particulière et personnelle de l'employé[65], pour déterminer le préavis qui aurait dû lui être accordé.

Le simple fait qu'un employé soit en probation ne lui fait pas perdre son droit de recevoir un préavis en cas de congédiement sans cause[66]. Toutefois, si l'employeur et l'employé ont préalablement

---

Droit civil français, 6e éd., Paris, 1952, no 372, p. 387.) Le préavis variait de région en région et dépendait de l'emploi occupé par l'employé. (Troplong, *Le droit civil expliqué*, t. 3, Paris, 1840, no 864; Baudry-Lacantinerie et Wahl, *Traité théorique et pratique de droit civil*, t.2, Paris, 1989, no 1515; Beudant, *loc. cit., supra*.; Planiol et Ripert, *loc. cit., supra*) Les tribunaux français ont souvent explicitement fait référence à l'article 1135 du *Code civil français* qui incorpore en tant que termes implicites à un contrat toutes les obligations dérivant de l'équité, de l'usage ou de la loi. L'article 1024 du Code civil du Bas-Canada, qui fut inspiré largement du *Code civil français*, stipule que: «Les obligations d'un contrat s'étendent non seulement à ce qui y est exprimé, mais encore à toutes les conséquences qui en découlent d'après sa nature et suivant l'équité, l'usage ou la loi.»

62. L.R.C. (1985), c. L-2, article 230. Voir *Transports Kingsway Ltée c. Laperrière*, D.T.E. 93T-197 (C.A.).
63. *Surveyer, Nenniger & Chenevert Inc. c. Short*, D.T.E. 88T-4 (C.A.).
64. *Jolicoeur c. Hippodrome Blue Bonnets Inc.*, D.T.E 90T-306 (C.S.).
65. *Boudreault c. Centre Hospitalier St-Vincent de Paul*, D.T.E. 90T-771 (C.S.); *Castagna c. Design Hydraulics Inc.*, D.T.E. 88T-1006 (C.S.).
66. *Gignac c. Trust Général du Canada*, D.T.E. 91T-231 (C.S.).

établi une durée de préavis particulière pendant la période de probation, pareille entente devra prévaloir.

Dans l'affaire *White c. E.D. Eastern Ltd.*[67], la considération de
tous les éléments mena la Cour à conclure qu'un préavis de longue
durée était dû à l'employé. Ce dernier, alors dans la soixantaine, avait
été congédié sans cause. Il avait offert à la compagnie 32 années de
bons et loyaux services. La Cour supérieure décida que le demandeur
était en droit de recevoir le plus long préavis alors accordé par les
tribunaux, soit l'équivalent de douze mois de salaire tenant lieu de
préavis. Aujourd'hui, sauf dans des circonstances exceptionnelles, un
préavis de 12 mois semble encore être le maximum qu'un tribunal
accorde à un employé congédié sans cause. Toutefois, devant des
circonstances particulières, il est plausible que les tribunaux aug-
mentent le préavis requis.

Le tableau reproduit à l'annexe A représente les décisions
rendues par les tribunaux lors de la détermination des préavis jugés
raisonnables selon les circonstances.

– Position hiérarchique

Pour déterminer la durée du préavis requis dans le cas d'un
employé en particulier, les tribunaux regardent généralement au-
delà du titre qu'il détenait[68]. En fait, ce sont les tâches et les responsabilités effectivement attribuées à l'employé qui permettent de
déterminer la véritable position qu'il occupait dans la hiérarchie de
l'entreprise.

Généralement, plus un poste est important dans la hiérarchie,
plus le niveau d'expertise est élevé, plus longue sera la durée du
préavis.

---

67. D.T.E. 89T-141 (C.S.). Voir aussi *Chouinard c. Groupe Commerce, Cie d'Assurances*, D.T.E. 90T-528 (C.S.).
68. *Imprimerie Stellac Inc. c. Plante*, D.T.E. 89T-116 (C.A.). Dans le livre des
procès-verbaux de la compagnie, Monsieur Plante apparaissait comme un
administrateur. Toutefois, la preuve révéla qu'il n'avait jamais pris part à
aucune décision. De plus, bien que ses cartes d'affaires l'identifiaient comme
président, il n'en exerçait pas le pouvoir. Même ses responsabilités en tant que
directeur des ventes étaient contestées. Voir également *White c. E.D. Eastern
Ltd.*, D.T.E. 89T-141 (C.S.).

– Âge

Habituellement, les employés d'un âge avancé éprouvent plus de difficulté à se trouver un nouvel emploi et, pour cette raison, ils ont droit à un préavis de plus longue durée.

Toutefois, ce critère devient moins important lorsqu'il s'agit d'un emploi relativement récent[69]. Un argument intéressant fut soulevé dans l'arrêt *Stock* c. *Best Form Brassieres Canada Inc.*[70] Stock avait été congédié sans cause alors qu'il était âgé de 68 ans. La compagnie allégua que le but d'un préavis étant d'allouer à l'employé suffisamment de temps pour se trouver un nouvel emploi, dans le cas présent, aucun préavis n'était nécessaire puisque l'employé avait déjà atteint l'âge de la retraite. La Cour décida que, en l'absence de preuve de maladie ou d'incompétence au moment du congédiement, l'âge de l'employé ne pouvait en lui-même constituer une preuve de son incapacité de travailler.

– Difficultés financières de l'employeur

Les tribunaux émettent des opinions contradictoires lorsqu'il doivent décider si un employeur qui éprouve des difficultés économiques est autorisé à donner un préavis d'une plus courte durée. Certains tribunaux ont refusé de prendre ce facteur en considération. D'autres ont jugé que d'exiger d'un employeur qu'il accorde un préavis d'une durée normale, alors qu'il traverse des difficultés financières, est trop sévère et pourrait même mener l'employeur à la faillite (ou sous l'administration d'un syndic)[71].

– Incitations à quitter un emploi stable

Dans les cas de congédiement sans cause, le tribunal peut accorder une période de préavis plus longue si l'employeur a incité l'employé à quitter un emploi stable[72]. Les tribunaux présument que

---

69. *Habitation Populaire Desjardins de Lanaudière Inc.* c. *Boyer*, D.T.E. 88T-550 (C.A.).
70. D.T.E. 87T-47 (C.S.).
71. *Gagnon* c. *Thetford Transport Ltée*, D.T.E. 87T-935 (C.S.); *Cloutier* c. *Ingersoll-Rand Canada Inc.*, J.E. 84-758 (C.S.).
72. *Dufour* c. *Réseau de télévision Quatre Saisons Inc.*, D.T.E. 93T-196 (C.S.); *Société Hôtelière Canadien Pacifique* c. *Hoeckner*, D.T.E. 88T-548 (C.A.); *Miron Inc.* c. *Des Cheneaux*, D.T.E. 88T-14 (C.A.); *Choquette* c. *F.O.I.S.I. Forces Immobilières et Stratégies d'Investissements Inc.*, D.T.E. 91T-1187 (C.S.); *Carignan* c. *Infasco Division Ivaco Inc.*, D.T.E. 89T-118 (C.S.); *Gerontakos* c. *Deli Briskets Inc.*, D.T.E. 89T-117 (C.S.); *St-Germain* c. *ProOptic Inc.*, D.T.E.

l'employé n'aurait pas quitté son emploi précédent sans une entente implicite quant à la sécurité de son emploi auprès du nouvel employeur. Ce facteur est particulièrement déterminant lorsque l'employé a été congédié après une courte période au service de l'employeur[73]. Dans *Gignac* c. *Trust Général du Canada*[74], la Cour supérieure déclara:

«Ici, on doit reconnaître que, même si le demandeur n'a travaillé pour la défenderesse qu'un peu plus de trois ans, c'est elle qui est allée le chercher chez un employeur où il avait déjà acquis sept ans d'expérience. Et cela n'a pas été facile puisque ce n'est qu'à la troisième offre que le demandeur a accepté de s'associer au Trust Général et de quitter un employeur avec lequel il ne semble pas avoir eu de problèmes. C'est un homme d'environ 13 ans d'expérience qui a été congédié et, lorsque la défenderesse est allée le chercher chez son ancien employeur, elle était consciente qu'elle bénéficierait non seulement de l'expérience qu'il avait accumulée mais, peut-être aussi, des contacts qu'il s'était créés et même d'une partie de sa clientèle. Il s'agit là d'une circonstance dont le Tribunal croit devoir tenir compte. Il croit devoir suivre en cela la voie tracée par M. le Juge Michaud dans l'affaire *Maheu* c. *Catalytic Entreprises Ltd.*[75]. Le Tribunal avait alors noté que la défenderesse avait profité des 21 années d'expérience antérieures du demandeur et a fixé comme base du délai-congé une période de huit mois.»

Le tribunal accorda donc au demandeur, âgé de 37 ans, un préavis de huit mois en plus des trois semaines qui lui avaient déjà été payées.

Il faudra démontrer plus que de la simple persuasion pour qu'un tribunal conclue qu'il y a eu incitation auprès de l'employé. De la même façon, si un employé a amorcé les discussions ou qu'il se cherchait déjà un emploi à l'époque des négociations, le tribunal n'accordera pas une période de préavis plus longue. Dans *Surveyer, Nenniger & Chenevert Inc.* c. *Short*[76], Short, un ingénieur d'Angleterre, avait répondu à la campagne de recrutement de l'appelante

88T-293 (C.S.); *Lefrançois* c. *Crane Canada Inc.*, D.T.E. 88T-574 (C.S.); *Dion* c. *Boutique Marie-Claire Inc.*, D.T.E. 90T-1044 (C.Q.).
73. *Barth* c. *B. & Z. Consultants Inc.*, [1989] R.J.Q. 2837 (C.S.).
74. [1991] R.J.Q. 520 (C.S.)
75. D.T.E. 84T-636 (C.S.).
76. D.T.E. 88T-60 (C.A.).

au Canada. Après avoir examiné les faits, la Cour conclut que Short n'avait jamais été incité à quitter son emploi précédent qui, de toute façon, n'était pas très stable. Le tribunal déclara que le fait de changer d'emploi et de pays comportait certains risques et que Short, comme tout homme raisonnable, devait en assumer une partie. Finalement, la Cour d'appel réduisit à trois mois le préavis de six mois qui avait été accordé par la Cour supérieure.

L'incitation à quitter un emploi stable ne se limite pas qu'à de la sollicitation directe par des cadres supérieurs. Les tribunaux peuvent également retenir des approches par des cadres dont l'autorité est moins élevée, incitant une personne à démissionner d'un emploi stable pour se joindre à leur entreprise[77].

– Recherche d'un emploi de même nature

Les tribunaux accordent souvent une période de préavis plus longue aux personnes oeuvrant dans un champ d'activités où les chances d'emploi sont restreintes ou lorsque le domaine est difficile d'accès[78]. Dans un cas particulier, un cadre de niveau inférieur travaillant pour une maison d'édition et spécialisé dans les livres de littérature et de pédagogie européens, eut droit à un préavis de 16 semaines, compte tenu du domaine très spécialisé et hautement compétitif dans lequel il oeuvrait. La Cour tint les propos suivants:

«Il est peut-être facile d'occuper un poste de représentant des ventes mais bien plus difficile d'occuper celui de directeur commercial, encore plus celui de directeur général.

Lorsqu'il a décidé d'en faire son gagne-pain, le demandeur ne pouvait ignorer les difficultés auxquelles il pouvait faire face advenant l'obligation d'une nouvelle orientation.

Par contre, l'employeur devait également tenir compte de ces mêmes difficultés quand il a décidé de rompre le contrat d'engagement. [...] Il aurait dû en faire part assez tôt au demandeur pour lui donner l'opportunité de s'orienter et non pas le placer devant un fait accompli avec un préavis tout de même assez réduit.»[79]

---

77. *Toupin c. Vente Mercury des Laurentides Inc.*, D.T.E. 89T-445 (C.A.).
78. *Ebacher c. Trois Rivières (Corp. Mun. de la ville de)*, D.T.E. 88T-108 (C.S.); *Stewart c. Standard Broadcasting Corp.*, D.T.E. 90T-20 (C.S.); *Guénette c. Centre Hospitalier St-Jean-de-Dieu*, D.T.E. 88T-77 (C.A.).
79. *Cornil c. Mondia Distribution Inc.*, D.T.E. 88T-584 (C.S.).

Dans *Guénette* c. *Centre Hospitalier St-Jean-de-Dieu*[80], le tribunal conclut qu'un préavis d'une durée de 12 mois était raisonnable puisque l'employé, âgé de 51 ans, aurait de la difficulté à se trouver un emploi semblable. Ce dernier avait été capitaine de police dans un hôpital psychiatrique au cours des 21 dernières années. L'employé ayant déjà reçu trois mois de salaire le jour de sa cessation d'emploi, la Cour ordonna donc le paiement de neuf mois additionnels. Toutefois, on peut difficilement apprécier la méthode de calcul de la Cour d'appel dans cette décision. En effet, bien qu'un préavis d'une durée de 12 mois était raisonnable dans les circonstances, il appert que l'employeur avait déjà prévenu l'employé cinq mois avant la terminaison de son emploi. De plus, le jour de sa cessation, l'employeur lui avait donné trois mois de salaire additionnel. Il semble donc que, dans les faits, l'employé avait déjà reçu un préavis de huit mois.

Le temps qu'un individu prendra pour se trouver un nouvel emploi, bien que les tribunaux y réfèrent et que, à l'occasion, ils s'en servent comme ligne directive, n'est généralement pas pris en considération[81].

Certains tribunaux ont augmenté la durée de la période du préavis quand la situation économique globale se trouvait à la baisse. Dans *Labelle* c. *Experts-Conseils Shawinigan Inc.*[82], la Cour décida que si la période de préavis accordée durant une crise économique devait changer, ce serait pour l'augmenter puisque, dans ce contexte, il s'avère beaucoup plus difficile de trouver un nouvel emploi que dans une économie florissante où pleuvent les occasions d'emploi.

Toutefois, Monsieur le juge Fraser Martin, dans l'affaire *Bordeleau* c. *Union Carbide of Canada Ltd.*[83], énonça un point de vue différent:

«Bien qu'il n'y ait aucun doute sur le fait que la situation économique générale ait contribué à prolonger considérablement la période requise pour que le plaignant se trouve un nouvel emploi, je suis d'opinion que le facteur du «temps requis

---

80. D.T.E. 88T-77 (C.A.).
81. *Imprimeries Stellac Inc.* c. *Plante*, D.T.E. 89T-116 (C.A.); *Surveyer, Nenniger & Chenevert Inc.* c. *Jackson*, D.T.E. 88T-667 (C.A.); *Habitations Populaires Desjardins de Lanaudière Inc.* c. *Boyer*, J.E. 88-803 (C.A.); *Bordeleau* c. *Union Carbide of Canada Ltd.*, (1984) 6 C.C.E.L. 88 (C.S.).
82. D.T.E. 84T-547 (C.S.).
83. D.T.E. 84T-753 (C.S.). Voir aussi *Breese* c. *Federal Business Development Bank*, J.E. 84-963 (C.S.).

pour trouver un nouvel emploi» doit être évalué à la lumière de ce qui serait raisonnable dans des circonstances ordinaires. De plus, ce facteur fait partie d'un ensemble où il n'est même pas décisif. Décider autrement serait imposer à l'employeur l'obligation de subir les conséquences d'une situation qu'il tente justement de corriger.» (p. 7) (traduction libre)

– *Nombre d'années de service auprès de l'employeur*

La période de préavis est, en principe, proportionnelle au nombre d'années de service continu avec l'employeur.

De nos jours, il n'est pas rare de voir un employé travailler, à un moment ou à un autre, pour différentes entités faisant partie du même groupe corporatif. Les réorganisations administratives, pour des raisons fiscales ou autres, amènent ce genre de situation. Dans de telles circonstances, le nombre d'années de service au sein du groupe corporatif sera alors utilisé pour déterminer le préavis auquel aura droit l'employé dans l'éventualité d'un congédiement sans cause. Ainsi, les années de service d'un employé avec la compagnie-mère seront ajoutées à celles qu'il a passées auprès d'une filiale pour déterminer la durée raisonnable de la période de préavis[84].

Bien entendu, comme dans le cas d'une personne qui travaille pour un seul employeur, on ne tiendra compte que des années de service ininterrompu pour évaluer le préavis approprié[85].

(c)   Forme du préavis

Aucune forme précise n'est requise pour assurer la validité d'un préavis[86]. Le préavis peut être verbal, à moins que les parties ne se soient entendues autrement[87] ou qu'une loi[88] ou un règlement[89]

---

84. *Castagna c. Design Hydraulics Inc.*, D.T.E. 88T-1006 (C.S.).
85. *Habitations Populaires Desjardins de Lanaudière Inc. c. Boyer*, D.T.E. 88T-550 (C.A.); *Chotani c. Westinghouse Canada Inc.*, D.T.E. 91T-328 (C.S.).
86. La Cour, dans *Jolicoeur c. Lithographie Montréal Ltée*, [1982] C.S. 230, n'a pas expliqué ce qu'elle voulait dire en mentionnant que lorsque l'engagement n'est pas par écrit, le préavis de fin d'emploi n'est soumis à aucune formalité.
87. *Girouard c. Les Coopérants, Société Mutuelle d'Assurance-Vie*, non rapportée, C.S. 450-05-000350-840, mai 1990.
88. L'article 82 de la *Loi sur les normes du travail* stipule que l'employeur doit donner un avis écrit à un employé avant de mettre fin à son emploi. Cette disposition s'applique à tous les employés autres que les cadres supérieurs.
89. Dans *Bulkens c. La Municipalité d'Oka*, [1966] R.D.T. 316 (C.S.), un officier de police avait droit à un préavis de trois mois en vertu de son contrat d'emploi.

n'impose quelque exigence particulière. Cependant, dans le cas d'un avis verbal, la preuve quant à son existence et à sa date pourra être plus difficile à faire. Un préavis doit, en tout temps, exprimer claire-ment l'intention de l'employeur de mettre fin à la relation d'emploi à une date fixe et de façon définitive[90].

D.   Congédiement déguisé

Lorsqu'un employeur modifie unilatéralement et sans avertis-sement une condition fondamentale du travail de l'employé, on parle de congédiement déguisé. Si l'employé n'accepte pas le changement et décide de démissionner, il sera considéré comme un employé qui a été congédié[91]. La responsabilité de l'employeur sera retenue si aucune cause ne justifie le congédiement ou s'il omet de donner un préavis quant à la modification apportée aux conditions de travail, et l'employé aura alors droit à la rémunération qu'il aurait perçue pendant la période de préavis raisonnable.

Le congédiement déguisé est aujourd'hui un principe de droit bien établi. Au Québec, ce concept, reconnu pour la première fois en 1916 dans l'affaire *Montreal Public Service Co. c. Champagne*[92], a été fréquemment réaffirmé depuis.

Les tribunaux accordent généralement à l'employeur un certain degré de flexibilité dans la modification des modalités du contrat d'emploi. Cette situation découle du fait que les relations d'emploi, comme il en est de toute autre relation humaine, loin d'être stagnan-tes, sont plutôt en constante évolution. Par ailleurs, l'employeur doit avoir une certaine liberté d'action pour lui permettre de refléter les changements dans la nature de l'entreprise, de s'y adapter et de la restructurer en conséquence.

Toutefois, la liberté de l'employeur n'est pas illimitée, surtout lorsque des modifications affectent les conditions fondamentales d'une relation d'emploi.

Cependant, les règlements municipaux stipulaient que le licenciement d'un employé municipal devait émaner d'une résolution qui, par la suite, devait être transmise à l'employé. Le tribunal décida que le préavis de trois mois octroyé à l'employé avant son licenciement n'était pas valide puisqu'aucune résolution n'avait été adoptée. Voir aussi à cet effet *Dupuis c. Centre hospitalier Georges-Frédéric*, D.T.E. 90T-868 (C.A.).

90. *Thibault c. Cie d'Autobus de l'Abitibi Ltée*, [1952] R.L. 371.
91. *Roy c. Caisse Populaire de Thetford Mines*, [1991] R.J.Q. 2693 (C.S.).
92. (1917) 33 D.L.R. 49.

Les éléments fondamentaux d'un contrat d'emploi varient d'une situation à une autre et sont, par conséquent, une question de faits. Une analyse individuelle est nécessaire pour déterminer les conditions d'emploi fondamentales et le type de modifications qui affectent l'employé au point d'être considérées comme un bris de contrat. L'employé a le fardeau de prouver que les modifications imposées par l'employeur violent les éléments essentiels de son contrat d'emploi.

Une preuve objective de la modification fondamentale des modalités du contrat d'emploi s'avère nécessaire. La perception qu'a l'employé de la conduite de l'employeur n'est pas suffisante à elle seule pour démontrer que l'employeur a violé les termes du contrat[93].

Ainsi, en comparant les conditions initiales aux nouvelles conditions imposées, les tribunaux seront en mesure de qualifier et d'évaluer la nature ou l'étendue des modifications apportées au contrat.

La Cour d'appel, dans l'affaire *Owens Illinois Canada Inc.* c. *Boivin*[94], exposa les hypothèses suivantes:

«Pour que le présent cas soit qualifié de congédiement déguisé, on doit pouvoir conclure que les appelants [l'employeur] ont créé des circonstances ne laissant d'autre choix à l'intimé [l'employé] que de refuser d'exécuter le travail. Autrement, on doit pouvoir conclure que le travail proposé implique une telle disparité aux niveaux du statut, des avantages, des tâches et des modalités, qu'il présente alors substantiellement de nouvelles conditions d'emploi.» (p. 9)
(traduction libre)

Dans cette affaire, Boivin avait été embauché en 1978 à titre de vendeur au Canada. En 1981, suite à l'invitation de la compagnie mère, il fut transféré à Toledo, en Ohio, et promu au nouveau poste de directeur des exportations. Son travail l'amenait à effectuer de fréquents déplacements. La preuve démontrait que Boivin passait environ 75% de son temps de travail à l'extérieur de Toledo. L'Amérique du Sud, l'Extrême-Orient et l'Europe étaient ses destinations. En juillet 1983, on informa Boivin que les affaires ne permettaient plus

---

93. *Barrett* c. *Sutherland Motors Ltd.*, (1989) 28 C.C.E.L. 239 (N.B.Q.B.); *Saint John Shipbuiling Ltd.* c. *Snyders* (13 septembre 1989), 49/89/CA (N.B.C.A.).
94. J.E. 89-26 (C.A.). Voir aussi *Gravino* c. *Gulf Canada Ltée*, D.T.E. 91T-1059 (C.S.); *Bélair* c. *Communications Radio Mutuelle Inc.*, D.T.E. 88T-268 (C.S.).

à la compagnie de maintenir son poste de directeur des exportations. Il se vit alors offrir un travail d'une durée minimale de six mois auprès d'une filiale en Angleterre, au même salaire et avec les frais de déménagement payés par l'employeur. Cet emploi étant le seul disponible dans la compagnie à l'époque, les parties s'étaient entendues sur le fait que M. Boivin se verrait garantir, s'il acceptait le poste en Angleterre, un emploi stable à son retour. Il avait également été mentionné que si M. Boivin refusait cette offre, il serait alors considéré comme ayant démissionné. Au début, M. Boivin déclina l'offre. Un peu plus tard, il reconsidéra sa décision, mais, entre temps, un autre candidat avait été sélectionné et le poste n'était, par conséquent, plus disponible.

La Cour décida que les exigences de travail imposées à un vendeur en pleine ascension au niveau des opérations internationales d'une compagnie manufacturière temporairement en dépression, comprenaient certainement le genre de fonction qui avait été offerte à M. Boivin. Le travail proposé par l'employeur ne différait que légèrement des exigences relatives aux voyages d'affaires que M. Boivin avait auparavant acceptées. Le tribunal conclut que M. Boivin, peut-être mal informé, n'en avait pas moins mis fin unilatéralement à son contrat d'emploi en refusant l'offre raisonnable de son employeur[95].

Plus récemment, la Cour d'appel fit encore une fois face à des allégations de congédiement déguisé[96]. Cette fois, le tribunal souleva la question suivante:

«En réalité la question qu'on doit se poser est celle-ci: le contrat d'emploi entre l'intimée et l'appelante comportait-il de façon implicite le droit pour l'intimée de muter l'appelante à l'intérieur du service des ventes pourvu que la mutation n'emportât pas une réduction de salaire et pourvu que le nouveau poste fût comparable en importance avec le premier. Posée autrement, la question pourrait être en application du contrat qu'elle avait avec l'intimée, l'appelante, une fois qu'elle eût obtenu son poste d'adjointe du directeur des ventes, avait-elle acquis le droit de refuser d'accomplir une autre tâche comparable, pour le même salaire, même si, pour l'appelante, cette autre tâche lui paraissait moins captivante.» (p. 7)

---

95. Voir également *Lever* c. *Bic Sport Canada Inc.*, non rapportée, C.S. 500-05-000417-877, 10 octobre 1989.
96. *Charbonnier* c. *Air Canada Touram*, D.T.E. 90T-407 (C.A.).

Charbonnier avait été engagée en 1982 à titre de coordonnatrice des vols et des ventes. Peu de temps après, elle fut promue, pour le même salaire, au poste d'assistante administrative du directeur des ventes. Suite à l'embauche d'un nouveau directeur des ventes et à des restrictions budgétaires, on décida d'abolir le poste de Charbonnier. Elle se vit alors offrir temporairement, au même salaire, un poste de coordonnatrice au service des réservations. Elle refusa et fut congédiée.

La Cour d'appel conclut que Charbonnier, qui avait été engagée pour travailler dans le département des ventes, n'avait pas démontré, en acceptant le poste d'assistante administrative, qu'elle avait le droit de refuser tout transfert à un autre poste, même comparable. La Cour ajouta que l'employeur n'avait pas agi de mauvaise foi lorsqu'il avait aboli le poste d'assistante administrative et qu'il avait offert un emploi analogue.

Bien que certains tribunaux prennent en considération l'intention de l'employeur quant aux modifications unilatérales ainsi que la mauvaise foi ou la malice, nous ne croyons pas qu'un congédiement déguisé nécessite la preuve d'un certain état d'esprit ou d'une mauvaise intention. En effet, toute décision administrative ou conduite unilatérale de la direction (même de bonne foi ou dans une saine administration) menant à un changement fondamental dans les conditions d'emploi de l'employé équivaut à un congédiement[97].

Naturellement, si les parties se sont entendues expressément ou implicitement sur des modifications ultérieures au contrat d'emploi, même relatives à un élément essentiel du contrat, l'employé ne pourra alors alléguer qu'il a été victime d'un congédiement déguisé. Par conséquent, il est crucial que l'employé réagisse rapidement lorsqu'il constate que des modifications unilatérales sont apportées à ses conditions de travail, à condition bien sûr qu'il s'y objecte. Autrement, on pourra considérer que l'employé a implicitement accepté les nouvelles conditions[98].

---

97. *Roy c. Caisse Populaire de Thetford Mines*, [1991] R.J.Q. 2693 (C.S.); D.T.E. 91T-1133 (C.S.); *Courchesne c. Restaurant et Charcuterie Ben's*, J.E. 90-236 (C.A.); *Chouinard c. Groupe Commerce, Cie d'Assurances*, D.T.E. 90T-528 (C.S.).
98. *Roy c. Caisse Populaire de Thetford Mines*, [1991] R.J.Q. 2693 (C.S.); *Gilbert c. Hôpital général de Lachine*, D.T.E. 89T-666 (C.S.). Voir également *Hrycyk c. Ayerst McKenna*, non rapportée, C.S.M. 500-05-011282-884, 21 juin 1990.

Les tribunaux ont traditionnellement reconnu qu'une réduction unilatérale de salaire, le défaut de payer les commissions dues ou de fournir des avances auxquelles a droit l'employé constituaient un congédiement déguisé[99]. On pourra également conclure à un congédiement déguisé lorsque l'employeur modifie les composantes ou l'importance relative des composantes de la rémunération de l'employé (salaire de base, commissions, bonis, etc.) et ce, même si l'employeur allègue que le niveau d'indemnisation reste le même[100].

Dans *Islip* c. *North Mount Food Services Ltd.*[101], la terminaison d'un programme de participation aux bénéfices n'a pas constitué un congédiement déguisé. Le demandeur avait été engagé par la compagnie défenderesse en 1981. Le contrat d'emploi prévoyait que l'employé recevrait chaque année un boni calculé sur la base d'une participation aux profits. En 1982 et 1983, le demandeur reçut un boni de 25 000$, montant considérablement supérieur à celui auquel il avait droit en vertu du programme de participation aux bénéfices. En 1984, la compagnie défenderesse connut un rendement plutôt stagnant et imposa certains changements, dont la fin du programme de participation aux profits. Le demandeur reçut une somme de 3 000$, représentant une gratification volontaire de la part de l'employeur. On lui demanda également d'occuper un bureau plus petit et de fournir à la défenderesse des rapports détaillés de ses activités. La Cour décida que, même si l'annulation du programme de participation aux bénéfices pouvait constituer une violation des modalités du contrat d'emploi, les 3 000$ payés au demandeur représentaient toutefois un montant plus élevé que celui auquel il aurait eu droit en vertu du programme de participation aux bénéfices, soit 2 800$. Pour cette raison, le tribunal jugea que la fin du programme de participation aux profits ne constituait pas un congédiement déguisé du demandeur.

---

99.   *Nolan* c. *Rémi Carrier Inc.*, D.T.E. 86T-370 (C.A.); *Chouinard* c. *Groupe Commerce*, D.T.E. 90T-528 (C.S.); *Nyveen* c. *Russell Food Equipment Ltd.*, D.T.E. 88T-294 (C.S.); *Boyd* c. *Whistler Mountains Ski Corp.*, [1990] B.C.J. no 821, non rapportée (B.C.S.C.).

100. *Nyveen* c. *Russel Food Equipment Ltd.*, D.T.E. 88T-294 (C.S.); *Farber* c. *Royal Trust Co.*, non rapportée, C.S. 500-05-004698-856, 11 août 1989 (en appel). Mais voir *George* c. *Morden and Helwig Ltd.*, (1988) 20 C.C.E.L. 29 (Ont. S.C.), où une action, alléguant un congédiement au motif que la compagnie-employeur avait changé le mode de paiement du demandeur de salaire de base plus bonis à celui de commissions, avait été accueillie en partie. Toutefois, les allégations du demandeur quant au congédiement déguisé ont été rejetées sur la base que, selon la preuve, l'entente proposée était financièrement plus avantageuse pour le demandeur. En se considérant congédié de façon déguisée, le demandeur avait agi prématurément.

101. (1988) 20 C.C.E.L. 250 (B.C.C.A.).

Dans *Lavigne* c. *Sidbec-Dosco Inc.*[102], le tribunal conclut que la perte d'une augmentation de salaire anticipée, combinée à d'autres facteurs, constituait un congédiement déguisé.

De nos jours, les tribunaux paraissent plus enclins à examiner l'importance de la réduction ou de la modification de la rémunération d'une personne pour décider si une telle réduction ou modification est fondamentale. Cette approche paraît plus rationnelle que de conclure à un congédiement déguisé toutes les fois qu'une réduction ou une modification au contrat d'emploi a lieu.

En effet, certains tribunaux ont spécifiquement reconnu qu'une réduction ou une modification relativement mineure d'une rémunération pour services rendus peut, dans certaines circonstances, ne pas être suffisante pour constituer un congédiement déguisé[103].

Dans *Poole* c. *Tomenson Saunders Whitehead Ltd.*[104], le demandeur avait accepté un poste de cadre supérieur chez la compagnie défenderesse. Sa rémunération comprenait un salaire ainsi qu'un boni équivalant à pas moins de 15% de son salaire, évalué en fonction de la qualité de son rendement. Vers la fin de l'année 1981, la compagnie défenderesse éprouva de sérieuses difficultés financières et entreprit un réorganisation au niveau de la haute direction. Ces difficultés entraînèrent le gel du salaire du demandeur ainsi qu'une réduction de son boni. La Cour décida que le refus de verser le boni dans son entier ne constituait pas un bris fondamental du contrat puisque la différence en salaire représentait une somme de 4 500$ sur un montant total de 100 000$.

Toutefois, la jurisprudence a indiqué que l'élimination de certains avantages sociaux, tels que prime d'éloignement ou utilisation d'un véhicule de la compagnie lorsque de tels avantages représentent une valeur significative pour l'employé, peut constituer un congédiement déguisé[105].

---

102. D.T.E. 85T-4 (C.S.), confirmée en appel C.A. 500-09-001556-844.
103. *Purdy* c. *Vancouver Island Helicopters Limited (1988)*, non rapportée, W.D.P.M. 747-034-3 (B.C.S.C.); *Pullen* c. *John* c. *Preston Ltd.*, (1985) 7 C.C.E.L. 91 (Ont. S.C.).
104. (1987) 18 C.C.E.L. 238 (B.C.C.A.).
105. *Allison* c. *Amoco Production Company*, (1975) 5 W.W.R. 501 (Alb. S.C.); *Gagnon* c. *Thetford Transport Ltd.*, D.T.E. 87T-935 (C.S.); *Nerada* c. *Hobart Canada Inc.*, (1983) 22 B.L.R. 17 (B.C.S.C.); *Brown* c. *OK Builders Suppliers Ltd.*, (1985) 11 C.C.E.L. 243 (B.C.S.C.); *Schwann* c. *Husky Oil Operations Ltd.*, (1989) 27

Dans l'affaire *Vassolo* c. *Crosby Enterprises Ltd.*[106], la réduction du territoire d'un vendeur à commissions fut considérée comme un congédiement déguisé puisque l'employeur avait ainsi réduit les chances de l'employé de toucher des commissions.

Une rétrogradation ou autre forme unilatérale de diminution ou de changement dans les tâches et responsabilités d'un employé peut constituer un congédiement déguisé[107]. Bien que toute modification ne constitue pas forcément un congédiement déguisé, l'employeur n'a pas le droit de modifier les modalités de l'emploi de sorte qu'elles ne représentent plus celles auxquelles l'employé avait donné son accord[108].

Le fait qu'un employé soit rétrogradé d'un poste auquel il venait tout juste d'être promu peut ne pas constituer un congédiement déguisé. Au moins un tribunal a déjà précisé que, au moment où une promotion est accordée à l'intérieur d'une entreprise et qu'aucune entente préalable à l'effet contraire n'a eu lieu, les parties sont réputées avoir implicitement convenu que, si l'employé promu n'exécute pas ses nouvelles tâches de façon adéquate, l'employeur peut, dans un délai raisonnable, réaffecter l'employé à un poste semblable à celui qu'il occupait[109]. En d'autres mots, une période d'essai raisonnable, dans le cas d'une promotion, peut représenter une condition implicite au contrat d'emploi.

C.C.E.L. 103 (Sask. C.A.). Voir également *Bell* c. *Trail-Mate Products of Canada Ltd.*, (1986) 15 C.C.E.L. 39 (Ont. Dist. Ct).

Dans *Ager* c. *Motorola Canada Ltd.*, (1989) 89 C.L.L.C. 14,042 (B.C.S.C.) et *Farquhar* c. *Butler Bros. Supplies Ltd.*, (1988) 3 W.W.R. 347 (B.C.C.A.), le fait de ne plus fournir une voiture de compagnie ainsi que l'élimination d'autres bénéfices ne représentaient qu'une partie de toutes les réductions apportées à la rémunération totale de l'employé (incluant des réductions majeures au niveau du salaire), ce qui constitua un congédiement déguisé.

106.   (1981) 9 A.C.W.S. (2e) 335.
107.   Là où les tribunaux ont conclu être en présence d'un congédiement déguisé: *Courchesne* c. *Restaurants & Charcuterie Bens Inc.*, J.E. 90-236 (C.A.); *Baker* c. *Burns Food Ltd.*, (1977) 74 D.L.R. 762 (C.A.); *Chouinard* c. *Groupe Commerce*, D.T.E. 90T-528 (C.S.); *Désormeaux* c. *Banque de Montréal*, D.T.E. 87T-210 (C.S.). Là où ils ont conclu ne pas être en présence d'un congédiement déguisé: *Castagna* c. *Design Hydraulics Inc.*, D.T.E. 88T-1006 (C.S.); *Farber* c. *Royal Trust Co.*, non rapportée, C.S. 500-05-004698-856, 11 août 1989; *Vegiard* c. *LLC*, non rapportée, C.S. 500-05-005311-863, 14 septembre 1988.
108.   Voir *Désormeaux* c. *Banque de Montréal*, D.T.E. 87T-210 (C.S.), où il fut décidé que la tentative de l'employeur de faire accepter à son employé une rétrogradation ou une réduction de salaire équivalait à un congédiement déguisé.
109.   *Misfud* c. *MacMillan Bathurst Inc.*, (1990) 28 C.C.E.L. 228 (Ont. C.A.).

Comme nous l'avons déjà mentionné dans un chapitre précédent, les fonctions de l'employé ne sont jamais totalement définies. On doit accorder une liberté raisonnable à l'employeur pour modifier les fonctions d'un employé, davantage encore si la survie financière de la compagnie en dépend et si aucun changement au niveau de l'autorité n'est affecté[110]. Par ailleurs, des tribunaux ont soutenu que certains employés acceptaient, expressément ou implicitement, l'assignation à de nouvelles fonctions à la discrétion de l'employeur[111], soit lorsque la coutume est établie à l'intérieur de l'entreprise, que celle-ci fusionne avec une autre compagnie, ou que l'employeur connaît des difficultés financières[112].

Négliger d'accorder une promotion n'équivaut pas à une rétrogradation et ne peut constituer un congédiement déguisé[113].

Un employé qui démissionne plutôt que d'accepter une rétrogradation ou un transfert peut se voir refuser l'allégation d'un congédiement déguisé si l'employeur n'a exercé aucune pression sur lui. Dans *Marleau* c. *Overnite Express (1980) Inc.*[114], le président demanda à Marleau d'envisager un transfert dans une autre division de la compagnie. Suite à cette conversation, Marleau cessa de se présenter au travail. La Cour d'appel souligna l'importance de ne pas confondre un ordre de transfert et une proposition de transfert. En l'occurrence, le tribunal conclut que Marleau n'avait pas été victime d'un congédiement déguisé.

Dans *Trottier* c. *Pierre Campeau Ltée*[115], l'employeur avait, sans aucune explication, retiré à l'employée la plupart de ses fonctions, lui avait attribué un bureau plus petit et avait diminué son salaire d'une cinquantaine de dollars par semaine. La Cour décida que l'ensemble de ces faits avait amené l'employée à remettre sa démission.

---

110. *Farber* c. *Royal Trust*, non rapporté, C.S.M. 500-05-004698-856, 11 août 1989 (en appel); *Tétrault* c. *Burns Fry Ltd.*, non rapportée, C.S. 500-05-011640-784, 9 mars 1981.
111. *Charbonnier* c. *Air Canada*, D.T.E. 90T-407 (C.A.); *Ruel* c. *Banque Provinciale du Canada*, [1971] C.A. 343.
112. *Guilbeault* c. *Centre d'Intégration Socio-Professionel de Laval*, (1989) 30 C.C.E.L. 149 (C.A.).
113. *Gravino* c. *Gulf Canada Ltée*, D.T.E. 91T-1059 (C.S.).
114. D.T.E. 87T-754 (C.A.).
115. D.T.E. 85T-229 (T.A.).

L'Honorable juge Ryan, dans l'affaire *Tétrault* c. *Burns Fry Ltd.*[116], s'est posé la question suivante:

«[...] Le défendeur (l'employeur) a-t-il agi délibérément de façon à, directement ou indirectement, forcer ou amener le demandeur à quitter son emploi? A-t-il tenté de lui offrir des conditions qu'un homme raisonnable, placé dans les mêmes circonstances eu égard à ses antécédents et à ses années d'ancienneté, ne pouvait accepter?» (p. 18)
(traduction libre)

Dans cette affaire, le tribunal examina le droit indéniable de la direction de prendre et d'appliquer des décisions dans le meilleur intérêt de la compagnie en autant, bien sûr, que les droits des employés ne soient pas, de façon imprudente ou illégale, bafoués, invalidés ou simplement ignorés. La Cour conclut que la décision initiale de l'employeur de réorganiser, d'affermir et de développer ses opérations à Montréal n'avait pas été axée sur un motif ultérieurement dirigé contre l'employé. Tétrault avait appuyé la décision de son employeur de réorganiser les opérations et, en principe, il était d'accord pour y participer de concert avec la direction, à la condition que ses fonctions n'en soient pas affectées. Le fait que les parties furent incapables d'en arriver à une entente et que l'employé ait démissionné ne furent toutefois pas considérés par la Cour comme un congédiement déguisé, puisque l'employé avait mis fin lui-même à la relation d'emploi. La Cour supérieure, dans *Bélair* c. *Communications Radiomutuel*[117], décida que le pouvoir discrétionnaire de l'employeur lui permettait de transférer l'animateur d'une émission radiophonique du matin à une autre couvrant l'heure de pointe en après-midi. Cette décision n'était ni déraisonnable ni malicieuse à l'égard de l'employé et elle ne pouvait ainsi constituer un congédiement déguisé. Dans une autre affaire, la Cour jugea aussi que le transfert latéral d'un cadre supérieur à un poste impliquant de nouvelles fonctions et de nouvelles responsabilités n'excédait pas les limites du pouvoir de gestion de l'employeur, pourvu qu'un tel transfert ne réduise en aucune façon le salaire ou le statut de l'employé[118].

La conduite d'un employeur qui a pour effet de restreindre ou de neutraliser l'autorité que détient l'employé peut également constituer un congédiement déguisé. Dans *Zocchi* c. *Wang Canada Ltée*[119],

---

116. Non rapportée, C.S. 500-05-011640-784, 9 mars 1981.
117. D.T.E. 88T-268 (C.S.).
118. *Gravino* c. *Gulf Canada Ltée*, D.T.E. 91T-1059 (C.S.).
119. D.T.E. 87T-646 (C.S.).

le tribunal jugea qu'une directrice de succursale avait été congédiée de façon déguisée lorsque la compagnie avait modifié unilatéralement les objectifs qu'elle devait rencontrer. De surcroît, après l'avoir mise en probation, la compagnie avisa certains des employés qui se rapportaient à elle qu'ils relèveraient désormais d'un nouveau directeur. Dans *Reilly* c. *Hotels of Distinction (Canada) Inc., Hôtel Le Grand/Grand Hôtel*[120], l'employeur informa Reilly, alors directrice des ventes, qu'elle devait renoncer à son bureau, à l'utilisation du véhicule de la compagnie ainsi qu'à une partie de ses responsabilités pour le bénéfice de son supérieur immédiat nouvellement engagé. La Cour décida qu'elle avait été congédiée de façon déguisée puisque l'employeur avait modifié la structure hiérarchique et qu'il l'avait rétrogradée. Dans *Johnson, Drake and Piper* c. *Robert*[121], le médecin de la compagnie démissionna après avoir été avisé qu'il allait devenir l'assistant de celui qui, jusqu'alors, avait été son propre assistant. Le tribunal jugea que l'employeur avait pris ces mesures dans l'intention de mettre fin à la relation d'emploi puisqu'il savait pertinemment que son employé n'accepterait jamais de travailler dans de telles circonstances. Le médecin fut donc éligible à des dommages pour congédiement injustifié.

Finalement, permettre qu'un environnement hostile se développe au point de rendre un employé incapable de continuer à y travailler peut aussi constituer un congédiement déguisé[122].

Pour des raisons évidentes, on peut difficilement énumérer ici toutes les circonstances qui pourraient amener un tribunal à conclure à un congédiement déguisé.

Ce qui précède ne constitue que quelques exemples de modifications apportées à des conditions d'emploi qui pourraient être qualifiées de congédiement déguisé. Les chapitres 7, 8 et 9 apportent aussi d'autres exemples à cet effet.

---

120. D.T.E. 87T-645 (C.S.).
121. [1958] B.R. 378.
122. *Roy* c. *Caisse Populaire de Thetford Mines*, [1991] R.J.Q. 2693 (C.S.).

CHAPITRE 13

RECOURS À L'ENCONTRE DU DÉFAUT DE L'UNE DES PARTIES DE REMPLIR SES OBLIGATIONS

Quels sont les recours possibles pour l'employé lorsque son employeur ne respecte pas ses obligations contractuelles? Quels sont ceux de l'employeur lorsque l'employé manque à ses obligations? Il en existe une variété. Par exemple, certaines situations peuvent justifier une réclamation pour dommages contractuels suite à un congédiement ou une démission illégale ou encore, pour dommages délictuels. Dans certains cas, l'injonction pourrait s'avérer le remède approprié. Dans les prochains chapitres[1], nous étudierons les recours les plus fréquemment utilisés suite au défaut de l'une des parties de remplir ses obligations. Quant au présent chapitre, celui-ci traitera brièvement de l'origine de tels recours ainsi que les questions qui s'y rattachent.

A.   Responsabilité contractuelle

Puisque les droits et obligations résultant de la relation d'emploi sont assujettis aux règles générales des contrats (art. 1670 C.c.), les recours à l'encontre du défaut par l'une ou l'autre des parties de remplir ses obligations prennent leur source à l'article 1065 C.c.:

«Toute obligation rend le débiteur passible de dommages en cas de contravention de sa part; dans les cas qui le permettent, le créancier peut aussi demander l'exécution de l'obligation même, et l'autorisation de la faire exécuter aux dépens du débiteur, ou la résolution du contrat d'où naît l'obligation; sauf les exceptions contenues dans ce Code et sans préjudice à son recours pour les dommages-intérêts dans tous les cas.»

---

1. Chapitres 14 à 17.

En raison de la nature personnelle du contrat d'emploi, les tribunaux ont traditionnellement considéré que les règles prévues au Code civil ne permettent pas à l'employé ou à l'employeur brimé d'obtenir une ordonnance de réintégration[2]. Par conséquent, l'employé ou l'employeur ne pourra obtenir qu'une compensation monétaire pour les dommages subis en raison du bris de contrat.

Toutefois, au fil des ans, le législateur a adopté plusieurs lois permettant à un employé de demander à être réintégré dans ses fonctions. Par exemple, un employé congédié en raison de l'exercice d'un droit protégé par le Code du travail[3] peut demander une réintégration[4]. Le Code stipule, entre autres droits, que tout employé a le droit de faire partie de l'association des employés de son choix[5].

La réintégration est également possible en vertu de la *Loi sur les normes du travail*[6]. Les articles 124 et suivants permettent à un commissaire du travail d'ordonner la réintégration d'un employé congédié sans «cause juste et suffisante». Ce recours est disponible aux employés (à l'exception des cadres supérieurs) ayant accumulé plus de trois ans de service ininterrompu auprès de la même entreprise. En vertu des articles 240 et suivants du *Code canadien du travail*[7], ce même recours s'applique aux employés (à l'exception des cadres) ayant accumulé au moins douze mois consécutifs de service chez un même employeur.

Les articles 122 et suivants de la *Loi sur les normes du travail* donnent également ouverture à une demande de réintégration lorsqu'un employé a été congédié pour l'un ou l'autre des motifs suivants: à cause de l'exercice d'un droit prévu par la Loi; pour avoir fourni des renseignements à la Commission sur l'application des normes du travail; pour la raison qu'une saisie-arrêt a été pratiquée à son endroit; pour la raison qu'une salariée est enceinte; parce que l'employeur a tenté d'éluder l'application de la loi; pour avoir refusé

---

2. *Dupré Quarries Ltd.* c. *Dupré*, [1934] R.C.S. 528. Voir aussi *Boisjoly* c. *Centre d'accueil Domrémy-Montréal*, D.T.E. 86T-132 (C.S.); *Renda* c. *Lachine*, J.E. 83-368 (C.S.); *Laferrière* c. *Larry Faust Realties*, [1971] C.S. 203; *Capco Shoe Co.* c. *Chartré*, [1965] B.R. 836 (C.A.); *Ville de Jacques Cartier* c. *Tanguay*, [1963] B.R. 852 (C.A.); *Martel* c. *Commissaires d'Écoles de Wendover*, [1961] C.S. 491; *Seafarer's International Union of North America* c. *Stern*, [1961] R.C.S. 682; *Rozon* c. *Ville de Pointe-Claire*, [1966] R.D.T. 421 (C.S.); *Marcoux* c. *Association de paralysie cérébrale du Québec Inc.*, D.T.E. 87T-211 (C.Q.).
3. L.R.Q., c. C-27.
4. *Id.*, article 15.
5. *Id.*, article 3.
6. L.R.Q., c. N-1.1.
7. L.R.C. 1985, c. L-2.

d'effectuer du travail supplémentaire pour des raisons liées à la garde, à la santé ou à l'éducation d'un enfant mineur; pour avoir atteint ou dépassé l'âge de la retraite; pour avoir été absent en raison d'un accident ou d'une maladie durant une période d'au plus 17 semaines au cours des 12 derniers mois.

Un employé congédié en contravention avec la *Loi sur la santé et la sécurité du travail*[8], la *Loi sur les accidents du travail et les maladies professionnelles*[9], la *Charte des droits et libertés de la personne*[10] ou la *Charte de la langue française*[11] peut demander une ordonnance de réintégration. Il en est de même pour un employé transféré, suspendu ou congédié pour le motif qu'il a agi comme juré, qu'il a été assigné comme témoin ou qu'il a utilisé un congé électoral[12].

Étant donné l'existence d'un nombre important de lois permettant aujourd'hui d'obtenir une ordonnance de réintégration, le principe à l'effet que celle-ci ne constitue pas, en vertu du Code civil, un recours pour l'employé victime d'un congédiement illégal, a récemment été remis en question par Monsieur le juge Vallerand de la Cour d'appel dans *Rock Forest (Ville de) c. Gosselin*[13]. Suivant l'opinion du Juge Vallerand, le Juge Greenberg de la Cour supérieure, dans *Boivin c. Orchestre symphonique de Laval Inc.*[14], a accordé, dans une décision préliminaire, une injonction provisoire forçant la réintégration d'un chef d'orchestre jusqu'à ce que l'injonction interlocutoire soit entendue. En effet, l'employeur avait congédié le chef d'orchestre en résiliant son contrat d'emploi, et les inconvénients les plus lourds revenaient à l'employé.

Dans certains cas, les parties peuvent rechercher un redressement sous la forme d'un jugement déclaratoire. Le but d'une telle procédure vise à faire reconnaître l'existence d'un droit. Par exemple, dans *Cheyne c. Hôpital Général de Montréal*[15], l'employée demanda à la Cour de déclarer qu'elle avait le droit de continuer à recevoir ses prestations d'assurance-salaire même si elle avait été licenciée[16].

---

8. L.R.Q., c. S-2.1.
9. L.R.Q., c. A-3.001.
10. L.R.Q., c. C-12.
11. L.R.Q., c. C-11.
12. *Loi sur les jurés*, L.R.Q., c. J-2, art. 47; *Loi sur les tribunaux judiciaires*, L.R.Q., c. T-16, art. 5.2; *Loi électorale*, L.R.Q., c. E-3.2, art. 179 à 183.
13. [1991] R.J.Q. 1000.
14. D.T.E. 92T-822 (C.S.).
15. J.E. 84-757 (C.S.).
16. Voir aussi les décisions *Mireault c. P.G. Québec*, D.T.E. 86T-520 (C.S.); *St-Pierre c. Hôtel Dieu de Roberval*, D.T.E. 86T-373 (C.S.).

De toute évidence, un employé peut en tout temps faire appel au tribunal pour forcer l'employeur à payer la rémunération qui lui est due en vertu du contrat d'emploi, en autant que l'employé se soit lui-même acquitté de ses propres obligations[17].

B. Responsabilité civile

L'article 1053 C.c. énonce la règle qui détermine la responsabilité civile et les dommages de nature délictuelle:

«Toute personne capable de discerner le bien du mal, est responsable du dommage causé par sa faute à autrui, soit par son fait, soit par imprudence, négligence ou inhabileté.»

Par exemple, un employé qui a subi un préjudice parce que son employeur a mis fin à son emploi de façon malicieuse peut réclamer une compensation. Il aura à démontrer à la satisfaction du tribunal que les agissements de l'employeur lui ont causé un préjudice ou un traumatisme psychologique. Pour une discussion plus élaborée sur la question des dommages moraux, se référer au chapitre 16.

C. Prescription

La prescription détermine le délai à l'intérieur duquel un recours peut être exercé. Une fois le délai expiré, le droit au recours s'éteint.

En vertu de l'article 2242 C.c.[18], le délai de prescription pour une action en dommages-intérêts pour bris de contrat est de 30 ans et ce, même si les dommages de l'employé sont calculés en fonction de ce qu'il aurait gagné pendant le reste du terme ou pendant une période de préavis raisonnable.

Une action en paiement de salaire ou d'avantages sociaux accorde toutefois un délai beaucoup plus court. De façon générale, ce recours doit être intenté dans un délai de cinq ans suivant la date où le salaire ou les avantages deviennent dus.

---

17. *Savoie c. Roy*, D.T.E. 83T-830 (C.A.); *Fortier c. Crèmerie Union Inc.*, [1968] C.S. 573.
18. *Charest c. Société des Loteries et Courses du Québec*, [1984] C.P. 183.

«Art. 2260. L'action se prescrit par cinq ans dans les cas suivants:

6. Pour louage d'ouvrage et prix du travail, soit manuel, professionnel ou intellectuel, et matériaux fournis, sauf les exceptions contenues dans les articles qui suivent.»

Les articles 2261(3) et 2262(3) C.c. prévoient des exceptions applicables à certains types d'employés. Là encore, les périodes de prescription sont plus courtes:

«Art. 2261. L'action se prescrit par deux ans dans les cas suivants:

3. Pour salaires des employés non réputés domestiques et dont l'engagement est pour une année ou plus;»

«Art. 2262. L'action se prescrit par un an dans les cas suivants:

3. Pour gages des domestiques de maison ou de ferme, des commis de marchands et des autres employés dont l'engagement est à la journée, à la semaine, au mois ou pour moins d'une année.»

Cependant, ces exceptions à la règle générale de l'article 2260 C.c. doivent être interprétées de façon restrictive[19].

Les articles 2261 et 2262 C.c. s'appliquent aussi bien au contrat d'emploi à durée fixe qu'au contrat à durée indéterminée[20].

La Cour d'appel du Québec, dans *Cogear Corp. Ltée* c. *Cormier*[21], affirma que la prescription de deux ans prévue à l'article 2261(3) ne s'appliquait que dans les cas de recours intentés par des travailleurs manuels. La prescription de cinq ans, prévue à l'article 2260(6), s'appliquait aux salaires et commissions dus aux administrateurs et aux cadres[22].

---

19. *Longtin* c. *Les Industries Domco Ltée*, [1977] C.A. 517; *Metzger* c. *Howe Equipment of Canada*, [1979] R.P. 122 (C.S.).
20. Voir *Lévesque* c. *J.B. Renaud et Cie Inc.*, [1954] B.R. 22 (C.A.).
21. J.E. 79-107 (C.A.).
22. De même, voir *Bazinet* c. *Radiodiffusion Mutuelle Ltée*, D.T.E. 89T-1081 (C.A.); *Longtin* c. *Industries Domco Ltée*, [1977] C.A. 517; *Metzger* c. *Howe Equipment of Canada*, [1979] R.P. 122 (C.S.).

Dans *Desjardins* c. *Fabrique de la Paroisse de Saint-Gédéon*[23], la Cour provinciale déclara que les avantages sociaux tels que paie de vacances et jours de maladie n'étaient pas inclus dans le terme «salaire» et qu'une réclamation à ce titre n'en était donc pas une pour salaire. En l'occurrence, les courtes prescriptions prévues aux articles 2261 et 2262 C.c. ne pouvaient donc pas s'appliquer. La Cour ne précisa toutefois pas laquelle des prescriptions de cinq ans (2260(6) C.c.) ou de trente ans (2242 C.c.) devait s'appliquer[24].

Par contre, dans *Caron* c. *Asbestos Eastern Transport*[25], la réclamation d'un employé pour sa participation aux profits telle que stipulée dans son contrat d'emploi fut assimilée à une réclamation pour salaire. Par conséquent, le délai de prescription qui s'appliquait dans le cas de sa réclamation pour participation aux profits était le même que pour le salaire [26].

Par ailleurs, la prescription pour un recours intenté en vertu de certaines lois est habituellement plus courte.

D.   Règlement hors cour

Si un employé accepte une somme d'argent en règlement final de toute réclamation pour congédiement illégal, il ne pourra, par la suite, alléguer que le montant était insuffisant et tenter d'obtenir des sommes additionnelles devant un tribunal. À moins que la quittance n'ait été signée sous la contrainte ou dans l'ignorance de ses droits, le tribunal respectera les termes de ce règlement. Dans *Williams* c. *Domfab Ltd.*[27], après trois mois d'emploi, on avisa le directeur des ventes que ses services n'étaient plus requis. Il accepta l'équivalent d'un mois complet de salaire à titre de règlement pour sa terminaison d'emploi. Par la suite, l'employé demanda à la cour d'annuler l'entente et d'ordonner à l'employeur de payer l'équivalent du salaire qu'il aurait gagné pendant la période de préavis raisonnable de congédiement qu'il aurait dû recevoir. Le tribunal décida que, bien que le règlement n'était pas généreux, il n'en avait pas moins été validement accepté par l'employé. Le fait que l'employé traversait une situation financière difficile au moment de l'acceptation du règlement n'était

---

23. J.E. 78-507.
24. Mais voir *Pendleton* c. *Deschênes (1969) Ltée*, D.T.E 88T-591 (C.S.).
25. [1966] C.S. 214.
26. Voir aussi *Amyot* c. *Dorval*, J.E. 84-778 (C.S.); *Brosseau* c. *Automobiles Mailhot*, J.E. 84-1048 (C.Q.).
27. J.E. 83-477 (C.S.).

pas pertinent puisqu'il n'y avait eu aucune preuve de contraintes ou de menaces de la part de l'employeur[28].

L'encaissement d'un chèque comportant la mention «à titre de règlement final» est présumé constituer une acceptation dudit règlement, à moins qu'il n'en soit prouvé autrement[29].

Bien que, à une occasion, la Cour supérieure décida qu'une offre de règlement constituait une admission de responsabilité[30], une décision plus récente en arriva à une conclusion contraire[31].

---

28. *Bibeau c. Centre Local des Services Communautaires du Marigot*, D.T.E. 86T-2 (C.S.).
29. *QIT Fer et Titane Inc. c. Barron*, J.E. 81-1120 (C.P.); *Lemieux c. Puits du Québec Inc.*, J.E. 81-1119 (C.A.).
30. Voir *Dubois c. René Ouimet Ltée*, [1959] C.S. 573.
31. *Jolicoeur c. Lithographie Montréal Ltée*, [1982] C.S. 230, appel rejeté le 15 avril 1987 (C.A.M. 500-09-000314-823).

CHAPITRE 14

DOMMAGES CONTRACTUELS ACCORDÉS SUITE À UN CONGÉDIEMENT INJUSTIFIÉ

Un employé est illégalement congédié lorsque son emploi prend fin sans cause valable et sans préavis approprié. Dans le présent chapitre, nous discuterons de la détermination de la période à l'intérieur de laquelle s'effectuera le calcul des dommages susceptibles d'être accordés à un employé injustement congédié. Nous passerons également en revue les différents chefs de dommages.

A. Détermination de la période du calcul des dommages

La première étape dans l'évaluation du montant des dommages auxquels a droit l'employé victime d'un congédiement illégal est l'établissement de la période qui demande compensation. Ce laps de temps correspond à la période de préavis de fin d'emploi sur laquelle les parties s'étaient préalablement entendues. En l'absence d'une telle entente, cette période dépendra alors de la qualification du contrat d'emploi: contrat à durée fixe ou contrat à durée indéterminée[1].

Lorsqu'un employeur met fin, prématurément et sans raison valable à un contrat d'emploi à durée fixe, l'employé peut réclamer la rémunération et les bénéfices qu'il aurait reçus si la relation s'était

---

1. Dans l'arrêt *Desparois* c. *Pièces de Chariots Élévateurs National Inc.*, D.T.E. 88T-645 (C.S.), le contrat d'emploi d'un contremaître spécifiait qu'il était engagé pour une période d'«au moins deux ans». La Cour décida, sans toutefois qualifier le contrat comme étant à durée fixe ou indéterminée, que l'employé avait droit à une pleine compensation pour le reste des deux années parce qu'il avait été congédié sans cause. Il aurait été intéressant que la Cour discute de la nature de ce contrat. En effet, l'emploi du contremaître se serait-il terminé, de plein droit et sans préavis, à la date du deuxième anniversaire du contrat? Par ailleurs, quelle aurait été la nature du contrat si l'emploi avait excédé une période de deux ans?

poursuivie jusqu'à son terme[2]. L'employé doit toutefois respecter son obligation de minimiser ses dommages[3]. Le chapitre subséquent étudiera cette obligation plus à fond.

Une question intéressante est soulevée lorsqu'un employé est lié à son employeur en vertu d'un contrat à durée fixe prévoyant une clause de renouvellement automatique. Dans ce cas, l'employé peut-il réclamer, en plus de la compensation pour le reste du terme, une compensation équivalant à un nouveau terme? La Cour d'appel a récemment abordé cette question dans la décision *Québec (Procureur général)* c. *Corriveau*[4]. La clause relative à la durée du contrat stipulait:

«Le directeur général est nommé pour une période de quatre ans, à compter du 3 juillet 1978. La nomination du directeur général se renouvellera toujours pour une période de même durée aussi longtemps que le conseil d'Administration n'aura pas signifié au directeur général son intention d'y mettre fin par écrit, au moins 90 jours avant l'expiration du terme en cours .»

La Cour d'appel renversa la décision de la Cour supérieure – qui avait ordonné de verser à l'employé des dommages équivalant à son salaire pour le reste du terme initial de 4 ans et 50% du salaire qu'il aurait touché si son contrat avait été renouvelé – et limita le montant des dommages au seul versement du salaire jusqu'à l'expiration du terme initial. La Cour affirma:

---

2. *Dynacast Limited* c. *Pearson*, [1972] C.A. 399; *Lafayette Glass Company Limited* c. *Laplante*, [1967] B.R. 757 (C.A.); *Occhionero* c. *Roy*, D.T.E. 92T-632 (C.S.); *Laporte* c. *Sofati Ltée*, D.T.E. 90T-228 (C.S.); *Bouffard* c. *Canico Hydraulique Inc.*, D.T.E. 89T-717 (C.S.); *Leinwather* c. *Construction Loriot Inc.*, D.T.E. 88T-572 (C.S.); *Mainville* c. *Brasserie Michel Desjardins*, D.T.E. 88T-292 (C.S.); *Shaw* c. *École E.C.S. Inc.*, D.T.E. 85T-560 (C.S.); *Mailhot* c. *Société de radiodiffusion Audiogramme CKLM*, J.E. 84-1047 (C.S.); *Côté* c. *Cie Nationale de Forage et Sondage Inc.*, D.T.E. 84T-886 (C.S.); *Landry* c. *Radio du Pontiac*, D.T.E. 83T-200 (C.S.); *Savoie* c. *Roy*, J.E. 83-1049 (C.A.); *Desrochers* c. *Centre de Langues Feuilles d'Érables Ltée*, J.E. 80-635 (C.S.), désistement en appel le 25 août 1981; *Palermo* c. *Polysolv Alcohol & Produits Chimiques*, J.E. 79-582 (C.S.); *Duquette* c. *Location de Voitures Compactes (Canada) Ltée*, D.T.E. 90T-343 (C.Q.); *Bourassa* c. *C.S.R. de Chauveau*, D.T.E. 87T-107 (C.Q.); *Tessier* c. *Leduc*, D.T.E. 86T-3 (C.Q.); *Ferland* c. *Cité de Lachute*, J.E. 82-920 (C.Q.). Dans *Cadorette* c. *O.G.I.S. Inc.*, D.T.E. 88T-575 (C.S.), cependant, la Cour accorda au requérant le paiement du salaire jusqu'à la date du jugement, en réservant les recours de l'employé jusqu'à l'expiration de son contrat.
3. *Lafayette Glass Company Ltd.* c. *Laplante*, [1967] B.R. 757 (C.A.).
4. [1989] R.J.Q. 1.

«Le non-renouvellement du contrat peut résulter de l'acte unilatéral de l'une ou l'autre des parties tandis que le renouvellement requiert forcément l'accord exprès ou tacite des volontés. Prévoir ce qu'auraient pu être la situation et l'état des parties si M. Corriveau eut continué son emploi au C.L.S.C. jusqu'à l'été de 1982 suppose, à mon avis, pour le moins, une opération problématique et conjecturale.» (p. 7)

Lorsqu'un employeur met fin sans raison valable à un contrat à durée indéterminée, l'employé a le droit de réclamer la rémunération et les bénéfices qu'il aurait reçus si la relation d'emploi avait été maintenue pendant toute la période de préavis de fin d'emploi[5].

B.   Chefs des dommages contractuels

Dans l'évaluation des dommages accordés à un employé, les tribunaux considèrent tous les salaires et bénéfices qu'il aurait reçus durant la période de compensation (reste du terme ou préavis, selon le cas). En effet, les tribunaux prendront en considération la valeur des avantages sociaux tels que l'utilisation d'une automobile de la compagnie ou les allocations pour utilisation d'un véhicule, les frais d'adhésion à des clubs privés, les primes, la participation aux profits, le régime de retraite, la paie de vacances, les congés de maladie, etc.

L'employé a le fardeau d'établir son droit au salaire et aux autres avantages sociaux de même que la valeur qui leur est attribuée[6]. S'il ne parvient pas à établir la preuve quant à la valeur monétaire d'un bénéfice réclamé, le tribunal n'accordera aucun montant à ce titre. L'employé doit également démontrer que les dommages réclamés résultent directement du défaut de l'employeur de lui avoir remis un préavis ou fourni du travail jusqu'à l'expiration du terme[7].

Bien que les chefs de dommages analysés ci-après ne représentent nullement une liste exhaustive, ils représentent tout de même ceux qui découlent le plus souvent d'un bris de contrat de la part d'un employeur.

---

5. *Choquette* c. *F.O.I.S.I. Forces Immobilières et Stratégies d'Investissement Inc.*, D.T.E. 91T-1187 (C.S.); *Barth* c. *B. & Z. Consultants Inc.*, [1989] R.J.Q. 2837 (C.S.).
6. *Pelletier* c. *Coopérative fédérée de Québec*, D.T.E. 92T-1350 (C.S.); *Jolicoeur* c. *Lithographie Montréal Ltée*, [1982] C.S. 232.
7. *Auberge Le Martinet* c. *Arial*, [1972] C.A. 704.

1. *Le salaire*

Une partie des dommages accordés à un employé victime d'un congédiement illégal est constituée par le salaire qu'il aurait dû percevoir pendant la période de compensation. Ainsi, lorsqu'un employé a droit à un préavis de congédiement d'un an, il peut réclamer le salaire qu'il aurait reçu pendant toute cette période.

2. *L'augmentation de salaire*

L'interprétation du contrat d'emploi ou la pratique établie chez l'employeur déterminera si un employé injustement congédié a droit à une augmentation de salaire. En général, en l'absence d'une politique de la compagnie ou d'une convention écrite[8], ou encore, là où les augmentations sont discrétionnaires plutôt qu'automatiques[9], les tribunaux rejetteront une telle réclamation.

3. *Les commissions*

Il peut être particulièrement difficile d'évaluer le salaire d'un employé lorsque celui-ci est partiellement ou entièrement rémunéré à la commission. Le plus souvent, les tribunaux tenteront, en effectuant des projections, d'évaluer le montant des commissions qui auraient été gagnées durant la période sur laquelle porte la réclamation[10].

Les commissions perçues antérieurement constituent souvent une bonne approximation de ce que l'employé aurait gagné n'eût été du congédiement[11]. Toutefois, les dommages seront réduits en conséquence si la preuve d'une diminution des ventes, de la santé fragile

---

8.   *Lachapelle* c. *La Bourse de Montréal*, pas encore rapporté, C.S.M. 500-05-003554-902, 28 janvier 1992; *Chouinard* c. *Groupe Commerce, Cie d'Assurances*, D.T.E. 90T-528 (C.S.); *Steinberg* c. *Lecompte*, [1985] C.A. 223; *Mainville* c. *Brasserie Michel Desjardins Ltée*, D.T.E. 88T-292 (C.S.).

9.   Les augmentations de salaire automatiques pourront être accordées à titre de dommages puisque les tribunaux ne les considèrent pas comme une récompense ou une gratification accordée au mérite: *Langlois* c. *Farr Inc.*, [1988] R.J.Q. 2682 (C.A.). Voir aussi *Pelletier* c. *Coopérative fédérée de Québec*, D.T.E. 92T-1350 (C.S.).

10. *Barth* c. *B. & Z. Consultants Inc.*, [1989] R.J.Q. 2837 (C.S.).

11. *Nyveen* c. *Russell Food Equipment Ltd.*, D.T.E. 88T-294 (C.S.); *Douglas* c. *Fabrigear Ltd.*, D.T.E. 85T-412 (C.S.); *Grossman* c. *Rosemont*, J.E. 81-123 (C.S.) (désistement en appel le 13 avril 1981). Voir aussi *Gilligan* c. *Les Immeubles Léopold Ltée*, non rapportée, C.S.M. 500-05-012553-846, 22 novembre 1990, où le tribunal ordonna le paiement des commissions normalement retenues à la fin d'un emploi parce que l'employé avait été victime d'un congédiement déguisé.

de l'employé ou de tout autre facteur susceptible de réduire les gains de l'employé est établie[12].

La preuve peut également démontrer que l'employé aurait gagné davantage de commissions pendant la période de compensation que ce qu'il avait gagné auparavant. Dans *Vigeant* c. *Canadian Thermos Products Ltd.*[13], la Cour reconnut que, si l'employé avait conservé son emploi, il aurait probablement augmenté ses gains en raison du retrait du marché d'un important compétiteur et des conditions économiques favorables. Conséquemment, le tribunal, lors de l'évaluation des pertes de commissions, ajouta 25% à la moyenne des commissions gagnées par l'employé au cours des quatre dernières années.

4. *Les bonis et la participation aux profits*

Lorsque l'octroi de bonis ou d'un programme de participation aux profits est prévu par les parties, la question est de savoir si l'employé a le droit de recevoir, à titre de dommages pour congédiement illégal, les montants qu'il aurait reçus pendant la période de compensation.

Par essence, un montant peut être accordé pour compenser la perte d'un boni ou d'une participation aux profits uniquement lorsque ceux-ci faisaient partie intégrante de la rémunération de l'employé. Pour qu'un bénéfice soit considéré comme partie intégrante de la rémunération, l'employé doit démontrer qu'il s'attendait raisonnablement à recevoir une telle gratification pendant la période qui demande compensation[14].

Le bénéfice raisonnablement anticipé en est un qui, par le passé, avait régulièrement été octroyé et qui était déterminable (par l'utilisation d'une formule, par exemple) ou à tout le moins prévisible. Pour déterminer le droit à une gratification et, si nécessaire, le montant qu'elle représente, les tribunaux s'en remettent habituellement au contrat écrit, à la politique de la compagnie ou encore aux pratiques

---

12. *Rémi Carrier Inc.* c. *Nolan*, D.T.E. 86T-370 (C.A.). En général, voir *Montel Inc.* c. *DeBlois*, [1971] C.A. 316; *Desnoyers* c. *Mitchell Industries Ltd.*, J.E. 81-43 (C.S.); *Charlebois* c. *Bigelow*, J.E. 80-437 (C.S.); *Perina* c. *Versailles Ford Sales*, [1974] R.D.T. 590.
13. D.T.E. 88T-295 (C.S.).
14. *Lachapelle* c. *La Bourse de Montréal*, pas encore rapportée, C.S.M. 500-05-003554-902, 28 janvier 1992; *Jasmin* c. *Jean-Luc Surprenant Inc.*, J.E. 83-683 (C.S.); *Longchamps* c. *Denis Pépin Automobile Ltée*, J.E. 83-495 (C.S.).

antérieures[15]. L'éligibilité au paiement de bonis ainsi que la détermination des montants dépendent souvent de la situation financière de l'employeur[16].

Si l'octroi d'un boni était discrétionnaire, aucun dommage ne serait alors accordé à ce titre[17]. Le même principe s'applique également aux programmes de participation aux profits[18].

Lorsqu'un employeur se réserve théoriquement le droit d'accorder une gratification ou de partager des profits mais que la pratique démontre qu'il a, de façon constante, exercé son droit discrétionnaire en faveur de l'employé, le boni sera alors considéré comme partie intégrante de la rémunération de l'employé.

Le tribunal n'accordera aucune compensation pour perte de boni lorsque l'employeur démontre que, même si l'employé avait travaillé jusqu'à la fin du terme du contrat ou pendant toute la durée du préavis, il n'aurait pas reçu de boni en raison des difficultés financières de la compagnie ou des politiques internes de l'entreprise[19].

Il n'est pas contraire à l'ordre public de prévoir dans un contrat d'emploi la renonciation à un boni ou au partage des profits en cas de démission de l'employé avant que le boni ne devienne dû. Bien que cette clause soit clairement un encouragement ou une incitation à demeurer au travail jusqu'à ce que le bénéfice devienne exigible, rien n'oblige toutefois l'employé à le faire. Malgré le caractère sévère d'une telle clause, celle-ci n'est pas considérée comme une restriction illégale à la liberté d'un employé[20].

---

15. *CJMS Radio Montréal Ltée* c. *Audette*, [1966] B.R. 756; *Stewart* c. *Standard Broadcasting Corp.*, D.T.E. 90T-20 (C.S.); *Bouffard* c. *Canico Hydraulique Inc.*, D.T.E. 89T-717 (C.S.); *Couture* c. *Volcano Inc.*, J.E. 84-496 (C.S.).
16. *Goulet* c. *Équipement de Bureau Astro-Tech Ltée*, J.E. 84-364 (C.S.); *Desrochers* c. *Centre de Langues Feuilles d'Érables Ltée*, J.E. 80-635 (C.S.).
17. *Fournier* c. *Tout-Rôti Ltée*, D.T.E. 90T-131 (C.S.); *Benoît* c. *Squibb Canada Inc.*, D.T.E. 88T-528 (C.S.); *Bégin* c. *Gotrem Inc.*, non rapportée, C.S.M. 500-05-000188-837, 9 janvier 1984; *Goulet* c. *Équipement de Bureau Astro-Tech Ltée*, D.T.E. 84T-329 (C.S.); *Jolicoeur* c. *Lithographie Montréal Ltée*, [1982] C.S. 230, appel rejeté, 15 avril 1987 (C.A.M. 500-09-000314-823).
18. *Jolicoeur* c. *Lithographie Montréal Ltée*, [1982] C.S. 230, appel rejeté, 15 avril 1987 (C.A.M. 500-09-000314-823).
19. *Tétrault Shoe* c. *Baillargeon*, [1964] R.D.T. 193; *Bouffard* c. *Médiacom Inc.*, D.T.E. 88T-353 (C.Q.).
20. *Godbout* c. *Transport International Pool Quebec Ltd.*, [1975] C.S. 808 (désistement en appel le 9 octobre 1975).

5. Le régime de retraite

La perte pour l'employé de son droit aux prestations de retraite constitue un important chef de dommages suite à un congédiement injustifié. La plupart des tribunaux québécois ont indiqué que la réduction des prestations de retraite sera prise en considération dans l'évaluation des dommages[21]. Ce chef de dommages permet de compenser l'employé qui s'attendait raisonnablement à améliorer les conditions entourant sa retraite n'eut été du congédiement illégal par l'employeur.

Les tribunaux sont toutefois partagés quant à la méthode à utiliser pour évaluer et compenser une telle perte.

Une première école de pensée considère que l'employé a droit à un montant équivalant aux contributions que l'employeur aurait dû effectuer au régime de retraite de l'employé lors de la période de compensation[22].

La seconde est plutôt d'avis que l'employé doit être indemnisé pour la perte réelle en terme de bénéfices. En d'autres mots, l'employé recevra un montant représentant la différence entre les prestations auxquelles il aura droit à sa retraite et celles qu'il aurait effectivement reçues si les contributions régulières avaient été maintenues jusqu'au terme du contrat d'emploi ou pendant toute la période de préavis[23].

---

21. *Mainville* c. *Brasserie Michel Desjardins Ltée*, D.T.E. 88T-292 (C.S.); *Lemyre* c. *J.B. Williams (Canada)*, D.T.E. 84T-752 (C.S.); *Labelle* c. *Experts-Conseils Shawinigan Inc.*, D.T.E. 84T-547 (C.S.). Certains tribunaux ont néanmoins refusé d'accorder une compensation à un employé pour la perte de prestations de retraite. Ces tribunaux ont conclu que le régime de retraite constituait une attente et non pas un droit: *Steinberg* c. *Lecompte*, J.E. 85-352 (C.A.); *Plamondon* c. *Commission Hydro-Électrique de Québec*, [1976] C.S. 105; *Pascal (Pat) Internoscia* c. *Ville de Montréal*, non rapportée, C.S.M. 500-05-012056-766, 28 février 1980.

22. *Surveyer, Nenninger & Chênevert Inc.* c. *Thomas*, D.T.E. 89T-640 (C.A.); *Imprimeries Stellac* c. *Plante*, D.T.E. 89T-116 (C.A.); *Pichet* c. *Bausch & Lomb Canada Inc.*, D.T.E. 92T-1223 (C.S.); *Vigeant* c. *Canadian Thermos Products Ltd*, D.T.E. 88T-295 (C.S.); *Gagnon* c. *Thetford Transport Ltée*, D.T.E. 87T-935 (C.S.) (incluant toute contribution «discrétionnaire» faite de façon constante année après année); *Labelle* c. *Experts Conseils Shawinigan Inc.*, D.T.E. 84T-547 (C.S.).

23. *Ansari* c. *B.C. Hydro & Power Authority*, (1986) 13 C.C.E.L. 238 (B.C.S.C.) (confirmée sur un point différent par la Cour d'appel de Colombie Britannique (1986) Bureau d'enregistrement de Vancouver n⁰ CA005827); *Doyle* c. *London Life Ins. Co.*, (1985) 23 D.L.R. (4e) 443 (B.C.C.A.), pourvoi à la Cour suprême du Canada rejeté le 3 mars 1986; cette approche est moins courante au Québec

Nous sommes d'avis que la seconde approche constitue le meilleur point de vue puisqu'elle représente la véritable perte encourue: la plus-value des prestations de retraite.

Par ailleurs, les tribunaux des provinces de *common law* ont pris en considération le fait que le droit aux contributions de l'employeur[24] ou à la retraite anticipée[25] aurait été acquis pendant la période de compensation. Nous sommes d'avis que ces principes sont également applicables en droit québécois.

Dans tous les cas, il est important de consulter des spécialistes en la matière quand vient le temps d'évaluer les dommages subis quant à un régime de retraite d'un employé. En effet, non seulement les régimes de retraite varient-ils considérablement quant aux bénéfices qu'ils engendrent, mais il existe également une vaste diversité de programmes. Pour ces raisons, une analyse actuarielle de la perte subie par l'employé permet au tribunal de mieux évaluer l'étendue des dommages.

6.   Les régimes d'assurances, l'assurance médicale et les autres avantages sociaux

Lors du calcul des dommages pour congédiement injustifié, les tribunaux considéreront la perte des régimes d'assurance, médicale et autres, ainsi que tous autres avantages sociaux, lorsque l'employé établit qu'il aurait eu droit à ces bénéfices si son emploi s'était poursuivi jusqu'à la fin du terme ou pendant la période de préavis[26].

Certains tribunaux ont évalué la perte subie en se basant sur le coût que représenterait pour un employé l'achat d'un régime semblable[27]. D'autres ont plutôt considéré que la mesure la plus appropriée pour évaluer les dommages était le calcul des contributions de l'employeur à ces programmes[28].

---

bien que certains tribunaux l'ait suivie; voir *Pavdeen* c. *London Life Cie d'Assurances*, D.T.E. 84T-421 (Conseil d'arbitrage du Québec); *Desfosses* c. *Les Services Financiers Avco Ltée*, S.A. 124-87-017.

24.   *Sturrock* c. *Xerox Canada*, (1971) 1 A.C.W.S. 203; *Reger* c. *Lloyds Bank International Canada*, (1984) 52 B.C.L.R. 90 (B.C.S.C.).

25.   *Durrant* c. *B.C. Hydro and Power Authority*, (1990) 21 A.C.W.S. (3e) 675 (B.C.C.A.).

26.   *Cornil* c. *Mondia Distribution Inc.*, D.T.E. 88T-584 (C.S.); *Leduc* c. *Union Carbide*, J.E. 84-783 (C.S.).

27.   *Vigeant* c. *Canadian Thermos Products Ltd.*, D.T.E. 88T-295 (C.S.).

28.   *Lemyre* c. *J.B. Williams (Canada)*, D.T.E. 84T-752 (C.S.) (assurance médicale).

Si l'employé ne s'est pas prémuni d'une couverture d'assurance pour remplacer celle qui lui était préalablement offerte par l'employeur et qu'il n'en a subi aucune perte, il n'aura alors droit à aucune compensation[29]. Dans *Barrette* c. *Wabasso*[30], la Cour exigea de l'employé qu'il démontre qu'il avait effectivement contracté une assurance semblable à celle qu'il avait chez son ancien employeur.

Dans *Prince* c. *T. Eaton Co.*[31], Prince avait été congédié sans préavis. Au cours de la période qui aurait constitué un préavis raisonnable, il tomba malade. La Cour d'appel de la Colombie Britannique conclut que, n'eût été du défaut de l'employeur de lui accorder un préavis de congédiement approprié, l'employé aurait été éligible aux prestations d'assurance-maladie de la compagnie. Par conséquent, la Cour ordonna que Prince soit compensé pour la pleine valeur des prestations qu'il aurait reçues.

Certaines compagnies paient à leurs employés les journées de maladie qu'ils n'ont pas utilisées. Dans ces circonstances, les tribunaux considèrent que ces avantages font partie de la rémunération de l'employé. Par conséquent, ils incluent dans l'allocation des dommages la valeur des jours non utilisés[32].

L'employeur qui offre des congés de maladie à ses employés ne peut procéder à un congédiement pour le motif que l'un d'eux cherche à en prendre avantage. Dans *Brisson* c. *Société Sandwell Ltée*[33], l'employé avait obtenu un certificat médical établissant qu'un congé de maladie de trois semaines lui était nécessaire. Au lieu de les lui accorder, l'employeur le congédia. La Cour provinciale décida que, en congédiant l'employé, la compagnie l'avait privé de son droit à un congé payé. La Cour ordonna à l'employeur de payer à l'employé deux semaines de préavis pour congédiement illégal, en plus des trois semaines de maladie auxquelles il avait droit.

Plutôt que d'identifier et d'évaluer la valeur de chacun des bénéfices, certains tribunaux allouent une somme globale ou un pourcentage du salaire de l'employé pour compenser la perte des

---

29. *Surveyer, Nenniger et Chênevert Inc.* c. *Thomas*, D.T.E. 89T-640 (C.A.).
30. J.E. 88-416 (C.S.).
31. (1992) 67 B.C.L.R. (2e) 226 (B.C.C.A.).
32. *Pacifique Plante* c. *La Ville de Montréal*, [1976] C.A. 93; *Côté* c. *Cie Nationale de Forage et Sondage Inc.*, D.T.E. 84T-886 (C.S.); *Lemyre* c. *J.B. Williams (Canada)*, D.T.E. 84T-752 (C.S.); *Landry* c. *Radio du Pontiac Inc.*, D.T.E. 83T-200 (C.S.); *Brisson* c. *Société Sandwell Ltée*, J.E. 84T-437 (C.Q.).
33. D.T.E. 84T-437 (C.Q.).

avantages en général[34]. Dans *Lemyre* c. *J.B. Williams (Canada)*[35], le tribunal ordonna à l'employeur de payer 1 000$ à l'employé congédié injustement en dédommagement pour la perte de certains avantages, dont le régime de retraite, l'assurance médicale et les journées de maladie non utilisées[36].

7.   Les frais d'adhésion à un club privé, la voiture de compagnie ou l'allocation pour une voiture

Les frais d'adhésion à un club privé peuvent être réclamés lorsque l'employeur avait l'habitude d'acquitter ceux-ci pour le bénéfice personnel de l'employé. Cependant, si le but premier d'une telle pratique était d'offrir à l'employé un moyen de promouvoir les intérêts de la compagnie, aucun dommage ne sera accordé[37].

De la même manière, si un véhicule était fourni à l'employé pour son usage personnel ou comme condition d'emploi, l'allocation accordée par l'employeur ou le montant représentant la perte d'utilisation du véhicule sera décerné par les tribunaux pour la période qui demande compensation[38]. Les mêmes principes s'appliquent à toute assurance-automobile ou dépense reliée à la réparation ou à l'entretien, défrayée ou remboursée par l'employeur.

Lorsqu'un véhicule est utilisé à la fois pour le travail et pour des fins personnelles, la cour peut allouer un montant représentant la perte d'usage personnel. Dans *Bouffard* c. *Canico Hydraulique Inc.*[39], Monsieur Bouffard utilisait le véhicule de la compagnie pendant les week-ends, bien que le contrat stipulait qu'il n'était fourni que pour faciliter les voyages d'affaires. La Cour supérieure ordonna à l'em-

---

34. *Chotani* c. *Westinghouse Canada*, D.T.E. 91T-328 (C.S.); *Delorme* c. *Banque Royale du Canada*, [1987] R.J.Q. 1814 (C.S.); *Boyer* c. *Habitations Populaires Desjardins*, D.T.E. 88T-550 (C.A.); *Bondaroff* c. *Bruck Mills Limited*, non rapportée, C.S.M. 500-0512678-767, 21 février 1988.
35. D.T.E. 84T-752 (C.S.).
36. *Mainville* c. *Brasserie Michel Desjardins Ltée*, D.T.E. 88T-292 (C.S.); *Légaré* c. *Brasserie Labatt Ltée*, D.T.E. 83T-227 (C.S.).
37. *Domaine de l'Isle aux Oyes* c. *D'Aragon*, J.E. 84-499 (C.A.); *Pichet* c. *Bausch & Lomb Canada Inc.*, D.T.E. 92T-1223 (C.S.); *Gagnon* c. *Thetford Transport Ltée*, D.T.E. 87T-935 (C.S.).
38. *Turcot* c. *Conso Graber Inc.*, D.T.E. 87T-668 (C.S.). Voir aussi *Carle* c. *Comité Paritaire du Vêtement pour Dames*, D.T.E. 87T-1010 (C.S.); *Taskos* c. *104880 Canada Inc.*, D.T.E. 87T-984 (C.S.); *Douglas* c. *Fabrigear Ltd.*, D.T.E. 85T-412 (C.S.).
39. D.T.E. 89T-717 (C.S.).

ployeur de payer une compensation équivalant aux deux septièmes de la valeur d'utilisation du véhicule pour le reste du terme[40].

Aucun dommage ne sera accordé lorsque le véhicule était fourni dans le but de permettre à l'employé d'exécuter son travail[41].

8. Les frais de déménagement et autres frais encourus lors de la recherche d'un emploi équivalent

Certains tribunaux ont énoncé qu'un employé a droit au remboursement des dépenses encourues pour déménager à son nouveau lieu de travail, lorsqu'une telle situation résulte de l'obligation pour l'employé de minimiser ses dommages[42]. L'employé injustement congédié peut donc réclamer le remboursement des frais de déplacements raisonnables ainsi que ceux du transport et de l'entreposage de ses biens. L'employé devra toutefois démontrer que le déménagement était nécessaire vu l'impossibilité de se trouver un emploi dans la localité. D'autres tribunaux ont même ajouté qu'un employé peut réclamer le remboursement de frais de consultants en placement[43] ou autres frais encourus lors de la recherche d'un nouvel emploi moyennant des pièces justificatives ou toute autre preuve[44].

Par contre, certains tribunaux ont déclaré que l'employeur n'avait pas à compenser l'employé pour ses frais de déménagement[45].

Nous croyons que la seconde approche est la plus appropriée. À notre avis, l'octroi de dommages devrait refléter uniquement les pertes résultant d'un congédiement brusque ou prématuré. Les frais

---

40. Voir aussi *Bédard* c. *Les Aliments Krispy Kernels Inc.*, non rapportée, C.S. 200-05-001114-888, 21 septembre 1990.
41. *Cornil* c. *Mondia Distribution Inc.*, D.T.E. 88T-554 (C.S.); *Gagnon* c. *Thetford Transport Ltée*, D.T.E. 87T-935 (C.S.); *Landry* c. *Comterm Inc.*, J.E. 84-451 (C.S.).
42. *Thomas Cook Overseas Ltd.* c. *McKee*, D.T.E. 83T-572 (C.A.). La Cour accorda également une compensation pour les dépenses d'hôtel, appels téléphoniques, annonces et location de voiture lors de la recherche d'emploi.
43. *Breeze* c. *Federal Business Development Bank*, J.E. 84-963 (C.S.).
44. *Thomas Cook Overseas* c. *McKee*, D.T.E. 83T-572 (C.A.); *Vigeant* c. *Canadian Thermos Products Ltd.*, D.T.E. 88T-295 (C.S.); *Charlebois* c. *Bigelow Canada Ltée*, J.E. 80-437 (C.S.); *Morency* c. *Swecan International Ltée*, D.T.E. 86T-582 (C.Q.).
45. *Vézina* c. *Fairmont Granite Ltd.*, J.E. 81-1068 (C.S.); *Golland* c. *Drake International Inc.*, non rapportée, C.S.M. 500-05-013752-827, 1983. Voir également *Nikanpour* c. *Fenco Lavalin Inc.*, D.T.E. 88T-573 (C.S.); *Brunelle* c. *Ballets Jazz de Montréal Inc.*, D.T.E. 88T-619 (C.S.) (frais de déménagements et coût de loyer plus élevé).

de déménagement et autres frais encourus lors de la recherche d'un emploi sont le résultat de la terminaison de l'emploi. Inévitablement, ces dépenses auraient été encourues, même si l'employé avait reçu un préavis raisonnable ou que son contrat était venu à échéance. Un tel point de vue est soutenu par la Cour d'appel, plus précisément par Monsieur le juge Fortin, dans *Surveyer, Nenniger & Chênevert Inc.* c. *Jackson*[46], et par Monsieur le juge Bernier, dans *Surveyer, Nenniger & Chênevert Inc.* c. *Thomas*[47].

Cette position peut cependant comporter quelques exceptions. Ainsi, lorsque l'employeur a invité ou incité l'employé à déménager pour occuper un nouveau poste et qu'il est congédié peu après, les tribunaux ont décidé que l'employé pouvait réclamer certaines dépenses encourues lors des déménagements[48]. Dans *Landry* c. *Radio du Pontiac Inc.*[49], Landry avait accepté de déménager dans une autre ville pour occuper le poste de directeur général d'une station radiophonique. Il fut peu après congédié. Le tribunal lui accorda 500$ pour les frais de déménagement. Dans ce genre de situations, l'argument de l'employé est qu'il n'aurait jamais déménagé s'il n'avait pas eu la certitude d'occuper un poste en permanence.

Certains contrats d'emploi ou politiques de compagnie prévoient des dispositions spécifiques quant au remboursement des frais de déménagement et ils en déterminent même la valeur. Le tribunal pourra alors accorder le montant prédéterminé[50].

Dans *Gignac* c. *Trust Général du Canada*[51], la Cour supérieure ordonna le paiement de 650$ représentant les frais encourus par le requérant lors de sa recherche d'un nouvel emploi. La Cour reconnut que les dépenses de recherche d'emploi n'étaient généralement pas remboursables puisqu'elles ne découlaient pas du fait que le congédiement étaient injustifié. Toutefois, dans les circonstances particulières de cette affaire, le tribunal décida que l'employé avait droit au remboursement de tels frais. En effet, Monsieur Gignac avait été congédié sans préavis et sans aucune discussion. La Cour considéra que tout homme d'affaires pouvait ou aurait dû savoir que, dans un

---

46. D.T.E. 88T-667. Voir aussi *Chagnon* c. *Magasin Coop de St-Ferdinand d'Halifax*, D.T.E. 87T-334 (C.S.).
47. D.T.E. 89T-640 (C.A.).
48. *Biorex groupe conseil Inc.* c. *Closset*, D.T.E. 90T-305 (C.S.); *Castagna* c. *Design Hydraulics Inc.*, D.T.E. 88T-1006 (C.S.).
49. D.T.E. 83T-200 (C.S.).
50. *Jasmin* c. *Jean-Luc Surprenant Inc.*, J.E. 83-683 (C.S.); *Surveyer, Nenniger & Chênevert Inc.* c. *Short*, D.T.E. 88T-4 (C.A.).
51. D.T.E. 91T-231 (C.S.).

secteur aussi fermé que celui des prêts hypothécaires dans une ville comme Québec, un congédiement brusque mettait presque automatiquement fin à la carrière d'un individu. Le tribunal affirma que la faute de l'employeur avait rendu vaine la recherche d'emploi du requérant dans le domaine des prêts hypothécaires et, conséquemment, déclara le défendeur responsable pour les frais inutiles encourus par l'employé.

Par ailleurs, dans certains secteurs, un employeur doit agir prudemment lorsqu'il choisit de congédier un employé sans motif. Dans *Jolicoeur* c. *Hippodrome Blue Bonnets Inc.*[52], M. Jolicoeur avait été congédié sans cause après plusieurs années de service à titre de vice-président et directeur général et, par après, comme vice-président exécutif et chef des opérations. La Cour fut d'avis que M. Jolicoeur avait fait tous les efforts nécessaires pour tenter de se trouver un nouvel emploi mais en vain: l'industrie n'avait pas besoin d'un vice-président et chef des opérations d'un hippodrome. Cette fonction très spécialisée désavantageait le demandeur, car certains soupçonnaient à tort qu'il était probablement un parieur. La Cour insista sur le point suivant:

«L'industrie des courses est un monde bien particulier et comme l'a démontré le demandeur, ne jouit pas nécessairement d'une haute réputation dans les cercles d'affaires. Le fait d'être congédié constitue un handicap sérieux à se trouver un nouvel emploi.» (p. 27)

9. *La paie de vacances*

Les tribunaux sont partagés quant à la réclamation d'une paie de vacances pour la période qui demande compensation. Certains tribunaux refusent d'ordonner le paiement d'une telle indemnité puisqu'ils considèrent que l'indemnité de vacances n'est due que sur le salaire qui a été gagné en échange d'un travail[53]. D'autres tribunaux ont ordonné le paiement d'une indemnité de vacances correspondant à la période de préavis ou le reste du terme, sans expliquer les motifs de leur décision[54].

---

52. D.T.E. 90T-306 (C.S.).
53. *Plante* c. *Télévision St-François*, [1984] C.S. 430.
54. *Groupe Promodor* c. *Jean*, D.T.E. 88T-189 (C.A.); *Nikanpour* c. *Fenco-Lavalin Inc.*, D.T.E. 88T-573 (C.S.); *Turcot* c. *Conso Graber Inc.*, D.T.E. 87T-668 (C.S.); *Landry* c. *Comterm*, J.E. 84-451 (C.S.); *Plante* c. *Télévision St-François Inc.*, J.E. 84-292 (C.S.); *Jolicoeur* c. *Lithographie Montréal Ltée*, [1982] C.S. 230.

Si la politique de l'employeur est d'accorder des périodes de vacances plus longues que celles qui sont prévues par la législation régissant les normes minimales du travail, les tribunaux accorderont alors le nombre le plus élevé[55]. Cependant, si la cour déclare que les dommages accordés à titre de préavis raisonnable incluent la paie de vacances à laquelle l'employé aurait eu droit, aucun dommage ne sera accordé à ce titre[56].

10. *La paie de séparation*

Certains contrats d'emploi et politiques de compagnie contiennent des dispositions relatives à la paie de séparation. Il peut ainsi être prévu qu'un montant prédéterminé ou déterminable (bien souvent en relation avec les années de service) sera payé à l'employé à la cessation de son emploi ou à sa retraite. Ce montant n'est habituellement versé que dans l'éventualité où l'employé est congédié sans cause.

Il est important de bien faire la distinction entre la paie de séparation et l'indemnité tenant lieu de préavis de cessation d'emploi. En effet, les tribunaux donnent à ces deux expressions des définitions et des objectifs différents. Une paie de séparation est une allocation accordée à un employé en reconnaissance de ses années de service, alors que l'indemnité tenant lieu de préavis n'est payable que lorsqu'il y a absence ou insuffisance d'avis ou que l'emploi se termine avant l'expiration de son terme. La prime de séparation est généralement exigible en sus de l'indemnité tenant lieu de préavis[57]. Ces deux concepts sont également différents en ce que l'employé n'a pas à minimiser ses dommages pour validement réclamer la prime de séparation.

Pour qu'une paie de séparation prive l'employé d'un préavis raisonnable de fin d'emploi, un langage clair et non équivoque doit être utilisé.

Les tribunaux vont généralement ordonner qu'un employeur remette à l'employé la paie de séparation promise. Toutefois, dans

---

55. *Nyveen* c. *Russel Food Equipment Ltd.*, D.T.E. 88T-294 (C.S.). Voir aussi *Carle* c. *C.P.U.D.*, [1987] R.J.Q. 2553 (C.S.).
56. *Desparois* c. *Pièces de Charriot-Élévateurs National Inc.*, D.T.E 88T-645 (C.S.); *Vigeant* c. *Canadian Thermos Products Ltd.*, D.T.E. 88T-295 (C.S.); *Gagnon* c. *Thetford Transport Ltd.*, D.T.E. 87T-935 (C.S.).
57. *Turcot* c. *Conso Graber Inc.*, D.T.E. 90T-870 (C.A.); *Schwart* c. *Scott*, [1985] C.A. 713.

Rondeau c. *Lamarre Valois International Ltée*[58], la Cour refusa de donner effet à une disposition prévoyant une paie de séparation. En appliquant la théorie de l'abus de droit dans le contexte contractuel, sur la base de l'article 1024 C.c., le tribunal affirma que l'employé avait fait preuve d'une telle mauvaise foi dans l'exécution de ses fonctions que le contrat était annulé dans son entier et que, par conséquent, aucune paie de séparation n'était due à l'employé. Dans *Beaulieu* c. *Services Financiers Avco Canada Ltée*[59], le jour où elle fut congédiée, l'employée se vit offrir deux semaines de salaire en guise de paie de séparation. Par la suite, elle poursuivit son employeur, alléguant qu'elle aurait dû recevoir une période de préavis de fin d'emploi plus longue. Le tribunal décida que l'employée avait été congédiée pour cause mais ordonna tout de même à l'employeur de payer la prime de séparation qu'il lui avait offerte le jour où elle avait été congédiée.

Dans *Perron* c. *Cie Minière Québec Cartier*[60], un contremaître chargé de l'entretien des voies ferrées avait été congédié après cinq ans de service. À cette époque, la compagnie était aux prises avec des problèmes financiers. La Cour fut d'avis que l'avis de deux mois, en sus d'une prime de séparation de trois mois de salaire, constituait un préavis de congédiement raisonnable. Ce jugement soulève plusieurs questions. Devrait-on considérer le paiement de trois mois de salaire remis à l'employé le jour de la cessation d'emploi comme une prime de séparation ou plutôt comme une indemnité tenant lieu de préavis qui s'ajoutait aux deux mois de préavis accordés? Cette décision démontre encore une fois l'importance que les tribunaux devraient accorder à la terminologie qu'ils utilisent dans leurs décisions afin de clarifier l'état du droit et d'éviter toute confusion.

11. *Les autres réclamations*

Les tribunaux indemnisent parfois les employés qui recevaient une allocation de leur employeur pour défrayer leurs dépenses vestimentaires et personnelles. Toutefois, dans *Bergeron* c. *Emballages Parity Ltée*[61], Monsieur le juge Brendan O'Connor n'accorda que la moitié de la réclamation, déclarant que l'autre moitié aurait de toute façon été dépensée si l'employé était demeuré au travail.

---

58. [1975] C.S.805.
59. J.E. 85-78 (C.S.).
60. D.T.E. 89T-290 (C.S.).
61. J.E. 84-111 (C.S.).

Dans *Charlebois* c. *Bigelow Canada Ltée*[62], Bigelow avait effectué un prêt bancaire sur une période de 15 ans afin de rembourser les dettes qu'il avait contractées suite à son congédiement injustifié. Ce prêt servait à couvrir différents paiements: primes d'assurance-vie, hypothèque, automobile, coût de son appartement, paiements de pension alimentaire et autres dépenses personnelles. Le tribunal refusa d'indemniser Bigelow pour les frais d'intérêts générés par l'emprunt, considérant que ceux-ci n'étaient pas un dommage résultant de la cessation illégale de son emploi. Le tribunal considéra les intérêts comme des dommages indirects n'entraînant pas la responsabilité de l'employeur[63].

Dans *Côté* c. *Cie Nationale de Forage et Sondage Inc.*[64], le tribunal refusa d'accorder à l'employé une compensation pour une prime d'éloignement. La prime avait pour but de dédommager l'employé pour l'éloignement qu'il subissait du fait de son travail en Algérie et devait couvrir ses frais de déplacements, d'hébergement, de repas, etc. Elle ne s'appliquait que durant le séjour de l'employé en Algérie. Par conséquent, suite à son départ d'Algérie, la prime n'était plus exigible.

Un employé peut demander d'être indemnisé pour la perte monétaire résultant de l'extinction d'un avantage fiscal pendant la période de compensation. Dans *Vigeant* c. *Canadian Thermos Products Ltd.*[65], la Cour supérieure ordonna qu'un montant de 567$ soit versé au demandeur. Cette somme équivalait à la valeur de l'avantage fiscal dont bénéficiait le demandeur suite à l'utilisation d'une partie de sa résidence personnelle comme bureau, à un coût de 1 893$, et une tranche d'imposition de 30%.

Par contre, le tribunal refusa d'acquiescer à la demande d'indemnisation d'un employé qui alléguait que son nouvel emploi le forçait à travailler durant un plus grand nombre d'heures. Le tribunal statua que, bien que l'employé devait travailler plus fort que chez son employeur précédent, la valeur de tels efforts ne pouvait être mesurée en termes monétaires[66].

---

62. J.E. 80-437 (C.S.).
63. En ce qui a trait aux dommages indirects qui ne sont pas indemnisés par les tribunaux, voir *Nikanpour* c. *Fenco-Lavalin Inc.*, D.T.E. 88T-573 (C.S.) (perte de résidence en faveur des créanciers hypothécaires).
64. D.T.E. 84T-886 (C.S.).
65. D.T.E. 88T-295 (C.S.).
66. *Vigeant* c. *Canadian Thermos Products Ltd.*, D.T.E. 88T-295 (C.S.).

D'autre part, la Cour supérieure refusa d'indemniser un employé pour la perte de voyages occasionnels en Floride puisque de telles excursions étaient totalement discrétionnaires et qu'elles dépendaient des profits de l'employeur[67].

Dans une affaire, un employé sur le point de recevoir une promotion se vit accorder des dommages pour la perte d'un tel avantage[68].

Dans *Tessier* c. *Leduc*[69], un concierge dont la rémunération incluait le droit d'utiliser un appartement se vit accorder des dommages pour la perte de son logement suite à un congédiement sans cause.

Un employeur peut parfois être tenu responsable des pertes de prestations d'assurance-chômage de son ancien employé. Dans *Loiselle* c. *Brun et Lasalle Corp.*[70], en plus de payer un montant représentant six mois de préavis pour le congédiement injustifié de Loiselle, l'employeur dut lui verser un montant additionnel de 4 500$. Cette somme représentait toutes les prestations d'assurance-chômage que Loiselle n'avait pu obtenir en raison du système de paie inhabituel de son employeur. Dans cette affaire, l'employeur n'avait pas déduit régulièrement les primes d'assurance-chômage des chèques de paie de Loiselle; celui-ci se trouva donc incapable de toucher des prestations.

---

67. *Gagnon* c. *Thetford Transport Ltée*, D.T.E. 87T-935 (C.S.).
68. *L'Heureux* c. *P.G. du Québec*, D.T.E. 86T-374 (C.S.).
69. D.T.E. 86T-3 (C.Q.).
70. D.T.E 87T-983 (C.S.).

CHAPITRE 15

AUTRES QUESTIONS CONCERNANT LES DOMMAGES

A. Obligation de minimiser les dommages

1. La nature de l'obligation

Un employé congédié sans cause juste avant l'expiration de son contrat d'emploi ou sans préavis raisonnable a l'obligation de minimiser (réduire) les dommages pouvant découler de la perte de son emploi[1].

Cette obligation exige de l'employé qu'il agisse de façon prudente et diligente[2] et qu'il fasse des efforts honnêtes et raisonnables pour tenter de se trouver un nouvel emploi.

L'obligation de minimiser ses dommages étant d'application universelle, nous examinerons plus en détail certaines décisions rendues par des cours civiles québécoises et par des tribunaux des autres provinces canadiennes pour permettre de mieux en saisir l'étendue.

La Cour fédérale a déterminé que le simple envoi d'un *curriculum vitae* à un employeur potentiel, sans vérification subséquente de la part de l'employé, ne démontrait pas un effort raisonnable pour se trouver un emploi[3].

---

1. *Bouffard* c. *Canico Hydraulique Inc.*, D.T.E. 89T-717 (C.S.); *Deis* c. *S.N.C. Inc.*, D.T.E. 88T-527 (C.S.); *Mailly* c. *Commissaires d'écoles de la cité de Hull*, (1937) 62 B.R. 278 (C.A.).
2. *Fournier* c. *Tout-Rôti Ltée*, D.T.E. 90T-131 (C.S.), où la Cour a décidé que l'employeur n'était pas lié par les dommages résultant de l'indolence ou de la négligence de l'employé.
3. *Gelfand* c. *R.*, non rapportée, T-2133-86, 12 octobre 1988 (F.C.T.D.).

Dans *Reynolds* c. *First City Trust Co.*[4], la Cour suprême de la Colombie Britannique a jugé qu'un ancien cadre supérieur et vice-président d'une compagnie n'avait pas été diligent dans sa recherche d'emploi et, pour cette raison, réduisit le délai de préavis. Les faits démontraient que le demandeur avait répondu à sept offres d'emploi qui avaient paru dans le *Vancouver Sun* et le *Toronto Globe & Mail*, édition nationale. Il n'avait pas consulté les journaux de Calgary, même si des membres de sa famille et certaines de ses relations y habitaient, pas plus qu'il n'avait consulté les publications des autres villes. Le demandeur ne s'était pas adressé à des firmes spécialisées dans la recherche de cadres ni à des conseillers en placement. Il n'avait pas cherché à obtenir de l'aide du défendeur, lequel lui en aurait sans doute apporté. Il n'avait pas demandé de lettre de recommandation ni tenté de rétablir le contact avec un ancien employeur pour qui il avait longtemps travaillé. Par ailleurs, le représentant du défendeur avait déposé comme preuve des offres d'emploi qui avaient paru dans le *Vancouver Sun* et le *Globe & Mail*, pour lesquelles le demandeur n'avait pas posé sa candidature alors que les critères d'emploi étaient similaires à ceux des offres qu'il avait retenues.

L'obligation de minimiser les dommages s'applique tout aussi bien à un contrat à durée fixe qu'à un contrat à durée indéterminée[5].

Étant donné que les tribunaux tentent de placer l'employé dans une position financière aussi avantageuse (mais pas plus élevée) que celle qui aurait eue n'eût été de la terminaison prématurée de son emploi, les dommages accordés se verront réduits par toute rémunération obtenue durant la période réclamée[6]. Voilà la première règle de l'obligation de minimiser les dommages.

---

4. (1989) 27 C.C.E.L. 194 (B.C.S.C.).
5. *Mainville* c. *Brasserie Michel Desjardins*, D.T.E. 88T-292 (C.S.). Voir également *Desrochers* c. *Centre de Langues Feuilles d'Érable Ltée*, J.E. 80-635 (C.S.); *Neilson* c. *Vancouver Hockey Club Ltd.*, (1988) 20 C.C.E.L. 155 (B.C.C.A.).
6. *Lachapelle* c. *Bourse de Montréal*, D.T.E. 92T-218 (C.S.); *Renaud* c. *Desmarais*, D.T.E. 92T-149 (C.S.); *Brunelle* c. *Ballets Jazz de Montréal Inc.*, D.T.E. 88T-619 (C.S.); *Lefrançois* c. *Crane Canada Inc.*, D.T.E. 88T-574 (C.S.). Il existe encore des arrêts qui ne semblent pas prendre en considération le fait que l'employé qui a été congédié sans cause soit parvenu à se trouver un nouvel emploi, minimisant ainsi ses dommages et entraînant par le fait même un réduction des dommages dus par l'employeur. Dans *Brosseau* c. *Villeneuve*, D.T.E. 90T-850 (C.S.), le tribunal a ordonné le paiement de six mois de salaire en faveur du demandeur (employé) qui, selon les propos du tribunal, a été obligé de voyager à Joliette tous les jours avant d'y aménager et qui a été sans emploi pendant un mois. Avec tout le respect qui est dû, les auteurs ne peuvent appuyer ce raisonnement.

L'étude de la jurisprudence révèle également que les dommages d'un employé seront réduits si ce dernier n'effectue pas de démarches raisonnables en vue d'un nouvel emploi, comme nous l'explique la Cour suprême du Canada dans *Red Deer College* c. *Michaels*[7]:

> «Le défendeur ne peut être appelé à défrayer toutes pertes évitables qui résulteraient du quantum des dommages-intérêts payables au demandeur.» (p. 330)

Ainsi, les tribunaux n'ordonneront pas le paiement d'une indemnisation pour des pertes qui auraient pu être évitées si l'obligation de minimiser les dommages avait été respectée. En effet, pour mériter une indemnisation, les pertes doivent découler exclusivement de la faute de l'employeur[8]. Dans *Jolicoeur* c. *Lithographie Montréal Ltée*[9], la Cour supérieure étudia soigneusement l'obligation de l'employé de minimiser ses dommages. La Cour affirma:

> «Les tribunaux refusent d'indemniser une victime pour les dommages qui ne découlent pas directement de la faute initiale du défendeur.» (p. 239)
> (traduction libre)

Le tribunal confirma, dans *Baillargeon* c. *Tétrault Shoe Limitée*[10], que l'employeur ne sera tenu responsable que des dommages causés de façon directe et immédiate par le congédiement illégal de l'employé:

> «Afin d'évaluer les dommages, il est important de savoir en quoi ils consistent. Il importe donc au demandeur de prouver le montant de cette perte. Il doit, toutefois, faire plus. Puisque l'employeur n'est responsable que pour les pertes qui sont reliées directement et de façon immédiate au congédiement intempestif ou illégal, le demandeur doit prouver quelle est la source de sa perte. Si du travail est disponible et que ce dernier n'essaie pas de l'obtenir, cette perte n'est pas reliée directement et immédiatement au congédiement, mais plutôt au manquement du demandeur à son obligation de trouver un emploi.
>
> La compensation n'est pas due au demandeur parce qu'il a été congédié de façon illégale ou même parce qu'il n'a pas travaillé

---

7. [1976] 2 R.C.S. 324.
8. *Mainville* c. *Brasserie Michel Desjardins*, D.T.E. 88T-292 (C.S.).
9. [1982] C.S. 230.
10. [1964] R.D.T. 130.

durant le délai légal, mais parce qu'il n'y a pas eu de rémunération. Le simple fait que le travailleur ait été capable de gagner
un salaire au moment de ce congédiement soulève une présomption de faits, et montre bien, à la face même de cette affaire, que
s'il s'était cherché du travail, il aurait obtenu un salaire. Il
appartient donc au demandeur de repousser cette présomption
en montrant qu'il a fait un effort honnête pour se trouver du
travail et que malgré cela, ses recherches furent infructueuses.

[...]

Conclure que l'employé n'est pas obligé de réduire ses dommages
correspond à altérer le concept de perte de façon à ce qu'elle soit
reliée non pas à la compensation mais à des dommages punitifs
ou exemplaires ce qui n'est pas le cas en l'instance.

[...]

Le congédiement du demandeur ne le retire pas pour autant du
marché du travail et ne lui permet pas de rester à la maison en
attendant d'être compensé.» (p. 163 et 167)

La question de savoir si l'employé a bien rempli son obligation
de minimiser ses dommages en est une de faits. L'employeur a le
fardeau de prouver que l'employé aurait raisonnablement pu éviter,
en tout ou partie, les dommages qu'il réclame. Il doit prouver, selon
la prépondérance des probabilités, qu'aucun effort honnête ou
raisonnable n'a été fait par l'employé pour se trouver un emploi et
qu'un emploi équivalent était disponible durant cette période de
temps. Des témoignages d'experts quant à la disponibilité et à la
probabilité de se trouver un tel emploi ainsi que des copies d'offres
d'emploi sont régulièrement soumis au tribunal. L'employeur pourra
également démontrer que l'employé a refusé une offre d'emploi de
façon déraisonnable[11]. Lorsque la preuve n'établit pas la disponibilité
d'un emploi équivalent, les tribunaux ont généralement repoussé
toute allégation à l'effet que l'ancien employé n'a pas minimisé ses
dommages et ce, même s'il a mis fin à une recherche qu'il croyait
inutile.

Selon le tribunal, dans *Chouinard* c. *Groupe Commerce, Cie
d'Assurances*[12], pour qu'un employeur puisse démontrer que son

---

11.   *Barth* c. *B. & Z. Consultants Inc.*, [1989] R.J.Q. 2837 (C.S.).
12.   D.T.E. 90T-528 (C.S.).

ancien employé avait manqué à son obligation de minimiser les dommages en limitant ses recherches d'emploi à la région de St-Hyacinthe, il lui aurait fallu prouver que l'employé avait refusé une offre d'emploi qui lui demandait de quitter la région. Le demandeur était demeuré sans emploi pendant quatre ans. Avec tout le respect qui est dû au tribunal, nous ne concourons pas à son raisonnement dans cette affaire. En effet, il ne devrait pas être nécessaire d'établir que l'employé a refusé une offre d'emploi pour prouver un manquement à son obligation de minimiser les dommages. La preuve qu'un emploi comparable était disponible dans une région où une personne raisonnable aurait fait des recherches et la démonstration de l'inertie de l'employé face à cet emploi devraient suffire. Certes, il peut être raisonnable au départ de limiter ses recherches à la région où l'on occupait anciennement un emploi, mais, après un certain temps et lorsque les recherches s'avèrent inutiles, une personne raisonnable élargirait probablement son champ d'exploration.

Dans *Pongs* c. *Dales Canada Inc.*[13], le tribunal a soutenu qu'un cadre de niveau intermédiaire âgé de 55 ans qui avait été congédié après plus de 10 ans de service et dont la rémunération s'élevait à près de 50 000$ par année, ne pouvait réclamer plus de quatre mois de salaire. Le tribunal en vint à cette conclusion en constatant que l'employé n'avait pas activement et rapidement tenté de se trouver un emploi équivalent. Les faits démontraient que l'employé avait refusé d'envoyer son *curriculum vitae* à son ancien employeur et qu'il lui avait indiqué qu'il avait l'intention de rénover sa maison. L'employé avait également mentionné à un représentant d'une agence de placement qu'il partait en vacances et qu'il le rappellerait dès son retour, ce qu'il ne fit jamais.

Dans l'affaire *Torrebadell* c. *Dave Buck Ford Sales Ltd.*[14], la Cour suprême de la Colombie Britannique réduisit de 20 000$ les dommages du demandeur et ce, bien qu'il n'avait gagné que 15 000$ durant la période pour laquelle il avait droit à une indemnisation. En effet, la Cour était d'avis que des emplois étaient disponibles dans le champ d'expertise du demandeur, ce qui lui aurait permis d'augmenter ses revenus de 20 000$ durant cette période. L'ancien employeur n'avait pas à assumer le coût du nouveau choix de carrière de son employé:

«Le demandeur a une obligation de minimiser ses dommages. La preuve révèle qu'il aurait pu gagner 20 000$ sur une période

13. D.T.E. 91T-1288 (C.S.).
14. Non rapportée, C852133, 31 mars 1987.

de huit mois, comme directeur des ventes dans l'industrie de l'automobile. Néanmoins, il préféra s'orienter vers une carrière différente et, durant cette période de temps, il gagna une somme moindre, totalisant 15 491$. Le défendeur est donc en droit de voir le quantum des dommages réduit d'un montant représentant le défaut du demandeur de minimiser ses dommages.» (p. 9) (traduction libre)

La Cour d'appel du Québec, dans *Thomas Cook Overseas Ltd.* c. *McKee*[15], fut d'avis, en considérant son champ d'expertise et le fait qu'il était un anglophone unilingue, que la décision de McKee d'effectuer des démarches à l'extérieur du Québec était raisonnable. Il aurait été déraisonnable d'exiger de McKee qu'il se recycle dans un autre domaine plutôt que de déménager, compte tenu de son âge avancé. Il fut dédommagé pour ses frais de déménagement et pour les dépenses afférentes.

Dans *Morin* c. *Honeywell Ltée*[16], la Cour estima que Morin, un directeur des ventes pour des produits de conservation d'énergie, âgé de quarante ans, avait satisfait à son obligation de minimiser ses dommages, même s'il était demeuré sans emploi pendant six mois. Durant cette période, il avait consulté des conseillers en placement, rencontré plusieurs de leurs clients et rempli au moins 26 demandes d'emploi auprès d'employeurs potentiels.

Si le tribunal considère qu'un employé n'aurait pas trouvé une position équivalente, même s'il avait fait des démarches actives, les dommages réclamés ne seront pas réduits.

Dans *Stewart* c. *Standard Broadcasting Corp.*[17], le vice-président et directeur général de deux importantes stations de radio de Montréal fut congédié sans cause et sans préavis. M. Stewart avait travaillé pour la compagnie pendant près de neuf ans et, au moment de son congédiement, il était responsable de 105 employés et bénéficiait d'un salaire annuel de 100 000$.

La preuve démontra qu'aucun autre emploi n'offrait une rémunération et un prestige similaires sur le marché montréalais. Sur le plan national, il existait moins d'une douzaine d'emplois de ce genre, et ils étaient rarement disponibles. M. Stewart fit des recher-

---

15. D.T.E. 83T-572.
16. D.T.E. 90T-529 (C.S.).
17. D.T.E. 90T-20 (C.S.).

ches pendant près de deux mois et, par la suite, rejoignit son père dans l'entreprise familiale. Malgré la courte période de recherche d'emploi, le tribunal alloua à l'employé la pleine compensation de ses dommages pour une période de 12 mois:

> «La preuve a établi que, en raison du caractère unique de l'industrie de la radiodiffusion canadienne, de la rareté de postes plus ou moins équivalents à celui du demandeur et du peu d'ouvertures dans ce domaine, le demandeur, dès la fin du mois d'août 1987, avait épuisé toutes les possibilités de se trouver un emploi approprié dans le domaine de la radio et avait ainsi été forcé, pour des raisons financières, d'accepter l'offre d'emploi faite par son père.
>
> Le défendeur, un employeur influent dans le domaine de la radiodiffusion, n'a pu prouver qu'un tel emploi dans la radiodiffusion aurait été disponible au demandeur à cette époque s'il avait poursuivi ses recherches.» (p. 17)
> (traduction libre)

Dans *Auger* c. *Albert Dyotte Inc.*[18], la Cour détermina qu'Auger aurait dû recevoir un préavis de congédiement de trois mois. Toutefois, Auger avait attendu cinq mois avant de s'engager dans la recherche d'un nouvel emploi. Il fut également démontré que son employeur actuel l'aurait engagé dans les deux mois suivant la cessation de son emploi. Le tribunal ordonna donc à l'employeur de ne verser que deux mois de salaire à Auger. Dans *Faule* c. *Sun Life du Canada*[19], la Cour réduisit les dommages pour bris illégal de contrat de 26 000$ à 10 400$ parce que l'employé congédié sans cause avait refusé un emploi similaire auprès d'une autre compagnie d'assurance.

2. L'obligation d'accepter un emploi équivalent

Une question évidemment importante d'un point de vue pratique concerne le type d'emploi que les tribunaux considéreront raisonnable pour un demandeur de rechercher, d'accepter ou même de refuser. L'employé doit faire des efforts honnêtes et raisonnables pour trouver et accepter, s'il en existe, un emploi similaire. En général, un employé n'est pas tenu d'accepter un emploi de nature

---

18. D.T.E. 85T-2 (C.S.).
19. J.E. 84-363 (C.S.). Voir également *Les Commissaires d'école pour la Corporation scolaire du Cap-de-la-Madeleine* c. *Guillemette*, [1972] C.A. 453.

différente ou un poste inférieur même si la rémunération est la même. Toutefois, cette règle ne prévaudra pas si l'employé n'avait que peu d'expérience dans le domaine, l'industrie ou l'emploi qui vient de prendre fin. Par ailleurs, si l'employé possède une expérience équivalente ou supérieure dans un autre domaine, il pourrait alors se voir obligé d'étendre son champ de recherches à cet autre secteur si sa quête d'un emploi semblable à son dernier poste ne portait pas fruit.

Ainsi, dans *Beaulieu* c. *Services Financiers Avco Canada Ltée*[20], le tribunal conclut que l'employée n'avait pas droit à une compensation, même si elle avait été congédiée sans cause. Selon la Cour, l'employée aurait pu éviter le chômage en acceptant un poste que son supérieur était parvenu à lui obtenir, lequel était similaire de par sa nature à celui qu'elle venait de perdre et dont la rémunération était supérieure.

L'obligation de minimiser les dommages exige-t-elle de l'employé congédié sans cause qu'il accepte une offre d'emploi de son ancien employeur? Il appert que, dans certains cas, l'employé devrait accepter l'emploi, au moins sur une base temporaire, tout en continuant de chercher du travail. Si l'employeur propose le même genre de travail ou un travail similaire qu'une personne raisonnable accepterait, l'employé doit accepter l'offre. Sinon, le tribunal réduira les dommages en conséquence[21]. La Cour jugea qu'un employé avait à bon droit refusé une offre d'emploi dont les responsabilités et le salaire étaient inférieurs[22]. L'obligation de minimiser les dommages n'oblige pas un employé à accepter de son ancien employeur un poste pour lequel il ne possède aucune qualification, si son ancien emploi est toujours disponible[23].

Dans l'affaire *Deis* c. *S.N.C. Inc.*[24], la Cour supérieure réduisit les dommages de l'employé du montant que Deis aurait reçu s'il avait accepté l'offre de son ancien employeur pour un poste à temps partiel d'une durée de cinq mois. Le tribunal fut d'avis que le travail à temps partiel aurait laissé suffisamment de temps à Deis pour poser sa candidature ailleurs, passer des entrevues et organiser des rencontres, le tout en vue de trouver un emploi à caractère plus permanent. Deis avait sèchement refusé l'offre en invoquant comme seule raison

---

20. J.E. 85-78 (C.S.).
21. *Entreprises de Pipe-Line Universel Ltée* c. *Prévost*, D.T.E. 88T-549 (C.A.).
22. *Vigeant* c. *Canadian Thermos Products Ltd.*, D.T.E. 88T-295 (C.S.); *Duplessis* c. *Irving Pulp and Paper Ltd.*, (1983) 1 C.C.E.L. 196 (N.B.C.A.).
23. *Desrosiers* c. *Association Iris Inc.*, D.T.E. 89T-665 (C.Q.).
24. D.T.E. 88T-527.

que le taux horaire de 28,25$ n'était pas suffisant. La preuve démontra qu'il aurait été disposé à accepter 36,75$. Aussi étrange que cela puisse paraître, le taux horaire offert par l'employeur était supérieur d'environ 2$ au salaire habituel que Deis gagnait alors qu'il était chez S.N.C.

Toutefois, l'employé n'est pas tenu d'accepter un travail chez son ancien employeur si ce nouveau statut entraîne une atmosphère hostile, gênante ou humiliante[25].

Non seulement le défaut de chercher un emploi similaire ou pour lequel on est qualifié constitue-t-il un manquement à l'obligation de minimiser ses dommages, mais trouver et accepter un emploi dans un autre domaine peut également contrevenir à cette obligation si la rémunération est moindre. L'ancien employeur n'a pas à assumer les coûts d'un changement de carrière de l'employé si celui-ci entraîne une baisse de revenus.

Dans *Priestmant* c. *Swift Sure Courier Services Ltd.*[26], un représentant des ventes pour une compagnie de messagerie fut congédié. Il avait oeuvré dans ce secteur pendant neuf ans. Plutôt que de chercher un emploi similaire, Priestmant décida de se lancer dans le domaine de l'assurance. Il étudia et réussit les examens nécessaires mais fut incapable de gagner plus de 2 000$ au cours de la première année suivant son congédiement. La Cour suprême de la Colombie Britannique jugea que Priestmant avait manqué à son obligation de minimiser ses dommages et ordonna le paiement de deux semaines de salaire. Selon le tribunal, ce montant correspondait à la période qui aurait dû suffire à Priestmant pour trouver un emploi similaire à celui qu'il avait perdu. En effet, un représentant de la compagnie défenderesse avait témoigné à l'effet que, au moment du congédiement de Priestmant, la demande pour des représentants expérimentés dans la vente était importante. À la page 8 de sa décision, le tribunal statua:

---

25. *C.D.P.Q.* c. *Up-Town Automobiles Ltée*, rapportée sous peu, 500-53-000005-924, 12 novembre 1992 (T.D.P.); *Cayen* c. *Woodward Stores Ltd.*, (1991) 34 C.C.E.L. 95 (B.C.S.C.); *Larochelle* c. *Kindersley Transport*, (1990) 33 C.C.E.L. 236 (Sask. Q.B.); *Misfud* c. *MacMillan Bathurst Inc.*, (1990) 28 C.C.E.L. 228 (Ont. C.A.) (pourvoi en appel à la Cour suprême rejeté); *Pelliccia* c. *Pink Pages Advertising Ltd.*, (1989) 28 C.C.E.L. 261 (B.C.S.C.); *Lesiuk* c. *British Columbia Forest Products Limited*, (1984) 56 B.C.L.R. 216 (C.S.); *Farquhar* c. *Butler Bros. Supplies Ltd.*, [1983] 3 W.W.R. 347 (B.C.C.A.); *Park* c. *Parsons Brown & Company*, non rapportée, Vancouver C875177, 1988 (B.C.S.C.).
26. Non rapportée, C871670, 6 mars 1989.

«L'analyse finale en est une de faits et non de droit. La question est la suivante: le demandeur a-t-il «agi raisonnablement» en adoptant des mesures alternatives?

À mon avis, même si le demandeur est tout à fait en droit de faire son propre choix de carrière, l'impact financier de ce choix n'a pas à être supporté par le défendeur. Le demandeur ne pouvait raisonnablement pas s'attendre à jouir d'un emploi rémunérateur dans l'industrie de l'assurance-vie. Étant donné son âge, son manque de relations et son absence prolongée dans cette industrie, son choix équivalait à adopter un nouveau style de vie comportant des revenus moins élevés.

Bien que le nouveau choix de carrière du demandeur était raisonnable, le préavis de congédiement nécessaire doit être évalué en fonction du degré de difficulté qu'aurait eu à affronter le demandeur s'il avait tenté de trouver un emploi équivalent. Le demandeur admet ne pas avoir cherché d'emploi dans le secteur de la messagerie. Il semble admis de toutes parts qu'il existait des postes équivalents disponibles pour des vendeurs à la commission. Effectivement, M. Cahill témoignait que c'était d'autant plus le cas puisque M. Priestmant était un vendeur expérimenté. Dans ces circonstances, je suis d'avis qu'un préavis de deux semaines était raisonnable. À mon point de vue, si cette période de préavis se révélait inadéquate, toute période de préavis additionnelle (conséquemment, de dommages additionnels) serait compensée par le défaut du demandeur de minimiser ses pertes.»
(traduction libre)

3.   *Le droit de se lancer en affaires*

Les tribunaux québécois ont commencé à rendre des décisions sur la question de savoir si se lancer en affaires satisfaisait à l'obligation de minimiser les dommages[27]. Les tribunaux des provinces de *common law*, particulièrement ceux de la Colombie Britannique, semblent avoir traité plus fréquemment de cette obligation.

---

27. Dans *Nyveen* c. *Russell Food Equipment Ltd.*, D.T.E. 88T-294 (C.S.), un représentant des ventes fut congédié après sept ans de service. Il se lança immédiatement en affaires à son propre compte et, en trois mois, réussit à générer des revenus nets comparables à ceux qu'il gagnait comme employé. La Cour ordonna à l'employeur de verser au demandeur l'équivalent de deux mois et demi de salaire, sans même discuter du bien-fondé des moyen utilisés par le demandeur pour minimiser ses dommages.

Dans les autres provinces, les tribunaux semblent accepter que, dans certaines circonstances, l'employé qui se lance en affaires remplit son obligation de minimiser les dommages. L'employé aura satisfait à son obligation s'il a initialement tenté mais en vain de se trouver un emploi comparable à celui qu'il avait perdu, ou si son manquement à s'engager dans des recherches est jugé raisonnable dans les circonstances[28]. Dans l'affaire *Christakos* c. *Chantex Fashions Inc.*[29], la Cour suprême de l'Ontario a limité à six mois de salaire l'allocation de dommages pour congédiement illégal lorsqu'il fut démontré que l'employé, plutôt que de se lancer en affaires, aurait pu raisonnablement se trouver un emploi équivalent durant cette période s'il avait fait des recherches:

> «De toute évidence, je suis convaincu que Christakos n'a pas fait d'effort raisonnable pour minimiser ses pertes. Je suis d'avis que, après avoir vendu ses parts dans Charan qui, après paiement de la commission, lui donnaient environ 1 351 000$, il a vite décidé de ne plus travailler pour un autre mais de lancer sa propre entreprise avec Dubrow. Leur nouvelle entreprise fut incorporée le 14 janvier 1988. À mon avis, Christakos n'a pas fait d'effort véritable pour se trouver un emploi comparable à celui qu'il avait perdu. S'il avait fait un tel effort, je suis persuadé qu'il serait parvenu à trouver un nouvel emploi en l'espace de six mois.» (p. 6)
> (traduction libre)

Les tribunaux ont par ailleurs fixé comme condition préalable que le demandeur établisse qu'il n'a pas pu trouver un autre emploi pour lequel il avait déjà de l'expérience. L'affaire *Haakonson* c. *V.O.T. Transport Ltée*[30] en est une bonne illustration:

> «La règle générale stipule que l'obligation d'éviter des pertes sera satisfaite si l'employé fait des efforts raisonnables pour trouver un emploi similaire si un tel emploi est disponible. L'absence de disponibilité d'un emploi similaire ne signifie pas pour autant que l'employé doive abandonner ses recherches en vue de trouver un emploi qui pourrait lui convenir pour se lancer

---

28. *Cook* c. *Royal Trust*, (1990) 31 C.C.E.L. 6 (B.C.S.C.); *Forshaw* c. *Aluminex Extrusions Ltd.*, (1989) 39 B.C.L.R. (2e) 140 (C.A.); *Shiels* c. *Saskatchewan Government Insurance*, (1988) 51 D.L.R. (4e) 28 (Sask. Q.B.); *Mainville* c. *Brasserie Michel Desjardins*, D.T.E. 88T-292 (C.S.).
29. (1989) 15 A.C.W.S. (3e) 429.
30. Non rapportée, C873939, 27 octobre 1988 (B.C.S.C.).

dans une entreprise qui n'a possiblement rien à voir avec son expérience ou son entraînement. Tout dépendra non seulement des circonstances du marché mais aussi de celles qui sont particulières à l'employé. Ces circonstances peuvent requérir que l'employé cherche un emploi plus adapté à son expérience et à ses capacités, même si son nouvel emploi est différent de celui qui vient de se terminer.» (p. 9)
(traduction libre)

Dans l'affaire Haakonson, le tribunal a maintenu que, dans les circonstances, le demandeur n'avait aucune chance raisonnable de se trouver un emploi équivalent. Toutefois, il avait de l'expérience comme camionneur et comme affréteur de marchandise et il aurait dû chercher un emploi dans ces champs d'expertise plutôt que de se lancer en affaires dans un domaine qui n'avait rien à voir avec ses connaissances et ses aptitudes.

Les tribunaux semblent en fait requérir du demandeur qu'il démontre que, après avoir effectué toutes les démarches raisonnables pour se trouver un emploi approprié, il n'avait plus d'autre choix que de se lancer en affaires ou, inversement, de démontrer à la satisfaction du tribunal que ses chances de réussite en se lançant en affaires étaient plus élevées que celles de trouver un emploi similaire.

Les revenus engendrés par l'entreprise durant la période de préavis seront déduits des dommages réclamés. De plus, l'augmentation de l'actif de la compagnie durant cette même période pourra également s'appliquer à réduire la réclamation.

Tout récemment, Monsieur le juge René Letarte de la Cour supérieure s'est attardé sur cette question dans l'affaire *Gignac c. Trust Général du Canada*[31]. M. Gignac, un homme d'environ 13 ans d'expérience dans le domaine des prêts hypothécaires, fut congédié après trois ans de service dans la région de Québec. Bien qu'il n'avait que 37 ans, M. Gignac était toujours sans emploi un an après son congédiement et ce, malgré une recherche active d'emploi dans son domaine. Il décida alors d'investir dans une entreprise de construction pour tenter de subvenir à ses besoins.

La Cour en vint à la conclusion que M. Gignac avait fait des efforts sérieux pour se trouver un emploi. Il avait fait des démarches auprès de presque tous les employeurs potentiels. Le tribunal ne lui

---

31. D.T.E. 91T-231.

tint pas rigueur d'avoir omis une entreprise, car elle était contrôlée par les mêmes personnes qui l'avaient congédié. Monsieur le juge Letarte affirma ce qui suit:

> «Pendant un an, malgré des efforts considérables, il lui a été impossible de se réintégrer dans un emploi semblable à celui qui lui a été ravi sans motifs justes et raisonnables et il doit à la collaboration des gens de sa famille d'avoir pu, après douze mois, au prix d'une réorientation complète, recommencer à vivre de ses revenus du travail.» (p. 24)

La Cour ordonna à l'employeur de verser à Gignac huit mois de rémunération en plus des trois semaines déjà payées à l'employé lors de son congédiement. En effet, le tribunal considéra que M. Gignac aurait pu lancer son entreprise avant la fin de l'année suivant son congédiement.

Les tribunaux n'ont jamais soutenu que l'employé qui offre ses services gratuitement à d'autres personnes pour qu'elles puissent se lancer en affaires satisfaisait à son obligation de minimiser ses dommages. En effet, les tribunaux n'acceptent pas que l'employeur cautionne un changement de carrière, sauf dans des circonstances exceptionnelles.

Dans *Re Onex Packaging Inc.* c. *UFCN*[32], l'inscription dans une école technique pour devenir poseur de briques (alors que le demandeur avait été précédemment opérateur de chaîne de montage) correspondait à un manquement à son obligation de minimiser ses dommages:

> «Toutefois, un homme raisonnable n'aurait pas changé d'occupation de façon si radicale après seulement six semaines de chômage, et après avoir effectué des démarches comme l'a fait le plaignant.
>
> [...]
>
> De plus, son choix de carrière n'avait rien qui lui permettait de se rapprocher de son expérience de travail ou de sa formation. En demandant à la compagnie de prendre la responsabilité de sa formation et des mois de chômage qui s'ensuivirent, il lui demande de cautionner son nouveau départ. [...] Bien qu'une

---

32. (1989) 2 L.A.C. (4e) 67.

personne puisse désirer changer de carrière au moment d'une
mise à pied, si elle le fait, elle doit être prête à supporter les
conséquences de cette décision à moins qu'elle n'ait pas d'autre
choix.» (p. 72, 73)
(traduction libre)

En 1985, la Cour du banc de la Reine d'Alberta fut appelée à
décider de l'affaire *Henze c. Kamor Furniture Ltd.*[33], dans laquelle un
rembourreur fut congédié illégalement et demeura par la suite sans
emploi pendant un an. Le tribunal réduisit le montant des dommages
à trois mois de salaire, au motif que, durant l'année suivant son
congédiement, le demandeur avait joué un rôle important dans la
mise sur pied et l'organisation de l'entreprise de sa femme.

La Cour était d'avis que, au cours de cette période, le demandeur
aurait dû obtenir des revenus équivalents à la rémunération qu'il
recevait de son ancien employeur et ce, même si l'entreprise de sa
femme était déficitaire:

«Je suis convaincu du fait que Klaval Design a été mis sur pied
dès le mois d'octobre ou novembre 1982 et que le demandeur a
joué un rôle important dans son organisation et sa planification.
Je suis par ailleurs convaincu que, à partir du 1er avril 1983, le
demandeur consacrait presque tout son temps aux affaires de
la compagnie... Dès le 1er avril 1983 et nonobstant les pertes
alléguées par Klaval Design pour 1983, le demandeur gagnait
ou était en droit de gagner de Klaval Design au moins l'équivalent du salaire mensuel et des avantages perçus lors de son
ancien emploi.» (p. 349)
(traduction libre)

Enfin, dans l'affaire *Oxman c. Dustbane Entreprises*[34], la Cour
d'appel de l'Ontario rejeta les prétentions de la compagnie défenderesse à l'effet que M. Oxman avait failli à son obligation de minimiser
ses dommages parce qu'il s'était lancé en affaires. Au moment de son
congédiement, M. Oxman gagnait plus de 100 000$ annuellement en
tant que vice-président. Sans vraiment s'étendre sur les différents
facteurs applicables, la Cour conclut simplement, en s'appuyant sur
la preuve soumise, qu'il aurait été difficile pour un cadre dans la
quarantaine de se trouver un emploi comparable, dans un domaine

---

33. (1985) 39 Alta. L.R. (2e) 343.
34. (1988) 23 C.C.E.L. 157 (Ont. C.A.).

aussi spécialisé à l'intérieur d'un court délai. Ainsi, le tribunal ne le pénalisa pas pour s'être lancé en affaires.

Il semble que le tribunal, et ceci soumis avec tout le respect qui lui est dû, ait attaché beaucoup d'importance au fait que le préavis de congédiement n'était que de six mois. Le tribunal apporta les précisions suivantes:

> «Il est difficile d'exiger qu'un cadre supérieur gagnant 100 000$ par année réintègre un poste similaire dans un champ d'activité aussi restreint et en si peu de temps.» (p. 160, 161) (traduction libre)

B.   Dépenses d'affaires encourues pour engendrer un revenu

Certains employés encourent personnellement des dépenses d'affaires de façon à engendrer des revenus. Par exemple, un représentant des ventes rémunéré à la commission peut devoir encourir des dépenses promotionnelles, frais de déplacements ou autres et ce, dans le but de produire plus de revenus. Les tribunaux ont eu à déterminer si de telles dépenses devaient être comprises dans le calcul des dommages. L'employé qui a été injustement congédié devra-t-il être indemnisé en se basant sur son «revenu brut», c'est-à-dire la rémunération versée par l'employeur ou en se basant plutôt sur son «revenu net», c'est-à-dire la rémunération versée par l'employeur moins les dépenses normales encourues pour produire cette rémunération?

Certains tribunaux ont soutenu que l'employé doit être indemnisé en fonction de son revenu net, tel qu'il apparaît sur son retour d'impôt[35] afin de placer l'employé dans la situation où il aurait été s'il avait pu travailler durant la période du préavis. Il est bien évident que l'indemnité ne vise pas à placer l'employé congédié dans une situation plus avantageuse, simplement parce qu'il a été congédié de façon illégale.

---

35. *Nokes c. A. Lambert International Inc.*, non rapportée, C.S.M. 500-05-009685-874, 4 juin 1990; *Drouin c. Electrolux Canada Ltée, Division de Les Produits C.F.C. Ltée*, D.T.E. 88T-329 (C.A.); *Nyveen c. Russel Food Equipment Ltd.*, D.T.E. 88T-294 (C.S.). Voir aussi *Heuman c. Spartan Agencies Ltd.*, (1987) T.L.W. 705-029 (B.C.S.C.); *Jaremko c. A.E. LePage Real Estate Services Ltd.*, (1989) 69 O.R. (2e) 323 (C.A.); *Bell c. Trail-Mate Products of Canada Ltd.*, (1986) 15 C.C.E.L. 39 (Ont. Dist. Ct); *Wilden c. Stationers Warehousing Ltd.*, (1984) A.C.W.S. (2e) 432 (Ont. H.C.).

C.   Allocations de retraite, indemnisation des travailleurs ou assurance-chômage perçue durant la période d'indemnisation

1.   *Les allocations de retraite*

Les rentes perçues par un employé qui choisit de prendre sa retraite après son congédiement peuvent-elles être déduites des dommages accordés à l'employé pour absence de préavis?

Certains tribunaux canadiens ont déduit du montant des dommages octroyés à l'employé toute rente reçue durant la période du préavis. Malheureusement, les tribunaux n'ont pas toujours exposé les raisons de cette prise de position[36]. En revanche, d'autres tribunaux ont adopté la position opposée et ont maintenu que les allocations de retraite ne devraient pas être déduites[37], mais là encore, sans vraiment fournir de motifs pour appuyer leur raisonnement.

Il est intéressant de noter qu'aucune de ces décisions n'a fait référence à la décision de la Cour suprême du Canada dans *Guy* c. *Trizec Equities Ltd.*[38] Guy avait été blessé lorsqu'un morceau de contreplaqué s'était détaché du plafond d'un immeuble à bureaux appartenant à Trizec et occupé par ce dernier. Les nombreuses blessures subies par Guy le forcèrent à prendre une retraite prématurée de son poste de vice-président et directeur général de la Nova Scotia Savings and Loans.

Guy poursuivit Trizec pour ses pertes de gains à venir. En première instance, Trizec fut condamné à verser 250 000$ au demandeur. Toutefois, la Cour d'appel réduisit ce montant et déduisit même des dommages toutes les allocations de retraite perçues par Guy.

La Cour suprême, quant à elle, déclara que ces allocations de retraite ne devaient pas être déduites du montant de la compensation puisqu'elles provenaient des contributions de l'employé à un régime

---

36.   *Cohnstaedt* c. *University of Regina*, (1990) 35 C.C.E.L. 186 (Sask. Q.B.); *Taylor* c. *C.B.C.*, non rapportée, Ottawa 15243/82, 7 novembre 1984 (Ont. S.C.); *Laasko* c. *The Queen*, (1986) 15 C.C.E.L. 139 (F.C.T.D.); *Rivers* c. *Gulf Canada*, (1986) 13 C.C.E.L. 131 (Ont. H.C.); *Perry* c. *Gulf Minerals Canada Ltd.*, non rapportée, 1er mars 1985 (Ont. S.C.).

37.   *Heinz* c. *Cana Construction Co.*, (1988) 55 Alta L.R. (2e) 382 (Alta. Q.B.); *Horodynski* c. *Electrohome Ltd.*, [1990] O.J. 2088 (Ont. Gen Div.), pour le motif que les avantages reliés à une retraite anticipée étaient compensés par le fait que les allocations subséquentes de l'employé auraient été réduites.

38.   [1979] 2 R.C.S. 756.

de retraite contracté avec son employeur. Le tribunal considéra que les allocations de retraite étaient similaires à des paiements faits en vertu d'une police d'assurance.

La Cour suprême s'appuya sur l'arrêt de la Chambre des Lords, *Parry* c. *Cleaver*[39], qui avait décidé qu'une demande de compensation pour perte de revenus d'emploi suite à des blessures ne devait pas être affectée par la rente que le demandeur percevait. La Chambre des Lords avait affirmé que les sommes reçues en vertu d'une police d'assurance ne devaient pas être comptabilisées lors de l'évaluation des dommages, puisqu'il serait injuste que l'argent payé en primes d'assurances par un accidenté du travail bénéficie à celui qui a posé un acte délictueux, et qu'une allocation de retraite était une forme d'assurance. Par ailleurs, Lord Peace avait ajouté, en ce qui a trait aux allocations de retraite, la précision suivante:

«... elles sont destinées au bénéfice du travailleur et ne doivent pas servir à subventionner les agissements d'une personne qui lui a causé des dommages.» (p. 37)
(traduction libre)

Il semble toutefois que Lord Peace ait reconnu que le tribunal ne décidait de la question que dans le contexte particulier de blessures corporelles et que les allocations de retraite découlaient d'une relation dont le défendeur n'était pas partie. En effet, Lord Peace reconnut que, si la situation avait impliqué une relation employeur-employé, une approche différente quant à la déductibilité de la pension aurait pu être envisagée:

«... il peut s'agir d'une approche différente lorsque c'est l'employeur lui-même qui est le défendeur et que les droits de recevoir les allocations en question découlent d'une police d'assurance à laquelle l'employeur a souscrit avec le demandeur-employé.» (p. 37)
(traduction libre)

Les affaires précitées, qui soutenaient que les allocations de retraite étaient semblables à l'assurance, analysaient des programmes de contribution à des régimes de retraite. La question qui s'impose maintenant est la suivante: les régimes de retraite auxquels les employés ne contribuent pas peuvent-ils être considérés comme

---

39. [1970] A.C. 1.

étant semblables à des assurances? À notre connaissance, aucun tribunal n'a répondu à cette question. Deux tribunaux ont toutefois suggéré, en *obiter*, qu'un régime de retraite à caractère non contributif ne devrait pas être qualifié différemment[40].

2. *L'indemnisation des accidentés du travail*

Les indemnités perçues par des accidentés du travail durant la période du préavis réduisent-elles les dommages réclamés? Selon la Cour d'appel, dans l'affaire *Industries de Caoutchouc Mondo (Canada) Ltée* c. *Leblanc*[41], ces indemnités ne doivent aucunement être utilisées pour réduire le montant des dommages devant être versés suite à un congédiement illégal.

3. *L'assurance-chômage*

Par le passé, certains tribunaux ont déduit des dommages réclamés suite à un congédiement illégal toutes les prestations d'assurance-chômage reçues durant la période de préavis et ils ont ordonné que l'employeur remette ces montants à la Commission de l'assurance-chômage[42]. Ces tribunaux considéraient que de telles prestations constituaient des revenus provenant d'autres sources, perçus durant la période de préavis, et qu'elles devaient donc être déduites de la réclamation pour perte de salaire. D'autres tribunaux étaient d'avis que la *Loi sur l'assurance-chômage*[43] ne s'appliquait pas aux dommages réclamés en raison d'un congédiement sans cause et, par conséquent, ils ne prenaient pas en considération les prestations reçues par l'employé durant la période de préavis.

La Cour suprême du Canada mit fin à cette controverse avec l'affaire *Jack Cewe Ltd.* c. *Jorgenson*[44]. La Cour décida que les prestations d'assurance-chômage ne devaient pas être déduites des dommages dus à l'employé suite à son congédiement sans cause. La responsabilité de l'employeur n'était nullement atténuée du fait que l'employé avait reçu des prestations d'assurance-chômage[45].

---

40. *Melnychuk* c. *Moore*, [1989] 6 W.W.R. 367 (Man. C.A.), à la page 383; *Parry* c. *Cleaver*, [1970] A.C. 1, à la page 37.
41. D.T.E. 87T-394 (C.A.).
42. *Charlebois* c. *Bigelow Canada Ltée*, J.E. 80-437 (C.S.).
43. L.R.C. (1985), c. U-1.
44. [1980] 1 R.C.S. 812.
45. Ce même raisonnement a été appliqué dans *Deschênes* c. *Centre Local de Services Communautaires Seigneurie de Beauharnois*, D.T.E. 85T-900 (C.S.);

Toutefois, afin d'éviter une double indemnisation durant la période de préavis, la *Loi sur l'assurance-chômage* stipule que, si l'employé reçoit à la fois des prestations d'assurance-chômage et une rémunération de son employeur pendant une même période, l'employé doit rembourser au Receveur général un montant égal aux prestations qui n'auraient pas été versées au moment où elles ont été reçues[46]. De plus, si l'employeur a des raisons de croire que son employé a reçu certaines prestations, il devra déterminer si une certaine somme devrait être remboursée par l'employé (tel que mentionné dans la phrase précédente), déduire ce montant des sommes dues à l'employé et le remettre au Receveur général[47].

Bien que les tribunaux ne soient pas unanimes sur cette question, la Cour d'appel de l'Ontario a conclu que les articles de la Loi mentionnée précédemment sont pertinents lorsque l'employeur est tenu de payer une «rémunération» à l'employé. La Cour conclut qu'une réclamation en dommages pour congédiement illégal ne constituait pas une rémunération[48].

Aussi étrange que cela puisse paraître, les tribunaux ont continué, dans certaines décisions, de déduire des dommages réclamés pour congédiement illégal, les prestations d'assurance-chômage reçues par l'employé. Dans *Jalbert c. Commission Touristique de Port-Joli Inc.*[49], la gérante d'un restaurant avait été congédiée sans cause 17 semaines avant la fin de son contrat d'emploi. Elle se vit accorder 14 semaines de salaire parce qu'elle avait obtenu l'équivalent de trois semaines de prestations d'assurance-chômage.

D. Responsabilité personnelle de la personne qui congédie

L'individu qui, au nom de l'employeur, procède au congédiement d'un employé, doit détenir l'autorité pour le faire et agir à l'intérieur du champ des pouvoirs qui lui ont été conférés. Le représentant d'un employeur qui congédie un employé sans avoir l'autorité nécessaire, pourrait être tenu personnellement responsable des dommages

Paquet c. Laurier Auto Inc., D.T.E. 85T-16 (C.S.); *Freeme de Wallens c. Visire-cords Systems Canada Ltd.*, J.E. 81-548 (C.S.); *Grossman c. Rosemount Knitting Inc.*, J.E. 81-123 (C.S.); *Careau c. Sogemec Inc.*, [1981] C.S. 862; *Girardeau c. Nadeau*, [1980] C.A. 258.

46. Art. 37 de la *Loi sur l'assurance-chômage*, L.R.C. (1985), c. U-1.
47. Art. 38 de la *Loi sur l'assurance-chômage*, L.R.C. (1985), c. U-1.
48. *Peck c. Lévesque Plywood Ltd.*, (1979) 27 O.R. (2e) 108 (C.A.).
49. J.E. 81-777 (C.P.).

réclamés par un employé victime d'un congédiement illégal. Dans l'affaire *Lavigne c. Sabex Internationale Ltée*[50], les règlements de la compagnie prévoyaient la procédure à suivre lors du congédiement des dirigeants de l'entreprise. Le président de la compagnie ne respecta pas la procédure qui exigeait une majorité des votes et congédia deux vice-présidents sans motif. La Cour jugea que le président avait abusé de son autorité, commettant ainsi une faute qui le rendait personnellement responsable. Le tribunal condamna donc le président et la compagnie (puisque celle-ci n'avait pas annulé la décision du président après en avoir pris connaissance) à verser douze mois de salaire à chaque vice-président.

---

50.   J.E. 80-887 (C.S.).

CHAPITRE 16

DOMMAGES MORAUX ET EXEMPLAIRES ACCORDÉS À L'EMPLOYÉ

Comme nous l'avons vu dans le chapitre précédent, une personne peut recevoir une compensation pour des dommages découlant du bris prématuré et sans cause de son contrat d'emploi. Par ailleurs, l'employeur peut être tenu responsable pour des dommages de nature moins tangible si, dans le processus de congédiement, il cause un tort à l'employé. Celui-ci pourra alors réclamer des dommages moraux. Ce chef de dommages comprend le traumatisme psychologique, l'anxiété, l'humiliation et l'atteinte à la réputation[1].

Dans certains cas, des dommages exemplaires peuvent être recherchés par l'employé. Ce genre de réclamation sera analysé plus loin dans ce chapitre.

A. Fondement légal des dommages-intérêts

Les tribunaux québécois sont partagés sur la question du fondement légal quant à l'attribution de dommages moraux.

La Cour suprême du Canada a établi que, étant donné que la bonne foi est une obligation implicite de toute relation contractuelle[2] (et, par conséquent, de toute relation de travail[3]), l'employeur doit exercer ses droits de façon «prudente et diligente», comme le ferait

---

1. Même si, dans la plupart des cas, un montant distinct sera accordé pour les dommages moraux, certains tribunaux augmenteront plutôt la période de préavis raisonnable pour congédiement; voir *Société Hôtelière Canadien Pacifique c. Hoeckner*, D.T.E. 88T-548 (C.A.).
2. *National Bank of Canada c. Houle*, [1990] 3 R.C.S. 122; *Banque Nationale c. Soucisse*, [1981] 2 R.C.S. 339.
3. *Drouin c. Électrolux Canada Ltée division de les Produits C.F.C. Ltée*, D.T.E. 88T-329 (C.A.); *Macaulay c. Imperial Life Assurance Co. of Canada*, D.T.E. 84T-395 (C.S.); *Marcotte c. Assomption Cie Mutuelle d'Assurance-Vie*, [1981] C.S. 1102.

une personne raisonnable et ce, dans les limites de «l'équité»[4]. Ainsi, un manquement à cette obligation implicite équivaut à un abus de droit et peut entraîner une responsabilité contractuelle pour des dommages moraux. Il y a abus de droit lorsque l'employeur exerce son droit de mettre fin à l'emploi, mais qu'il le fait de mauvaise foi ou de façon malicieuse ou déraisonnable.

D'autres tribunaux ont ordonné une indemnisation en se fondant sur la faute (responsabilité délictuelle) plutôt que sur la responsabilité contractuelle[5].

Ainsi, la façon dont l'employeur met fin à la relation d'emploi peut être examinée minutieusement par le tribunal. Dans *Chartrand c. Résidence Parc Central du Canada*[6], une infirmière auxiliaire se vit accorder 500$ à titre de compensation pour dommages moraux. La Cour déclara que l'employeur avait agi de façon abusive et vexatoire en faisant intervenir les forces policières lors du congédiement de l'employée.

Les tribunaux ont généralement refusé d'accorder une indemnisation pour la douleur et la souffrance qui découlent «normalement» de la perte d'un emploi[7]. L'employé doit établir que la conduite de l'employeur a causé une situation qui dépasse ce qui est «normalement» vécu lors d'un tel événement. Il a le fardeau de démontrer qu'il y a eu malice, mauvaise foi ou déraison de la part de son employeur. Ceci est évidemment une question de faits et soulève souvent un problème de crédibilité quant aux témoins entendus.

Sur la responsabilité de l'employeur en matière de dommages moraux, Monsieur le juge John R. Hannan énonçait ce qui suit:

---

4. *National Bank of Canada c. Houle*, [1990] 3 R.C.S. 122.
5. *Chouinard c. Groupe Commerce (Le), Cie d'Assurances*, D.T.E. 90T-528 (C.S.); *Stewart c. Standard Broadcasting Corp.*, D.T.E. 90T-20 (C.S.); *Barth c. B.& Z. Consultants Inc.*, [1989] R.J.Q. 2837 (C.S.); *Deis c. S.N.C. Inc.*, D.T.E. 88T-527 (C.S.).
6. J.E. 79-797 (C.S.).
7. *Fournier c. Tout-Rôti Ltée*, D.T.E. 90T-131 (C.S.); *Barth c. B. & Z. Consultants Inc.*, [1989] R.J.Q. 2837 (C.S.); *Langlois c. Farr Inc.*, D.T.E. 88T-1005 (C.A.); *Société Hôtelière Canadien Pacifique c. Hoeckner*, D.T.E. 88T-548 (C.A.); dans *Vigeant c. Canadian Thermos Products Ltd.*, D.T.E. 88T-295 (C.S.), la Cour déclara, à la page 17: «ne pas tenir compte des sentiments et du bien-être d'un employé loyal, qui a servi la compagnie pendant de nombreuses années, ne représente pas en soi une conduite répréhensible donnant droit à la réclamation de dommages.» (traduction libre)

«Il y a eu des occasions où de tels dommages ont été accordés par les tribunaux québécois, mais, dans ces affaires, le tribunal avait devant lui la preuve que le congédiement s'accompagnait d'un geste quasi-délictuel de l'employeur [...]. Dans la présente affaire, nonobstant l'humiliation dont a souffert le demandeur lorsqu'il fut avisé de l'étendue de sa rétrogradation, la preuve ne révèle pas que les défendeurs aient employé quelque technique ou stratégie pour exacerber le sentiment naturel de rejet du demandeur. Il existe un droit légitime pour l'employeur de mettre fin à un contrat de louage de service. S'il n'y a pas d'abus de droit, et il n'y en a pas en l'espèce, la Cour doit conclure qu'il n'existe aucun droit s'ajoutant à celui de réclamer des dommages en raison d'un préavis inadéquat.»[8] (p. 10 et 11) (traduction libre)

Dans *Chouinard* c. *Groupe Commerce, Cie d'Assurances*[9], Chouinard, un directeur, avait été informé, deux semaines avant le début de ses vacances, qu'il était transféré à un autre poste en raison de la mauvaise qualité de son administration et de l'insatisfaction des employés. Au cours du même mois, on l'informa qu'il occuperait son nouveau poste dans une autre ville et qu'il serait désormais enquêteur de réclamations. Il refusa d'abord le transfert pour, quelques mois plus tard, revenir sur sa décision en songeant qu'on allait sûrement lui offrir bientôt de retourner à son poste original. Quatre mois après le début de son nouveau travail, Chouinard démissionna en prétendant avoir été victime d'un congédiement déguisé. La Cour supérieure confirma sa prétention. En plus d'un an de salaire tenant lieu de préavis de congédiement, la Cour accorda à Chouinard un montant de 15 000$ pour humiliation, atteinte à sa réputation et autres dommages moraux qu'il avait subis. Les circonstances dans lesquelles son congédiement injustifié avait eu lieu constituaient un abus de droit. La Cour jugea que, après 30 ans de loyaux services, la terminaison d'un emploi devait s'effectuer avec plus de décence[10].

Tromper son employé sur les véritables raisons de son congédiement et le priver de l'occasion de solliciter un emploi plus prestigieux

---

8. *Lavigne* c. *Sidbec-Dosco Inc.*, D.T.E. 85T-4 (C.S.).
9. D.T.E. 90T-528 (C.S.).
10. *Stewart* c. *Standard Broadcasting Corporation Ltd.*, D.T.E. 90T-20 (C.S.); *Gerontakos* c. *Deli-Brisketts Inc.*, D.T.E. 89T-117 (C.S.); *Carle* c. *Comité paritaire du vêtement pour dames*, [1987] R.J.Q. 2553 (C.S.); *Désormeaux* c. *Banque de Montréal*, D.T.E. 87T-210 (C.S.).

et mieux rémunéré peut constituer un abus de droit[11]. L'utilisation anormale, incorrecte ou dépourvue de tact du droit de congédier a amené plusieurs tribunaux à accorder des dommages moraux[12]. Par ailleurs, les tribunaux ont déterminé que de fausses accusations portées par l'employeur pour dissimuler une décision irrationnelle, arbitraire et injuste de mettre fin à un emploi pour que, ensuite, de telles accusations soient répandues dans le milieu où pratique l'employé peuvent donner ouverture à des dommages-intérêts[13].

Dans une affaire, l'ancien gérant de succursale d'une entreprise nationale spécialisée dans la manufacture, la vente et l'installation d'équipements pour restaurants réclama 7 500$ pour humiliation et perte de jouissance. Le tribunal rejeta la réclamation en concluant que, bien que certains gestes de l'employeur pouvaient être remis en question, la preuve ne permettait pas de conclure à l'intention malveillante, pas plus qu'elle n'établissait de façon satisfaisante que la santé de l'employé avait été affectée[14]. De la même façon, dans le cas d'une gérante de magasin qui réclamait 10 000$ pour dommages résultant d'angoisse, d'humiliation, de dépression et de traitements médicaux parce qu'elle avait été victime d'un congédiement abusif, la Cour supérieure décida qu'elle n'avait pas été soumise à un acte malveillant de la part de son employeur. Le fait que son congédiement représentait une expérience traumatisante ne lui donnait pas pour autant droit à des dommages[15].

Malheureusement, certains tribunaux ont accordé des dommages pour humiliation, angoisse et autres inconvénients sans iden-

---

11. *Mailloux* c. *Association Montréalaise d'Action Récréative et Culturelle, Pavillon du Canada*, non rapportée, C.S.M. 500-05-009452-887, 11 septembre 1990.
12. *Gignac* c. *Trust Général du Canada*, D.T.E. 91T-231 (C.S.); *Proulx* c. *Taxi Coop Québec 525-5191*, D.T.E. 89T-1178 (C.S.); *Lefrançois* c. *Crane Canada Inc.*, D.T.E. 88T-574 (C.S.); *Lefrançois* c. *Hydro-Québec*, D.T.E. 88T-551 (C.S.); *Lazure* c. *Corriveau*, non rapportée, C.A. 200-09-000406-865, 27 octobre 1988.
13. *Beauparlant* c. *St-Calixte*, [1992] R.J.Q. 2303 (C.S.); *Proulx* c. *Taxi Coop Québec, 525-5191*, D.T.E. 89T-1178 (C.S.) (10,000$).
14. *Nyveen* c. *Russell Food Equipment Ltd.*, D.T.E. 88T-294 (C.S.). Voir aussi *Vigeant* c. *Canadian Thermos Products Ltd.*, D.T.E. 88T-295 (C.S.); *Bérubé* c. *Marcel E. Savard Inc.*, D.T.E. 88T-15 (C.S.); *Beaulieu* c. *Services Financiers Avco Canada Ltée*, D.T.E. 85T-17 (C.S.); *Maheu* c. *Catalytic Enterprises Ltd.*, D.T.E. 84T-636 (C.S.); *Brisson* c. *Société Sandwell Ltée*, D.T.E. 84T-437 (C.P.); *Thomas Cook Overseas Limited* c. *McKee*, D.T.E. 83T-572 (C.A.); *Benson* c. *Brown Boveri Canada*, [1983] C.S. 229; *Lefebvre* c. *Westmount Life Insurance Co.*, J.E. 81-122 (C.S.).
15. *Harkans* c. *Hercules Canada Ltée*, J.E. 84-678 (C.S.) et *Chisholm* c. *Bossé, Charbonneau Inc.*, J.E. 84-561 (C.S.).

tifier la conduite fautive de l'employeur et même, dans certains cas, sans mentionner s'il y avait eu abus de droit[16].

Dans l'affaire *Barabé* c. *F. Pilon Inc.*[17], une représentante des ventes avait été congédiée parce qu'elle entretenait une relation intime avec le gérant des ventes qui venait d'être congédié. La Cour décida que ce congédiement était vexatoire et humiliant. Pour cette raison, le tribunal ordonna à son employeur de payer 5 000$ en compensation des dommages moraux. Dans *Dumont* c. *Radio Etchemin Inc.*[18], l'employeur avait laissé savoir qu'une des raisons pour lesquelles il avait congédié un rédacteur était qu'il avait un problème d'alcoolisme. La Cour ordonna à l'employeur de verser 3 000$ en compensation pour les inconvénients causés par cette fausse accusation. Le tribunal refusa toutefois d'accorder des dommages exemplaires en vertu de la *Charte des droits et libertés de la personne*, en raison de l'absence d'une intention malveillante ou de mauvaise foi de la part de l'employeur.

Dans *Marcotte* c. *L'Assomption Cie Mutuelle d'Assurance-Vie*[19], le tribunal conclut que la création d'un nouveau poste pour l'employé, la signature d'un contrat d'emploi octroyant de larges pouvoirs de résiliation à l'employeur, ainsi que d'autres éléments apportés en preuve indiquaient clairement l'intention de l'employeur de se départir des services de l'employé. Les gestes de l'employeur avaient pour seul but de réduire ou d'éliminer les coûts qu'entraînerait la résiliation du contrat. Dans ces circonstances bien précises, la Cour considéra que l'employeur avait fait preuve de mauvaise foi depuis la signature du nouveau contrat d'emploi jusqu'au congédiement de l'employé.

Les tribunaux ont reconnu qu'accorder un montant d'argent pour tenter d'apaiser la douleur et la souffrance ne constitue pas une

---

16. *Leinwather* c. *Construction Loriot Inc.*, D.T.E. 88T-572 (C.S.); *Delorme* c. *Banque Royale du Canada*, D.T.E. 87T-791 (C.S.), où la Cour a accordé 10 000$ pour la raison suivante: «ce n'est pas facile pour un gérant de banque, congédié injustement pour corruption et malhonnêteté, d'affronter ses anciens collègues et de solliciter d'autres banques avec une telle référence»; *Bouffard* c. *Mediacom Inc.*, D.T.E. 88T-353 (C.P.); *Jean* c. *Groupe Promodor Inc.*, D.T.E. 85T-64 (C.S.); *Landry* c. *Comterm Inc.*, J.E. 84-451 (C.S.); *Freeme de Wallens* c. *Visirecords Systems Canada Ltd.*, J.E. 81-548 (C.S.).

17. D.T.E. 87T-132 (C.S.).

18. D.T.E. 88T-188 (C.S.).

19. [1981] C.S. 1102. Voir également *Dumas* c. *Aeterna-Vie Cie d'Assurance*, J.E. 80-910 (C.S.).

tâche facile. En effet, Monsieur le Juge Lamer de la Cour suprême du Canada déclare:

> «Le montant accordé est forcément arbitraire, vu la difficulté de mesurer objectivement un tel préjudice en termes pécuniaires, surtout qu'il s'agit de la réputation d'un autre.»[20]

Dans *Gignac* c. *Trust Général du Canada*[21], Gignac fut littérale-ment expulsé de la compagnie sans aucune discussion ni explication, ce qui créa l'impression qu'il était coupable d'un acte d'une extrême gravité. La Cour décida que l'employeur avait abusé de son droit de mettre fin au contrat, puisque tout homme d'affaires aurait dû ou devrait savoir que, dans un milieu restreint comme celui des prêts hypothécaires dans la ville de Québec, un congédiement aussi brusque pouvait certainement mettre fin à une carrière. L'employeur avait donc commis une faute pour laquelle il dut payer 10 000$ pour l'anxiété, l'humiliation, la douleur, l'atteinte à la réputation et pour tous les inconvénients que l'employé avait subis.

L'affaire *Stewart* c. *Standard Broadcasting Corp.*[22] fournit aussi une bonne illustration de ce genre de situation. Stewart était vice-président et directeur général d'une station radiophonique. Après neuf ans de service, il fut brusquement congédié sans cause et fut incapable de se trouver un autre emploi dans l'industrie de la radio.

En accordant 75 000$ de dommages moraux, le tribunal prit en considération le caractère unique de l'industrie de la radiodiffusion au Canada, la rareté de ce type d'emploi et l'attention que cette fonction recevait du public. En l'occurrence, l'absence d'un préavis était en soi une faute qui imposait réparation en raison de la nature particulièrement délicate de l'emploi de Stewart[23]. La Cour déclara:

> «Il ne fait aucun doute que les dommages réclamés par le demandeur ont été causés par le défaut du défendeur de lui donner un préavis raisonnable. Le défendeur savait très bien que l'industrie de la radiodiffusion attirait constamment l'atten-tion des médias et qu'un congédiement brusque et inattendu du directeur général à Montréal aurait été immédiatement l'objet d'un commentaire journalistique nuisible au demandeur.

---

20. *Snyder* c. *Montreal Gazette Ltd.*, [1988] 1 R.C.S. 494, 505.
21. D.T.E. 91T-231 (C.S.).
22. D.T.E. 90T-20 (C.S.).
23. Voir aussi *Thomas Cook Overseas Ltd* c. *McKee*, D.T.E. 83T-572 (C.A.).

Comme conséquence de ce congédiement sans préavis, le demandeur s'est vu retirer la chance de négocier ou de tenter de
négocier une entente qui aurait pu diminuer ou éviter l'impact
dommageable de cette annonce. Il perdit aussi l'occasion de
rechercher un nouveau poste en s'appuyant sur la position qu'il
occupait auprès du défendeur ainsi que le temps nécessaire pour
en trouver un.

Si un préavis raisonnable lui avait été signifié, le choc important
que lui et sa famille ont dû subir aurait certainement été adouci.

[...]

Le défaut délibéré du défendeur de remettre au demandeur un
préavis raisonnable de congédiement, tel que requis par la loi,
a démontré *une insouciance calculée envers les droits du demandeur et une complète indifférence quant aux dommages qui
pouvaient résulter d'un congédiement si brusque et complètement
inattendu, dont le défendeur connaissait ou aurait dû connaître
la nature.* Cette situation démontrait clairement un abus de la
part du défendeur dans ses droits de mettre fin à l'emploi du
demandeur et constitue donc une faute qui rend le défendeur
responsable, en vertu de l'article 1053 C.c., pour les dommages
subis par le demandeur.»
(italiques ajoutés, traduction libre).

B.   Atteinte à la réputation

Lorsqu'un employé est congédié, sa réputation n'est pas forcément entachée, même si le congédiement s'avère illégal[24]. Pour que
la responsabilité de l'employeur soit engagée, l'employé devra prouver qu'il a subi des dommages en démontrant les circonstances
particulières qui ont causé préjudice à sa réputation[25].

L'employé qui allègue que sa réputation a été ternie en raison
d'une faute de l'employeur a le fardeau de prouver cette allégation.
Le seul témoignage de l'employé suffit rarement à établir, à la
satisfaction du tribunal, qu'il y a eu atteinte à sa réputation. Pour
que la plainte soit acceptée, il est à toute fin pratique essentiel que

---

24. *Jolicoeur c. Lithographie Montréal Ltée*, [1982] C.S. 230.
25. *Villa c. John Labatt Ltée*, D.T.E. 90T-1014 (C.S.). De tels dommages n'ont pas
     été prouvés dans les cas de *Fournier c. Tout-Rôti Ltée*, D.T.E. 90T-131 (C.S.);
     Carle c. Comité paritaire du vêtement pour dames, (1989) 22 C.C.E.L. 281 (C.S.).

d'autres témoignages viennent corroborer les dires de l'employé, puisque celui-ci est partie au litige. Monsieur le juge Deschênes, dans l'affaire *Mainville* c. *Brasserie Michel Desjardins Ltée*[26], décida que bien que la version des faits de l'employé quant à l'atteinte à sa réputation était plausible, la plainte devait être rejetée étant donné l'absence de preuve corroborant son témoignage. Dans plusieurs autres affaires, il fut prouvé qu'il n'y avait pas eu atteinte à la réputation de l'employé[27].

L'arrêt *Dumas* c. *Aeterna-Vie Cie d'Assurance*[28] illustre bien de quelle façon un employeur peut porter atteinte à la réputation d'un employé. Suite au congédiement de Dumas, un courtier d'assurances, son employeur expédia un avis à tous ses anciens clients, les avisant que Dumas n'était plus à l'emploi de la compagnie. La note était rédigée de telle sorte qu'elle pouvait laisser entendre que Dumas avait été congédié pour vol ou conduite malhonnête alors que, en fait, la raison de son congédiement était qu'il retournait aux études. Dumas reçut 1 500$ à titre de dommages. Dans *Morden & Helwig Ltée* c. *Perreault-Mathieu & Cie*[29], l'employé, un expert en évaluation de sinistre, se vit octroyer 5 000$ parce que son employeur l'avait congédié d'une façon humiliante et avait porté atteinte à sa réputation[30].

Dans *St-Germain* c. *Domtar Inc.*[31], le tribunal décida que l'employeur avait abusé de son droit de mettre fin à l'emploi d'un représentant des ventes. Un montant de 2 000$ fut octroyé à l'employé pour compenser la perte de temps, les déplacements et autres dommages encourus pour comparaître devant la Commission d'emploi et d'immigration afin d'obtenir les prestations d'assurance-chômage qui lui avait été refusées par la faute de l'employeur.

Dans *Miron Inc.* c. *DesCheneaux*[32], la Cour d'appel confirma la décision du tribunal de première instance qui accordait 1 500$ à une

---

26. D.T.E. 88T-292 (C.S.).
27. *Villeneuve* c. *Soutien-Gorge Vogue Inc.*, D.T.E. 86T-739 (C.S.); *Goulet* c. *Équipement de bureau Astro-Tech Ltée*, J.E. 84-364 (C.S.); *Mailhot* c. *Société de Radiodiffusion Audiogramme C.K.L.M. Ltée*, J.E. 84-1047 (C.S.); *Lemyre* c. *J.B. Williams*, D.T.E. 84T-752 (C.S.); *Banville* c. *P.G. du Québec*, D.T.E. 84T-172 (C.S.).
28. J.E. 80-910 (C.S.).
29. D.T.E. 87T-575 (C.S.).
30. Voir aussi *Jalbert* c. *Commission Touristique de Port-Joli Inc.*, J.E. 81-777 (C.P.) où une directrice de restaurant reçut 500$.
31. D.T.E. 88T-159 (C.S.), confirmée [1991] R.J.Q. 1271 (C.A.).
32. D.T.E. 88T-14 (C.A.).

employée en raison du préjudice causé à sa carrière par un congédiement soudain et imprévisible. La Cour conclut que l'employeur avait abusé de son droit de mettre fin à la relation d'emploi. Dans *Faule* c. *Sun Life du Canada*[33], le tribunal accorda 5 600$ à l'employé. Le demandeur avait été congédié de façon abrupte en raison de la soi-disant piètre qualité de son travail pendant les deux années de son emploi alors que, au cours de cette même période, il n'avait reçu que compliments et mots d'encouragement à propos de son travail. De même, dans *Talbot* c. *Caisse d'établissement Bellerive*[34], un conseiller financier reçut 5 000$ en guise de compensation pour les dommages causés de façon temporaire à sa réputation et à sa crédibilité. Ces dommages furent octroyés suite à son congédiement sans cause; ils visaient à compenser les longues explications qu'il eut à fournir à ses anciens et nouveaux clients pendant environ un an.

Dans *Renda* c. *Lachine*[35], un contremaître des chantiers municipaux fut congédié après qu'on eût découvert qu'il avait un casier judiciaire. La Cour conclut que l'employeur n'avait pas porté atteinte à la réputation de l'employé, car il avait pris soin de ne pas rendre publique l'existence d'un tel dossier. Toutefois, la Cour indiqua que l'employeur aurait dû prendre des renseignements sur ce sujet avant d'engager le contremaître et accorda donc à ce dernier 2 000$ pour les inconvénients subis. Dans *Roberge* c. *Roussin*[36], un représentant de l'employeur avait confié à un tiers que l'employé était un voleur. La Cour décida que ces propos diffamatoires donnaient lieu à une présomption de malveillance et, sur cette base, elle accorda une indemnisation à l'employé pour atteinte à sa réputation.

Si l'employé continue de jouir d'une excellente réputation, même après avoir été congédié, il n'y a pas lieu d'accorder de dommages[37].

Les rumeurs et spéculations sur les raisons d'un congédiement semblent être le résultat de la curiosité qui entoure normalement la mise à pied d'un collègue de travail ou d'une personne en vue dans la communauté. Si l'on ne peut prouver que la publicité est directement attribuable à l'employeur ou qu'il l'a provoquée, ce dernier ne pourra être tenu responsable des dommages que l'employé subira en raison de cette publicité[38]. Le tribunal en arriva à une conclusion similaire

33. J.E. 84-363 (C.S.).
34. J.E. 83-62 (C.S.).
35. J.E. 83-368 (C.S.).
36. [1950] C.S. 349.
37. *Landry* c. *Comterm Inc.*, J.E. 84-451 (C.S.).
38. *Clément* c. *Simpsons Sears Ltée*, J.E. 83-844 (C.S.); *Ruel* c. *La Banque Provinciale du Canada*, [1971] C.A. 343; *Jolicoeur* c. *Lithographie Montréal*, [1982] C.S. 230; *Levasseur* c. *Allard 5-10-15 Ltée*, [1972] C.S. 658.

dans *Landry* c. *Radio du Pontiac Inc.*[39], qui concernait le directeur d'une station de radio, et dans *Bazinet* c. *Radiodiffusion Mutuelle Ltée*[40], qui impliquait le président et chef de la direction d'une entreprise de radiodiffusion[41]. Cependant, dans *Stewart* c. *Standard Broadcasting Corp.*[42], le tribunal n'a pas suivi ces décisions. La Cour arriva plutôt à la décision suivante:

> «Bien que le défendeur ne soit pas directement responsable de cette publicité, il aurait certainement pu prévoir, étant donné les circonstances, qu'une telle publicité suivrait immédiatement le congédiement du demandeur.» (p. 18)
> (traduction libre)

C. Humiliation

Les tribunaux ont estimé que le fait d'être congédié peut être une expérience traumatisante et ils reconnaissent que l'employé, dans un tel cas, peut subir une certaine forme d'humiliation. Toutefois, il est reconnu que des dommages moraux relatifs à pareille humiliation ne peuvent être réclamés que si la preuve établit que l'employeur a agi de mauvaise foi ou de façon abusive en renvoyant l'employé[43].

Dans *Maheu* c. *Catalytic Enterprises Ltd.*[44], bien que Maheu se soit senti humilié lorsqu'il entendit ses trois subordonnés dire à son supérieur qu'ils refusaient de travailler sous ses ordres, l'employeur n'avait pas agi de façon malveillante et conséquemment, aucun dommage ne fut accordé. Dans *Lavigne* c. *Sidbec-Dosco Inc.*[45], la Cour conclut que, nonobstant l'humiliation ressentie par l'employé lorsqu'on l'avisa de l'étendue de sa rétrogradation (qui équivalait en fait à un congédiement déguisé), la preuve ne démontrait pas que l'employeur avait utilisé une quelconque tactique pour exacerber le sentiment de rejet naturel qu'éprouvait l'employé[46].

---

39. D.T.E. 83T-200 (C.S.).
40. D.T.E. 85T-640 (C.S.).
41. Voir également *Hydro-Québec* c. *Arsenault*, non rapportée, C.A. 500-09-000446-73 (1979).
42. D.T.E. 90T-20 (C.S.).
43. *Larkin* c. *Lauremat Inc.*, D.T.E. 91T-1024 (C.S.); mais prendre note de *Jean* c. *Groupe Promodor Inc.*, D.T.E. 85T-64 (C.S.).
44. D.T.E. 84T-636 (C.S.).
45. D.T.E. 85T-4 (C.S.).
46. Voir aussi *Chisholm* c. *Bossé, Charbonneau*, J.E. 84-561 (C.S.) où la gérante d'un magasin de vêtements, âgée de 55 ans, fut congédiée parce qu'elle était trop traditionnelle pour la nouvelle image que l'employeur voulait donner à la boutique.

Dans toute situation de cessation d'emploi, l'employeur doit agir non seulement avec discrétion mais également avec respect. Il doit prendre soin de ne pas placer l'employé dans une situation humiliante ou embarrassante. L'affaire *Champagne* c. *Club de golf Lévis Inc.*[47] illustre bien ce point. À la fin de la saison de golf, l'employeur invita la vérificatrice du club à dire quelques mots aux autres employés. Le discours où celle-ci exprimait sa hâte de tous les revoir la saison prochaine s'adressait aux représentants de l'employeur qui savaient qu'elle allait bientôt perdre son emploi et que son successeur avait même été engagé. Après avoir été informée de la terminaison de son emploi, l'employée se sentit humiliée en pensant aux mots qu'elle avait adressés aux employés. La Cour décida que l'employeur aurait dû éviter de placer l'employée dans une pareille situation, soit en l'avisant de la fin de son emploi avant même la rencontre, soit en ne l'invitant pas à s'adresser aux autres employés. Les dommages furent évalués à 300$.

Dans *Clément* c. *Simpsons Sears Ltée*[48], le directeur du marketing, alors en état d'ébriété, avait frappé le vice-président au cours d'une rencontre à l'extérieur de la ville; il fut subséquemment congédié pour avoir refusé de suivre une cure de désintoxication. La Cour jugea que l'employeur avait abusé de ses droits en exigeant de l'employé qu'il suive une cure, alors qu'il n'avait pas de problème d'alcoolisme. En outre, l'employé n'avait pas fait preuve de ce problème au travail. Le tribunal accorda donc une indemnité de 10 000$ à l'employé pour humiliation.

D.   Anxiété et traumatisme psychologique

L'anxiété et le choc ou traumatisme psychologique constituent d'autres formes de souffrance qui ont été indemnisées lorsque la preuve démontrait qu'elles résultaient d'un congédiement abusif. Dans *Landry* c. *Comterm Inc.*[49], la Cour accorda à l'employée une compensation de 1 000$ pour l'anxiété et le stress qu'elle avait subis en raison de son congédiement injustifié. Pendant plusieurs semaines après son congédiement, l'employée, une personne ordinairement

---

47. D.T.E. 87T-548 (C.P.). Voir également *Carle* c. *Comité paritaire du vêtement pour dames*, (1989) 22 C.C.E.L. 281 (C.S.).

48. J.E. 83-844 (C.S.). Voir aussi *Administration de Pilotage des Laurentides* c. *Gagnon*, J.E. 81-1107 (C.A.); *Morden & Helwig* c. *Perreault-Mathieu & Cie*, D.T.E. 87T-575 (C.S.); *Martin* c. *Steinberg*, D.T.E. 83T-688 (C.S.).

49. J.E. 84-451 (C.S.).

dynamique, avait été dépressive et il n'était pas rare de la retrouver en larmes. De la même manière, un représentant des ventes, dans *Villeneuve* c. *Soutien-Gorge Vogue Inc.*[50], reçut une compensation de 1 500$ pour l'anxiété et le traumatisme psychologique ressentis suite à son congédiement illégal. Il avait été un travailleur dynamique avant la perte de son emploi, et son congédiement entraîna chez lui un état dépressif.

Dans *Foisy* c. *Bell Canada*[51], l'employée avait été injustement congédiée par son supérieur parce qu'elle avait repoussé ses avances. La Cour décida que l'employeur, Bell Canada, était responsable du comportement inacceptable de ses employés, peu importait le rang hiérarchique qu'ils occupaient dans la compagnie. Elle ordonna donc à Bell Canada de payer à Foisy une indemnité de 3 000$ pour le traumatisme psychologique ainsi que pour l'isolation sociale et professionnelle dont elle avait souffert, surtout durant l'année suivant son congédiement.

Dans *Charest* c. *Institut Val du Lac*[52], le tribunal rejeta la réclamation de 500$ d'un employé à titre de compensation pour embarras, perte de confiance en lui-même et dommages moraux subis. La Cour conclut que l'employeur n'avait pas été de mauvaise foi et n'avait pas abusé de ses droits. De même, des réclamations pour diffamation et insultes[53], dommage moral[54], anxiété[55] et autres inconvénients[56] furent rejetées suite à l'absence de preuve d'une intention malveillante ou d'un abus de droit de la part de l'employeur. Dans *Goulet* c. *Équipement de Bureau Astro-Tech Ltée*[57], on ne put non plus prouver l'existence d'un préjudice moral.

Dans *Landry* c. *Radio du Pontiac Inc.*[58], l'employeur avait malicieusement tardé à faire parvenir à l'employé son formulaire de cessation d'emploi, ce qui, par la force des choses, avait retardé de plusieurs semaines les prestations d'assurance-chômage. La Cour ordonna à l'employeur de payer une compensation de 1 500$ pour les inconvénients causés à l'employé. Dans l'affaire *Bradette* c. *Des-*

50. D.T.E. 86T-739 (C.S.).
51. J.E. 84-993 (C.S.). Voir aussi *Occhionero* c. *Roy*, D.T.E. 92T-632 (C.S.).
52. J.E. 81-797 (C.S.).
53. *Vézina* c. *Fairmont Granite Ltd.*, J.E. 81-1068 (C.S.).
54. *Rajotte* c. *P.N. McCarthy Transport Inc.*, J.E. 82-487 (C.S.).
55. *Benson* c. *Brown Boveri Canada Ltd.*, [1983] C.S. 229.
56. *Thorneloe* c. *C.S.R. Eastern Townships*, D.T.E. 84T-870 (C.S.).
57. D.T.E. 84T-329 (C.S.). *Chisholm* c. *Bossé, Charbonneau*, J.E. 84-561 (C.S.); *Freeme de Wallens* c. *Visirecords Systems Canada Ltd.*, J.E. 81-548 (C.S.).
58. D.T.E. 83T-200 (C.S.).

jardins & Paré Inc.[59], la Cour provinciale ordonna à l'employeur de verser le montant de 1 000$ au barman qu'il avait congédié sans préavis: des ennuis financiers avaient subséquemment forcé l'employé à vendre son mobilier à un prix nettement inférieur à sa valeur réelle.

E. Référence et autres communications verbales ou écrites à l'égard d'un ancien employé

L'employeur devrait éviter de causer inutilement du tort à un ancien employé lorsqu'une tierce partie le contacte pour obtenir des informations. Le fait de fournir des informations non pertinentes, trompeuses ou incorrectes pourrait permettre à un ancien employé de réclamer des dommages additionnels. Dans *Langlois c. Farr Inc.*[60], un représentant de Farr Inc. informa un employeur potentiel, qui cherchait alors des références sur Langlois, que ce dernier avait été congédié pour cause et qu'il allait intenter des poursuites en dommages contre la compagnie. La Cour d'appel décida que, au moment du congédiement de Langlois, le président de Farr Inc. savait fort bien que le congédiement de Langlois était injustifié. La Cour accorda donc à Langlois une compensation de 5 000$ pour le préjudice dont il avait souffert dans sa recherche d'un nouvel emploi[61].

Les employeurs doivent également être prudents lorsqu'ils informent les autres employés, clients, fournisseurs ou toute autre personne du départ d'un employé. Les tribunaux, à la recherche d'actes fautifs, examineront minutieusement les communications verbales ou écrites[62]. Les tribunaux reconnaissent que, dans certains cas, un employeur est obligé d'informer d'autres personnes du départ de l'employé. Le plus souvent, c'est pour des raisons d'affaires qu'une tierce partie se voit informée de la cessation d'emploi d'un employé, comme, par exemple, pour introduire son remplaçant. Les tribunaux ne trouveront pas d'actes fautifs là où les parties intéressées sont informées des faits[63]. Toutefois, en l'absence de preuve non équivo-

---

59. J.E. 81-519 (C.S.).
60. D.T.E. 88T-1005 (C.A.).
61. Voir a contrario: *Vezina c. Fairmont Granite Ltd.*, J.E. 81-1069 (C.S.), où les réclamations de l'employé pour dommages furent rejetées.
62. *Duquette c. Location de Voitures Compactes (Canada) Ltée*, D.T.E. 90T-343 (C.Q.). Voir également *Girouard c. Les Coopérants, Société-Mutuelle d'Assurance-Vie*, non rapportée, C.S. 450-05-000350-849, 5 avril 1990, où des dommages furent accordés en partie suite à des commentaires préjudiciables non pertinents apparaissant au dossier de l'employé; et *Dumas c. Aeterna-Vie Cie D'Assurances*, J.E. 80-910 (C.S.).
63. *Habitations Populaires Desjardins de Lanaudière Inc. c. Boyer*, J.E. 88-803 (C.A.).

que, un employeur devrait généralement s'abstenir de créer un doute sur l'honnêteté ou le professionnalisme d'une personne.

F.   Dommages exemplaires

Les tribunaux du Québec n'accordent pas de dommages punitifs comme ceux des provinces de *common law*[64]. Par contre, des dommages exemplaires peuvent être octroyés si le défendeur a violé une loi qui donne droit à ce type de dommages. Par exemple, la *Charte des droits et libertés de la personne*[65] permet l'octroi de dommages exemplaires lorsqu'une personne contrevient illicitement et intentionnellement à un droit ou une liberté protégés par la Charte. Les dommages exemplaires servent alors à punir le contrevenant et à dissuader toute autre personne d'en faire autant.

Dans *Delorme c. Banque Royale du Canada*[66], Delorme avait été injustement congédié pour des raisons de corruption et de malhonnêteté. En l'absence de preuve que l'employeur avait intentionnellement violé le droit de l'employé à son honneur et à sa réputation, droit fondamental protégé par la Charte, la Cour refusa d'accorder des dommages exemplaires. La Cour d'appel, dans *West Island Teachers Association c. Nantel*[67], analysa la signification d'une violation «intentionnelle» en vertu de la Charte et porta le jugement suivant:

«L'atteinte illicite à un des droits reconnus par la Charte est un délit. Pour être intentionnel, il faut qu'il soit commis dans des circonstances qui indiquent une volonté déterminée de causer le dommage résultant de la violation. Cette volonté peut se manifester de plusieurs façons. Elle est susceptible d'apparaître par suite de la constatation que la faute commise est lourde ou grossière au point que l'esprit ne saurait imaginer que celui qui l'a commise ne pouvait pas ne pas se rendre compte, au départ, qu'elle produirait les conséquences préjudiciables qui en ont été la suite. La faute est également intentionnelle si elle provient d'une insouciance déréglée et téméraire du respect du droit d'autrui en parfaite connaissance des conséquences immédiates

---

64.   *Chouinard c. Groupe Commerce, Cie d'assurances*, D.T.E. 90T-528 (C.S.); *Cournoyer c. Institut National de la recherche scientifique*, [1989] R.J.Q. 251 (C.A.); *Delorme c. Banque Royale du Canada*, [1987] R.J.Q. 1814 (C.S.).

65.   L.R.Q., c. C-12, article 49. Voir *Beauparlant c. St-Calixte*, [1992] R.J.Q. 2303 (C.S.).

66.   [1987] R.J.Q. 1814 (C.S.).

67.   [1988] R.J.Q. 1569 (C.A.).

et naturelles ou au moins extrêmement probables que son geste va causer à sa victime.» (p. 1574)

Ce passage sert maintenant à vérifier s'il y a effectivement «intention», laquelle donne ouverture à la responsabilité en vertu de la *Charte québécoise*[68].

Le tribunal jouit d'une très large discrétion dans la détermination du montant à accorder à titre de dommages exemplaires. Parmi les principaux critères figurent l'aspect préventif ou punitif des dommages, la conduite de l'auteur, l'importance du préjudice subi, la capacité de payer ainsi que le quantum des véritables dommages accordés[69].

---

68. *Occhionero* c. *Roy*, D.T.E. 92T-632 (C.S.); *Gignac* c. *Trust Général du Canada*, D.T.E. 91T-231 (C.S.). Voir aussi *La Commission des droits de la personne* c. *Up-Town Automobiles Ltée*, non encore rapportée, n° 500-53-000005-924, 12 novembre 1992 (T.D.P.).
69. *West Island Teachers' Association* c. *Nantel*, [1988] R.J.Q. 1569 (C.A.) et voir Pierre E. Audet, «Évaluation des dommages-intérêts exemplaires», (1981-1982) *F.B. du B.* 255.

CHAPITRE 17

RECOURS DE L'EMPLOYEUR LORSQU'IL Y A BRIS DE CONTRAT PAR L'EMPLOYÉ

Dans la pratique, relativement peu d'employeurs poursuivent leurs employés, car le temps, l'énergie et les coûts occasionnés par une poursuite judiciaire sont souvent plus élevés que les dommages directement imputables à l'employé. Indépendamment de la probabilité qu'une poursuite en dommages soit instituée par l'employeur, un employé devrait évaluer l'à-propos d'une démission et du préavis qui devrait être donné à cet effet. L'employé est responsable des dommages encourus par l'employeur lorsqu'il ne fournit pas un avis raisonnable à l'effet de sa démission.

Essentiellement, la plupart des poursuites entreprises par les employeurs le sont à la suite du manquement de l'employé de fournir les services auxquels il s'était engagé, à l'utilisation inappropriée des biens de la compagnie ou de sa position, à une compétition déloyale ou au non-respect d'une clause restrictive.

A. Invalidité du contrat d'emploi

Si un employé ne respecte pas les termes de son contrat d'emploi, l'employeur peut résilier le contrat, mettant ainsi fin à l'exécution des obligations des parties. L'employeur peut encore poursuivre en dommages et réclamer les montants payés à l'employé pour les services qui n'ont pas été rendus.

Dans *Rondeau c. Lamarre Valois International Limitée*[1], la Cour d'appel du Québec annula le contrat d'emploi parce que l'employé avait totalement fait défaut de fournir ses services. Par ailleurs, la Cour confirma la décision de la Cour supérieure, qui avait ordonné à Rondeau de payer 4 376$ à son ancien employeur. Ce montant

---

1. Non rapportée, C.A.M. 500-09-000834-754, 9 septembre 1978.

représentait les coûts de billets d'avion pour l'employé et son épouse, les frais de transport pour le déménagement de leurs effets personnels et tous salaire et avances que l'employé avait reçus.

B.   Dommages pour la démission prématurée d'un employé

Tel qu'il a été mentionné dans un chapitre précédent[2], à moins que les parties en aient convenu autrement, l'employé qui est lié par un contrat à durée indéterminée doit fournir un préavis raisonnable de son intention de démissionner, et l'employé lié par un contrat à durée fixe ne peut pas, règle générale, démissionner avant l'expiration du terme. Le défaut de fournir un préavis ou de démissionner avant l'expiration du terme prévu peut rendre l'employé passible d'une poursuite pour les dommages encourus par son employeur, dommages qui sont les conséquences directes et immédiates de sa démission prématurée.

En effet, tout comme l'employeur est responsable des dommages causés par un congédiement prématuré et illégal, l'employé peut être tenu responsable des dommages causés par son défaut de fournir un préavis raisonnable de sa démission.

La Cour suprême du Canada, dans *Asbestos Corporation Ltd.* c. *Cook*[3], se référa à l'autorité française sur ce point:

> «Il s'ensuit que celui qui veut faire cesser la convention doit manifester sa volonté en donnant congé à l'autre, et le congé implique un certain délai dans l'intérêt de celui à qui il est donné; si ce délai n'est pas suffisant, il y a lieu à dommages.»[4]

En 1987, M. le juge Henri LaRue de la Cour supérieure du Québec accorda 10 000$ à l'employeur pour les dommages occasionnés en raison du défaut de l'employé de fournir un préavis de sa démission[5]. En accordant ces dommages, la Cour souligna la confusion et le chaos qui suivirent le brusque départ de l'employé et la démission d'autres employés qui en résulta.

---

2. Voir le chapitre 12, «Terminaison de l'emploi».
3. [1933] R.C.S. 86, 94.
4. *Principes de droit civil*, t. 25, 4ᵉ éd., (Paris: Librairie A. Marescq, 1887), nᵒ 513.
5. *Grenier* c. *Radiodiffusion Mutuelle Canada Ltée*, (1987) 18 C.C.E.L. 256 (C.S.); *Dufresne* c. *Dorion*, D.T.E. 86T-223 (C.S.).

L'objet d'un préavis raisonnable est d'accorder à l'employeur un laps de temps pour remplacer l'employé. M. le juge Rinfret de la Cour du banc de la Reine, dans l'affaire *Columbia Builders Supplies Co. c. Bartlett*[6], cite Planiol et Ripert[7] sur l'objet du préavis raisonnable:

> «Cette institution a pour objet d'éviter à l'autre partie le préjudice résultant de la brusque cessation de travail; ainsi prévenu à l'avance, l'employeur peut embaucher en temps utile un nouvel employé pour remplacer celui qui part, sans qu'il y ait interruption dans le travail; dans les mêmes conditions, l'employé a le temps de chercher une nouvelle place et d'éviter le chômage.» (p. 113)

L'employeur est en droit de réclamer les dommages encourus en raison du défaut de l'employé de fournir un préavis. Les dommages réclamés par l'employeur peuvent inclure la perte de profits ou des dépenses exceptionnelles encourues par les efforts exigés pour compenser l'impact négatif du départ hâtif de l'employé. Tout salaire qui aurait été payé à l'employé peut être déduit dans la requête en dommages.

L'employeur a le fardeau de faire la preuve des dommages encourus en raison du défaut de l'employé de fournir un préavis. S'il ne réussit pas à faire la preuve de tels dommages, la cour rejettera la requête de l'employeur[8].

L'employeur a toutefois l'obligation de minimiser les pertes résultant d'une telle démission prématurée. L'employeur doit démontrer un effort honnête et raisonnable pour remplacer promptement l'employé démissionnaire. Souvent, les dommages sont relativement minimes grâce à l'habileté de l'employeur à trouver un employé temporaire jusqu'à ce qu'une solution permanente soit adoptée. Cette solution peut être l'embauche d'un nouvel employé ou la redistribution des fonctions entre les employés déjà sur place. Cependant, ceci n'est pas le cas avec tous les employés. Plusieurs types de fonctions telle celle de cadre supérieur, ou certains métiers ou professions ne sont pas nécessairement faciles à remplir.

L'employé qui allègue que l'employeur a fait défaut de minimiser ses pertes a le fardeau de prouver que l'employeur a agi de façon

---

6. [1967] B.R. 111 (C.A.).
7. M. Planiol et G. Ripert, *Traité pratique de droit civil français*, t. 11, 2e éd., Paris, L.G.D.J., 1954, p. 102 et suivantes.
8. *Godbout c. Théroux*, D.T.E. 92T-174 (C.Q.).

déraisonnable et que les dommages réclamés ne sont pas le résultat direct et immédiat de son défaut de fournir un préavis raisonnable de sa démission.

Dans la récente affaire de *Terres Noires Sherrington Ltée* c. *Barrachina*[9], un employé qui avait brusquement démissionné au moment le plus inapproprié de l'année fut tenu responsable des pertes de profits encourues par la compagnie pour l'année financière qui suivit sa démission. L'employé fut également tenu responsable des pertes exceptionnelles et des frais encourus par l'employeur dans ses efforts pour minimiser de telles pertes. L'employeur, Terres Noires, opérait une compagnie d'import-export de culture maraîchère au Canada. En 1982, il incorporait une compagnie en Espagne et retenait les services de M. Barrachina en qualité de directeur-gérant de sa filiale espagnole. Le 20 août 1985, Barrachina posta d'Espagne une lettre de démission datée du 2 août 1985. En fait, le 2 août 1985, il avait commencé à occuper le poste de représentant pour la compagnie espagnole qui fournissait les fruits à Terres Noires et qui avait pris la décision de faire elle-même la mise en marché de ses produits sur le marché canadien. Les fournisseurs espagnols ne donnèrent que quelques jours d'avis à Terres Noires à l'effet qu'ils cessaient leurs relations d'affaires avec elle.

Dans un effort pour minimiser les pertes anticipées, Terres Noires dut dépenser plus de 20 000$ pour des voyages en Espagne à la recherche de nouveaux fournisseurs. La Cour supérieure souligna le fait que les mois d'août, septembre et octobre étaient les mois au cours desquels avaient lieu les négociations d'achat de produits en Espagne. Le transport et l'expédition des produits au Canada suivaient, entre novembre et février. Barrachina avait démissionné au cours de la période la plus cruciale de l'industrie de l'importation pour l'exercice 1985-1986.

La Cour déclara que le préavis de démission de Barrachina était nettement insuffisant. Elle conclut également que la participation de Barrachina dans la réorganisation de la compagnie de fournisseurs démontrait un manque de loyauté envers son ex-employeur.

Terres Noires essuya des pertes de revenus de l'ordre de 3 000 000$ pour l'année 1985-1986. La Cour déclara que la compagnie avait droit à 240 000$ de dommages pour la perte de bénéfices nets.

---

9. D.T.E. 88T-623 (C.S.).

Barrachina et son nouvel employeur furent tenus conjointement et solidairement responsables des dommages.

La responsabilité de Barrachina fut établie en vertu de son contrat d'emploi (défaut de fournir un avis raisonnable de sa démission), et la Cour conclut également que les agissements de Barrachina constituaient un délit (défaut de l'obligation de loyauté et concurrence déloyale).

C. Profits mal acquis

Lorsqu'un employé utilise les biens de la compagnie ou prend avantage de sa fonction pour effectuer des transactions pour son profit personnel sans l'autorisation ou la connaissance de l'employeur, il peut se voir tenu de remettre à la compagnie tous les profits engendrés. Si l'employé exécute certains actes pour lesquels il n'a pas reçu l'autorisation nécessaire, l'employeur peut alors, sous certaines conditions, réclamer le remboursement des dépenses encourues[10]. Dans *Bank of Montreal* c. *Kuet Leong Ng*[11], un spécialiste en échange de monnaie étrangère avait, dans le cours de ses fonctions, effectué des transactions dans les comptes de certains clients de la banque, ce qui lui avait permis de réaliser des profits substantiels. Il avait aussi secrètement effectué des transactions pour deux des clients de la banque, en échange de quoi il recevait la moitié des profits réalisés. Bien que la banque n'encourût pas de pertes attribuables aux actions de Kuet Leong Ng, elle intenta une action pour recouvrer les profits. La Cour suprême du Canada accorda la totalité des profits à la banque, ce qui se chiffrait à plus de 600 000$. La Cour déclara qu'un employé cadre tel que Kuet Leong Ng était responsable des fonds qu'il contrôlait en vertu de sa position. Permettre à Kuet Leong Ng de conserver les profits aurait violé le principe selon lequel personne ne doit tirer profit du manquement à ses obligations de bonne foi et de loyauté.

D. Redressement par injonction

Lorsqu'un employé est lié par une clause restrictive (non-concurrence avec l'employeur ou non-sollicitation des clients ou employés de son employeur, par exemple) ou qu'il est en violation de son

---

10. Voir *Poulin* c. *Chez nous des artistes Inc.*, D.T.E. 89T-739 (C.S.), alors que la cour rejeta la requête de l'employeur pour la raison que l'employé avait agi à l'intérieur de l'autorité qui lui était conférée lorsqu'il avait ordonné certains travaux.
11. [1989] 2 R.C.S. 429.

obligation de loyauté après l'emploi (concurrence déloyale, par exemple), l'employeur peut tenter de faire cesser la conduite de l'employé en obtenant un ordre de la cour appelé injonction. Dans *Assurances Leblanc & Croteau Ltée* c. *Assurance Denis -- Corneau Inc.*[12], une injonction interlocutoire (temporaire) fut accordée pour empêcher un ex-employé d'une compagnie d'assurances de poser des actes de concurrence déloyale. L'employé tentait systématiquement, à la date d'expiration des polices, de rejoindre les clients de son ancien employeur et de les convaincre de s'assurer avec son nouvel employeur.

---

12. [1988] R.J.Q. 1051 (C.S.).

CHAPITRE 18

LE CONTRAT D'EMPLOI ÉCRIT: LES DISPOSITIONS EXPRESSES

La vaste majorité des employés sont engagés en vertu d'un contrat d'emploi verbal. Un contrat écrit possède toutefois de nombreux avantages. L'un d'entre eux est qu'il protège à la fois l'employeur et l'employé en diminuant les risques de malentendus et de conflits. En effet, avec le temps, les termes exacts d'un contrat verbal peuvent devenir confus, souvent en raison du fait que les personnes qui avaient effectué les représentations ne sont plus sur les lieux lorsque surgit un problème. Le contrat écrit a également l'avantage de constituer un point de référence pour les futurs dirigeants en leur indiquant les conditions de travail qui ont été définies par les parties, soit au moment de l'embauche soit lors de modifications de la relation d'emploi.

Le contrat écrit peut aussi prévoir comment il pourra être mis fin à la relation d'emploi, dans quelles circonstances et à quel coût. Ces questions, lorsqu'elles ne sont pas réglées, forcent souvent les parties à recourir aux tribunaux. Une entente écrite peut énumérer les engagements de l'employé envers l'employeur. L'employé peut, entre autres, s'engager à ne pas faire concurrence à la compagnie et à ne pas solliciter les clients et les employés de celle-ci après la cessation de l'emploi. Par ailleurs, l'entente écrite permet de déterminer dans quelle mesure l'employeur pourra modifier les conditions de travail au cours de la relation d'emploi. Finalement, un contrat écrit procure un sentiment de sécurité, tant à l'employeur qu'à l'employé, en ce qui a trait à un aspect très important de leur situation financière et de leur statut social.

Un contrat écrit ne comporte toutefois pas que des avantages. Exiger par exemple que les conditions d'emploi soient établies par écrit n'est pas toujours le meilleur moyen de préserver une relation. De plus, lorsque les parties apportent un changement aux termes ou aux conditions de l'emploi, elles doivent décider si elles veulent modifier le contrat original ou le laisser inchangé. Si elles optent pour le second choix, le contrat ne reflètera alors plus la réalité. Également, lorsque les termes ne sont pas définis, leur signification peut être vague, surtout lorsque ceux qui seraient en mesure de fournir des explications ne sont plus disponibles.

Essentiellement, un individu est libre de participer à tout genre de contrat et d'y inclure ce qu'il désire, dans les limites toutefois imposées par l'ordre public et les bonnes moeurs. L'article 13 du Code civil stipule:

«On ne peut déroger par des conventions particulières aux lois qui intéressent l'ordre public ou les bonnes moeurs.»

Ce sont les tribunaux et le législateur qui déterminent en quoi consistent l'ordre public et les bonnes moeurs. La *Loi sur les normes du travail*[1] est une loi d'ordre public. Les employeurs et les employés régis par cette loi ne peuvent donc tenter de se soustraire aux normes minimales d'emploi qui y sont prescrites. Ces normes touchent, entre autres points, le salaire minimum, les heures supplémentaires, les jours fériés, les congés annuels payés, les périodes de repos, les congés pour événements familiaux, les préavis de congédiement, etc. Quant à la notion de bonnes moeurs, elle change avec le temps. De toute évidence, tout comme un code vestimentaire est appelé à évoluer d'une époque à une autre, ainsi en va-t-il des moeurs et des coutumes.

Dans *Taskos* c. *104880 Canada Inc.*[2], le contrat d'emploi prévoyait qu'un employé était engagé pour une période de trois ans à raison de 80 heures de travail par semaine, pour un salaire hebdomadaire de 240$. L'employé avait également la possibilité d'acheter des actions de la compagnie au terme des trois ans. La Cour devait statuer qu'un tel engagement était nul parce que contraire à la *Loi sur les normes du travail*. La Cour ordonna à l'employeur de payer à l'employé le salaire minimum prévu par la loi pour une semaine normale de travail ainsi qu'un montant additionnel pour les heures supplémentaires. De plus, l'employeur dut compenser l'employé pour le travail exécuté pendant les congés fériés et les vacances ainsi que pour les dépenses reliées à l'utilisation de sa propre automobile dans le cadre de son travail.

---

1. L.R.Q., c. N.1-1.
2. D.T.E. 87T-984 (C.S).

Si les parties devaient inclure dans leur contrat écrit une clause qui, par la suite, s'avérerait illégale, qu'adviendrait-il des autres dispositions prévues à l'entente? En principe, la nullité d'une clause dans un contrat entraîne la nullité de l'entente tout entière puisque celle-ci forme un tout indivisible. Toutefois, si la clause illégale est accessoire au contrat ou est considérée comme telle par les parties, elle peut en être soustraite de façon à ce que les autres dispositions demeurent exécutoires. Par contre, si la clause illégale est fondamentale et déterminante au contrat, celui-ci sera alors déclaré nul dans son entier[3]. Dans la décision *Ligue des Caisses d'Économie du Québec (1970) c. King*[4], le contrat d'emploi écrit fut déclaré nul puisque plusieurs de ses dispositions, dont celles concernant la durée du contrat et la rémunération, entraient en conflit direct avec la *Loi sur les Caisses d'épargne et de crédit*[5]. La Cour, ayant écarté le contrat écrit, examina la question du congédiement illégal sur la base des principes généraux applicables à toute relation d'emploi.

Ainsi, lorsque les parties ont décidé que leur relation d'emploi serait régie par un contrat écrit, les tribunaux appliqueront les dispositions du contrat, sauf s'il existe une raison légale de les écarter[6].

Dans les pages qui suivent, nous discuterons brièvement des dispositions généralement incluses dans les contrats d'emploi écrits.

A. Types de clauses

1. La définition des fonctions

Cette disposition a pour but de prévenir tout malentendu éventuel entre les parties sur la nature de l'emploi en termes de fonctions et de responsabilités. Ce genre de clauses est particulièrement utile pour éviter les allégations de congédiement déguisé ou de changement unilatéral par l'employeur. Lorsque les parties le désirent, elles peuvent également prévoir des fonctions alternatives à l'intérieur même du contrat.

---

3. Jean-Louis Baudouin, *Les Obligations* (Éd. Yvon Blais, 3e éd., 1989), p. 220, notes 42, 43.
4. D.T.E. 83T-19 (C.S.).
5. L.R.Q., c. C-4.
6. *Sofati c. Laporte*, [1992] R.J.Q. 321 (C.A.).

2. La période de probation

Les contrats d'emploi écrits prévoient souvent que les employés récemment embauchés ou promus devront se soumettre à une période de probation ou d'essai. Dans l'intervalle, les aptitudes et la personnalité de l'employé seront évaluées. Tant l'employeur que l'employé évalueront leur désir de poursuivre la relation à plus long terme.

Si, au cours de cette période, l'une ou l'autre des parties n'est pas satisfaite de l'emploi, la question alors fréquemment soulevée est la suivante: pour mettre fin à la relation d'emploi, faut-il appliquer les règles normales relatives à une cessation d'emploi, rendant ainsi nécessaire un préavis de congédiement (ou de démission) ou si ces règles sont écartées parce qu'on met fin à la relation d'emploi pendant une période d'essai?

Sauf entente contraire, respectant toutefois la législation sur les normes du travail, les tribunaux ont appliqué les règles normales relatives à la cessation d'emploi dont il est fait état au chapitre 12.

Dans *Boucher* c. *Berol Cie Ltée*[7], un employé en probation fut congédié après 27 jours de travail. On lui octroya une semaine de salaire, soit l'équivalent de ce qu'il aurait reçu en vertu de l'article 1668 du C.c. Dans *Lacroix* c. *Legrade Inc.*[8], bien que la convention collective ne fût pas applicable pour un employé en probation, le tribunal y vit quand même une indication quant à la durée du préavis à fournir dans le cas d'un congédiement sans cause. Dans *Carle* c. *Comité Paritaire du Vêtement pour Dames*[9], un avocat fut congédié sans cause à la fin de sa période de probation qui, aux dires de l'employeur, n'était qu'une simple formalité. Le tribunal décida que, même si l'employé était en probation, il était éligible à un préavis de six mois en raison des circonstances particulières qui avaient entouré son embauche. En effet, l'employeur avait assuré l'employé que la période de probation n'était qu'une formalité et qu'il lui réservait un poste permanent.

Même en l'absence d'une cause de congédiement, si les parties ont conclu une entente à cet effet, il est alors possible de mettre un terme à la relation d'emploi durant la période d'essai, sans préavis ni

---

7. J.E. 79-469 (C.P.).
8. J.E. 80-255 (C.P.).
9. D.T.E. 87T-1010 (C.S.).

indemnité tenant lieu de préavis. Toutefois, la terminaison ne doit pas s'effectuer de mauvaise foi, de manière abusive ou malicieuse[10].

3.   La durée de l'emploi

Comme nous l'avons vu au chapitre 7, l'emploi peut être pour une période fixe ou indéterminée. Les contrats à durée fixe sont souvent utilisés pour des affectations temporaires ou des postes de haute direction. Dans certains cas, un employé qui quitte un emploi stable pour occuper un nouveau poste peut souhaiter obtenir certaines garanties quant à la durée minimale de son nouvel emploi. Il demandera alors un contrat à durée déterminée. L'employeur, pour sa part, peut parfois suggérer un terme plus long pour rassurer l'employé sur ses intentions ou pour être en mesure d'évaluer les coûts à l'avance. Un terme plus court peut également être préférable lorsque la réussite de la relation est incertaine ou que l'employeur prévoit une restructuration prochaine de son entreprise. L'employé peut aussi préférer un terme plus court s'il croit que ses prochaines réalisations le placeront en meilleure position de négociation pour l'avenir.

Les contrats à durée fixe peuvent être agencés à une ou plusieurs clauses de renouvellement. Plusieurs employeurs et employés préfèrent renouveler leur relation d'année en année. Il arrive parfois que la durée du contrat soit déterminée alors que d'autres modalités, tel le salaire, sont négociables chaque année. Les dispositions relatives à la durée du contrat peuvent également prévoir la possibilité d'un renouvellement automatique.

4.   Le lieu d'exécution du travail

Au moment de conclure le contrat d'emploi, le lieu d'exécution du travail peut être une question déterminante pour l'employé, particulièrement lorsqu'il a des enfants d'âge scolaire ou que son conjoint est aussi sur le marché du travail. Dans ce cas, les parties seraient bien avisées de discuter de ce point, surtout si les intentions de l'employeur sont de déplacer l'employé d'un endroit à un autre. Ainsi, les parties à un contrat d'emploi écrit deviennent de plus en plus précises quant au lieu de travail. En énonçant clairement que l'employé comprend ou accepte qu'il puisse avoir à déménager, les malentendus éventuels pourront être évités.

---

10. *Claude c. Laberge*, D.T.E. 92T-1279 (C.S.).

Certains secteurs d'activités sont reconnus comme nécessitant de fréquentes mutations. Même dans ces secteurs, les pratiques d'une entreprise ou les coutumes liées à un poste en particulier peuvent néanmoins être cause de mésententes.

Au moment de l'embauche, il pourrait être approprié de spécifier le type de mutations auxquelles sera sujet un employé. S'agira-t-il de mutations à l'intérieur d'une même ville, d'une même province, à travers le pays ou à travers le monde? La même spécification pourrait également s'appliquer à la fréquence des mutations. Les questions accessoires, telles les indemnités de logement, d'éducation et de déménagement, devraient également être examinées. On peut soit en traiter directement dans le contrat d'emploi soit faire référence à une politique interne déjà existante.

5. *La clause de confidentialité*

Au cours de leur emploi, plusieurs employés sont fréquemment amenés à traiter avec des informations confidentielles ou délicates. L'ampleur de l'obligation de l'employé de ne pas dévoiler ces informations avant et après la terminaison de l'emploi est influencée par des facteurs tels que la nature de l'information et la position de l'employé[11].

Les clauses de confidentialité sont par conséquent régulièrement incluses dans les contrats d'emploi pour porter à l'attention de l'employé son obligation légale pendant et après l'emploi ou pour prolonger cette obligation après la cessation de son emploi et ce, dans le but de protéger l'avantage concurrentiel de l'employeur sur le marché. En effet, l'employeur risque de perdre un tel avantage si son ancien employé utilise ou divulgue ses plans de mise en marché, essais de laboratoire, réseaux de distribution, coûts, etc. Des clauses de confidentialité peuvent ainsi empêcher un employé d'utiliser ou de divulguer des informations sur l'entreprise, ce que ne peut faire une obligation de loyauté.

La clause doit être rédigée sans ambiguïté afin de permettre à l'employé d'identifier clairement l'information qu'il n'est pas en droit de révéler ou d'utiliser.

Tout comme pour les clauses de non-concurrence discutées ci-après, les tribunaux ont déterminé que les clauses de confiden-

---

11. Voir le chapitre 11 sur la loyauté et la confidentialité.

tialité ne sont légales que dans la mesure où elles sont raisonnables et qu'elles découlent d'intérêts commerciaux légitimes, ce qui implique la détermination d'une limite quant à la durée de la restriction[12].

6. La clause de non-concurrence

Le droit de gagner sa vie est un droit fondamental. Par ailleurs, la liberté de faire des affaires et de concurrencer sont deux principes dominants de notre système légal. Ainsi, lorsque prend fin le contrat d'un employé, il lui est loisible d'entrer en concurrence directe avec son ancien employeur, à la condition toutefois de ne pas faire usage de tactiques déloyales ou de ne pas être lié à son ancien employeur par une clause de non-concurrence.

Une clause de non-concurrence est une entente qui a pour effet de limiter le droit d'un employé de faire concurrence à son ancien employeur suite à la cessation de l'emploi.

Les employeurs insistent habituellement sur cette clause lorsqu'un employé-clé quitte ses fonctions pour se joindre à un concurrent. En effet, les connaissances et les contacts que l'employé a acquis au cours de son emploi peuvent rendre l'entreprise de son ancien employeur très vulnérable.

Existe-t-il des points de repère pour la rédaction d'une clause de non-concurrence valide ou ces clauses sont-elles toujours valides sans condition?

L'essence même des clauses de non-concurrence est d'affecter la liberté d'un individu de travailler où bon lui semble et dans le domaine de son choix. C'est pourquoi les tribunaux démontrent une certaine réticence face à celles-ci. Ils ont néanmoins reconnu la validité et le caractère exécutoire des clauses de non-concurrence en raison de l'intérêt légitime des employeurs de protéger leurs avantages concurrentiels. Les tribunaux invalideront cependant toute disposition qui tente simplement d'éliminer la concurrence. En traitant ce type de clauses, les tribunaux sont placés devant le dilemme de tracer une ligne raisonnable entre la liberté contractuelle, d'une part, et le droit d'un individu de gagner sa vie, d'autre part. Par conséquent, toute clause restrictive faisant partie d'un contrat d'em-

---

12. *Société Pole-Lite Ltée c. Cormier*, [1989] R.J.Q. 1584 (C.S.); *Positron Inc. c. Desroches*, [1988] R.J.Q. 136 (C.S).

ploi doit rencontrer des critères très stricts avant qu'elle ne devienne exécutoire. Les tribunaux examineront essentiellement si l'interdiction de faire concurrence est raisonnable quant à (a) sa durée, (b) à son territoire et (c) à la nature des activités interdites[13]. Bref, les conditions préalables à la validité d'une clause de non-concurrence appellent à la pondération et au bon sens.

Une clause de non-concurrence est *prima facie* valide[14]. Par conséquent, c'est à la partie qui allègue l'invalidité d'une telle clause, le plus souvent l'employé, d'en faire la preuve[15]. Une clause sera jugée contraire aux bonnes moeurs et à l'ordre public si sa durée, sa portée ou l'étendue du territoire est jugée déraisonnable. La partie qui allègue la violation de la clause, habituellement l'employeur, doit en faire la preuve[16].

Les clauses de non-concurrence existent également dans les contrats de vente d'entreprise et dans les contrats d'emploi où le nouvel employé est l'ancien propriétaire. Les tribunaux, dans leur analyse des clauses de non-concurrence, ont appliqué des critères beaucoup plus sévères lorsqu'il s'agit d'un contrat d'emploi[17]. Ils reconnaissent que les parties à un tel contrat ne sont souvent pas sur un pied d'égalité quant à leur pouvoir de négociation. De plus, dans les cas de vente d'entreprise, la promesse du vendeur de ne pas faire de concurrence sera souvent prise en considération dans la détermination du prix.

Une clause de non-concurrence doit viser essentiellement la protection des intérêts commerciaux légitimes de l'employeur. De façon générale, les tribunaux hésitent à considérer comme exécutoire une clause de non-concurrence lorsque les services de l'ancien employé n'étaient pas vitaux ou ne constituaient pas une partie importante de l'organisation. Pour être valide, une entente de non-concurrence ne devrait viser que les employés qui connaissent suffisamment les affaires de l'employeur pour risquer de lui nuire, advenant le cas où ils deviendraient compétiteurs. Par exemple, dans

---

13. *Cameron c. Canadian Factors Corporation*, [1971] R.C.S. 148; *Moore Corporation c. Charette*, (1988) 19 C.C.E.L. 277 (C.S.).

14. *Beneficial Finance Co. c. Ouellette*, [1967] B.R. 721 (C.A.).

15. *Betz Laboratories Ltd c. Massicotte*, [1980] R.P. 355 (C.A.); *Toulouse c. Laiterie St-Georges Ltée*, [1978] C.A. 210; *Elsey c. J.G. Collins Inc. Agencies*, [1978] 2 R.C.S. 916; *Godin c. Gary Graham Business Consultants Inc.*, [1986] R.J.Q. 809 (C.S.).

16. *Boily c. Les Systèmes de Formation et de Gestion Perform Inc.*, [1984] C.S. 433; *Nationwide Advertising Service Inc. c. David*, (1988) 24 C.C.E.L. 152 (C.S.).

17. Voir *Archambault c. Petro-Canada Inc.*, D.T.E. 88T-3 (C.A.).

l'affaire *Boily c. Systèmes de Formation et de Gestion Perform Inc.*[18], l'employeur menait une entreprise spécialisée dans la création et la diffusion de séminaires pour le perfectionnement des cadres. Considérant la nature hautement spécialisée des services offerts par la compagnie, les efforts considérables nécessaires pour mettre au point le contenu des séminaires qui s'étendaient sur une période de deux à trois ans et le fait que la clientèle était dispersée dans tout le Québec, le tribunal décida que la clause de non-concurrence était raisonnable[19]. Dans *Quantum Management Services Ltd. c. Berry*[20], une agence de placement incluait dans ses contrats d'emploi une clause de non-concurrence d'une durée de 18 mois sur un territoire couvrant Montréal, Toronto et leurs environs, en plus d'une pénalité de 10 000$. La Cour énonça que la protection accordée à l'ancien employeur était trop vaste par rapport au droit de l'employé de gagner sa vie et de faire concurrence. En effet, il n'y avait rien de vraiment unique et de secret dans le domaine des agences de placement.

Une clause de non-concurrence dépourvue de restrictions temporelle et territoriale a une portée définitivement trop vaste, puisqu'elle empêche indéfiniment une personne d'exercer sa profession. Une telle clause sera par conséquent jugée abusive, illégale et inapplicable[21].

Bien que chaque cas soit constitué de faits bien particuliers, les tribunaux considèrent généralement qu'une clause de non-concurrence est raisonnable lorsque sa durée est de deux ans ou moins. Si elle excède cette période, elle ne sera jugée comme telle que dans des circonstances exceptionnelles[22]. En effet, plusieurs ententes de non-concurrence, qui étaient par ailleurs raisonnables, ont été déclarées invalides parce que leur durée excédait la période nécessaire à la

---

18. [1984] C.S. 433.
19. Voir aussi *Aliments F.B.I. Ltée c. Valade*, D.T.E. 87T-889 (C.S.); *Betz Laboratories Ltée c. Massicotte*, [1980] R.P. 355 (C.A.).
20. J.E. 85-836 (C.S.).
21. *N.F.B.C. National Financial Brokerage Center c. Investors Syndicate Ltd.*, [1986] R.D.J. 164 (C.A.); *Hydro-Semence Inc. c. Equilibec*, [1981] R.P. 325 (C.S.); *Perrault c. La Laiterie des Producteurs de Joliette Ltée*, [1959] C.S. 45; *T. c. B.*, [1958] C.S. 588; *Lajoie c. Can Up*, [1954] C.S. 341.
22. *Journal la Seigneurie Inc. c. Desmarteaux*, [1987] R.J.Q. 2501 (C.S.) (10 ans); *Nordenfelt c. Maxim Nordenfelt Guns Ammunition Co.*, [1894] A.C. 535 (H.L.) (25 ans en raison de la clientèle limitée); *Hecke c. La Compagnie de Gestion Maskoutaine Ltée*, [1970] C.A. 225; *H.F. Clarke Limited c. Thermidaire Corp. Ltd*, [1976] 1 R.S.C. 319; *Elsley c. J.G. Collins Insurance Agencies*, [1978] 2 S.C.R. 916 (5 ans); *Morin c. Société de Gestion S.S.B. Ltée*, [1982] R.P. 106 (C.S.) (4 ans); *Frisco Bay Industries of Canada Ltd. c. 107410 Canada Inc.*, [1984] R.L. 149; *L.E.L. Marketing Ltée c. Otis*, D.T.E. 89T-1007 (C.S.).

protection légitime des intérêts de l'employeur[23]. Par ailleurs, la même situation pourra se produire si la période restrictive n'est pas établie en termes de mois ou d'années (comme, par exemple, «aussi longtemps que l'employé possèdera des actions dans la compagnie»)[24].

Il est plus probable qu'une clause prévoyant une longue période de non-concurrence soit jugée valide lorsque l'employé exerce des fonctions spécialisées et que les produits et services offerts par l'employeur sont de grande qualité[25].

Dans *Maxime & Michel Haute Coiffure Inc. c. Martino*[26], la Cour jugea qu'une clause interdisant à une coiffeuse d'exercer son métier dans un rayon de trois kilomètres du salon de coiffure, pendant une durée d'un an après la cessation de son emploi, était raisonnable. Parce qu'elle avait enfreint cette clause, la Cour ordonna à l'employée de payer la pénalité de 10 000$ prévue au contrat. Dans une autre affaire, le tribunal décida qu'une interdiction de faire la vente de produits laitiers sur le territoire assigné à un ancien employé, pendant une durée de 12 mois suivant la terminaison de son emploi, n'outrepassait pas les droits de l'employeur de protéger ses intérêts légitimes[27]. Dans *Laiterie Fortier Ltée c. Borden Co.*[28], une injonction fut accordée afin de faire respecter une clause de non-concurrence d'une durée de deux ans sur l'ancien territoire de distribution de l'employé. Toutefois, dans cette affaire, l'unique question en litige était de déterminer le bien-fondé de la procédure d'injonction. La validité de la clause de non-concurrence n'avait pas été remise en question. De la même façon, dans *Mount Royal Dairies c. Russman*[29], le tribunal donna effet à l'interdiction d'une durée de 90 jours couvrant l'ancien territoire de l'employé. Encore une fois, dans *Poupart & Cie c. Desgroseillers*[30], une injonction fut accordée afin d'interdire à un laitier de vendre ses produits sur le territoire qui lui était

---

23. *Ladouceur, Hamel & Liboiron Ltée c. Liboiron*, [1977] C.S. 498 (20 ans); *Maguire c. Northland Drug Co.*, [1935] R.C.S. 419 (5 ans); *Standard Electric Time c. Finagel*, [1965] C.S. 532 (5 ans); *Herbert Morris Ltd. c. Saxelby*, [1916] A.C. 688 (7 ans); *Dominion Blank Book Co. Ltd. c. Harvey*, (1941) 79 C.S. 274 (5 ans); *Cameron c. Canadian Factors Corp.*, [1971] R.C.S. 148 (5 ans); *M et M Caravane c. Gagnon*, [1973] C.S. 1020 (3 ans); *Produits V-TO c. Bolduc*, [1976] C.S. 498 (20 ans); *B.M.G. Towing c. Gee*, [1979] R.L. 316 (C.S.) (5 ans).
24. *Hydro-Semence c. Equilbec*, [1981] R.P. 325.
25. *Boily c. Les Systèmes de Formation et de Gestion Perform Inc.*, [1984] C.S. 433.
26. D.T.E. 87T-68 (C.P.).
27. *Guaranteed Pure Milk Co. c. Patry*, [1957] B.R. 54 (C.A.).
28. [1961] C.S. 513.
29. (1934) 72 C.S. 240.
30. [1964] R.P. 80.

familier et ce, en vertu de la clause de non-concurrence d'une durée de deux ans qui apparaissait dans son ancien contrat d'emploi.

Dans *Provincial Mobile Inc.* c. *Lebel*[31], bien que la durée d'un an d'une clause restrictive applicable à un vendeur de maisons mobiles fût jugée raisonnable, elle n'en fut pas moins déclarée nulle parce que l'étendue du territoire, quant à elle, était déraisonnable. Dans *Aliments F.B.I. Ltée* c. *Valade*[32], une interdiction d'une durée de deux ans, incluse dans un contrat de service d'un an auquel les parties pouvaient mettre fin sur avis de 60 jours, fut jugée déraisonnable.

Lorsqu'un employé connaît particulièrement bien la clientèle de l'employeur au point de savoir de quelle façon l'influencer, les tribunaux reconnaissent généralement la validité d'une clause de non-concurrence. Toutefois, en l'absence d'une preuve d'une telle influence sur les clients de l'employeur, les tribunaux hésiteront à reconnaître la validité de la clause[33].

Il est nécessaire de bien définir le territoire couvert par la clause de non-concurrence[34]. Ce territoire ne devrait toutefois pas excéder ce qui est nécessaire pour protéger les intérêts légitimes de l'employeur sous peine de voir la clause déclarée invalide[35]. Ainsi, s'il s'agit d'une entreprise locale, la restriction territoriale doit être étroitement définie. Dans *Grossman* c. *Schwarz and Kafka*[36], la Cour affirma qu'une clause qui ne définissait pas sa portée territoriale était manifestement déraisonnable puisqu'elle englobait ainsi la terre entière. Dans *Beneficial Finance Co. of Canada* c. *Ouellette*[37], la Cour examina une clause qui interdisait la concurrence et la sollicitation «dans toute ville, territoire ou leurs environs où l'individu a été employé». Le tribunal déclara que la définition ou description du territoire était trop vague et que, par conséquent, la clause était déraisonnable et inapplicable.

---

31. [1975] C.S. 134.
32. D.T.E. 87T-889 (C.S.).
33. *Aliments Humpty Dumpty Ltée* c. *Gagnon*, [1988] R.J.Q. 1840 (C.S.).
34. *Provincial Mobile Inc.* c. *Lebel*, [1975] C.S. 134. Mais voir aussi *Letham* c. *Hortibec Inc.*, J.E. 89-49 (C.A.).
35. *N.F.B.C. National Financial Brokerage Center Inc.* c. *Inverstors Syndicate Limited*, [1986] R.D.J. 164 (C.S.). Il est à noter que, dans la décision *T.* c. *B.*, [1958] C.S. 587, 595, la clause de non-concurrence fut jugée invalide parce que trop vague puisque aucun territoire n'y était mentionné.
36. [1943] B.R. 145 (C.A.).
37. [1967] B.R. 721 (C.A.).

Dans *Compagnie Pétrolière Impériale Ltée* c. *Dufresne*[38], il était interdit à un agent responsable de la vente de produits pétroliers de travailler pour une durée de six mois à l'intérieur du territoire qu'il avait auparavant desservi. En raison de l'ambiguïté dans la détermination du territoire, la clause fut déclarée sans effet.

Dans *Cameron* c. *Canadian Factors Corp.*[39], le gérant et assistant du président de la compagnie avait signé une entente par laquelle il s'engageait à ne pas accepter d'emploi ou travailler de quelque façon et à quelque titre que ce soit, directement ou indirectement, pour toute entreprise manufacturière ou financière poursuivant des buts semblables, pour une période de cinq ans, partout au Canada. La Cour Suprême décida que cette clause était contraire à l'ordre public. La Cour affirma que le critère quant au territoire aurait été jugé raisonnable s'il n'avait couvert que la région où se concentraient les intérêts commerciaux de l'employeur:

> «La clause (3) permet encore plus facilement de conclure que ces dispositions sont contraires à l'ordre public. Je me contenterai de signaler qu'en raison de sa portée à l'échelle du Canada, elle outrepasse toute exigence raisonnable en vue de la protection des intérêts commerciaux de l'intimée, intérêts qui selon le dossier sont concentrés dans la province de Québec.»

De la même façon, la restriction quant au territoire fut jugée déraisonnable dans les cas suivants: l'engagement d'un vendeur de roulottes et de maisons mobiles de ne pas travailler dans le même domaine partout dans la province de Québec pour une période de trois ans, alors que la preuve démontrait que 95% des ventes de son ancien employeur s'effectuaient dans le district de Roberval[40]; l'engagement pris par un autre vendeur de maisons mobiles de ne pas travailler pour un compétiteur pour une période d'un an et ce, pour un territoire beaucoup plus vaste que celui auquel il avait été assigné par son ancien employeur[41]; l'engagement pris par un conducteur d'une remorqueuse de ne pas travailler dans ce domaine dans un rayon de 50 milles de la ville de Dorval et ce, pour une période de cinq ans[42].

---

38. J.E. 82-1037 (C.S.).
39. [1971] R.C.S. 148.
40. *M et M Caravane Ltée* c. *Gagnon*, [1973] C.S. 1020.
41. *Provincial Mobile Inc.* c. *Lebel*, [1975] C.S. 134.
42. *Derek Gould «B.M.G. Towing»* c. *Gee*, [1979] R.L. 316 (C.S.).

Il est nécessaire d'examiner la nature des activités visées par une clause de non-concurrence pour déterminer si celle-ci est raisonnable et si elle tend à protéger les intérêts légitimes de l'employeur[43]. Pour être qualifiée de raisonnable, la clause doit définir l'activité, le commerce, le travail ou la profession qui fait l'objet de la restriction. La description ambiguë de l'activité interdite, ou l'absence d'une telle description, aura le même effet qu'une définition territoriale vague et imprécise, c'est-à-dire qu'elle rendra la clause invalide[44]. Une clause de non-concurrence sera probablement jugée déraisonnable si elle est rédigée de telle sorte qu'elle empêche, à toute fin pratique, l'individu de gagner sa vie. Une telle situation s'est présentée dans *Cameron c. Canadian Factors Corp.*[45] En interdisant à l'employé de travailler à quelque titre que ce soit dans une entreprise de même nature, la clause allait bien au-delà de ce qui était nécessaire et raisonnable pour assurer la protection des intérêts de l'employeur et elle avait pour effet de menacer la carrière de l'employé au Canada.

Dans *Grossman c. Schwarz and Kafka*[46], un associé s'était engagé par contrat à ne pas faire de concurrence dans l'industrie du textile pour une période de un an. La clause de non-concurrence fut déclarée invalide parce qu'elle ne définissait pas suffisamment les activités interdites, pas plus qu'elle ne spécifiait la portée territoriale.

Les tribunaux, lorsqu'ils décident de la validité d'une clause de non-concurrence, prennent en considération l'influence que peut exercer l'employé sur la clientèle[47] ainsi que le moment de la signature d'une telle disposition[48].

Lorsqu'une entente de non-concurrence a été déclarée invalide parce que, par exemple, sa portée territoriale est trop vaste, certaines parties ont demandé aux tribunaux de récrire l'entente ou d'en extraire la partie invalide.

---

43. *Godin c. Gary Graham Business Consultants Inc.*, [1986] R.J.Q. 809 (C.S.).
44. Voir cependant *Letham c. Hortibec Inc.*, J.E. 89-49 (C.A.).
45. [1971] R.C.S. 148. Voir également *the Standard Electric Time Co. of Canada c. Final and Faraday Products Ltd.*, [1965] C.S. 532.
46. [1943] B.R. 145 (C.A.).
47. *Les Aliments Humpty Dumpty Ltée c. Gagnon*, [1988] R.J.Q. 1840 (C.S.).
48. *Société Pole-Lite Ltée c. Cormier*, [1989] R.J.Q. 1584 (C.S.). Dans cette affaire, une clause de non-concurrence qui fut signée par un ingénieur qui avait travaillé pour la même compagnie pendant plus de 30 ans fut jugée invalide, parce que l'employé avait été encouragé à signer le document suite à de fausses représentations en ce qu'il n'avait reçu aucune considération en échange de ses engagements.

Les tribunaux interprètent la clause de manière à respecter l'intention véritable des parties. Par conséquent, ils tenteront, dans la mesure du possible, de dissocier les éléments invalides d'une clause pour donner effet au reste[49].

Les tribunaux ont également reconnu la validité d'une clause de non-concurrence qui prévoyait des restrictions alternatives[50]. Dans un tel cas, lorsqu'une restriction rigoureuse est jugée invalide, le contrat prévoit d'autres possibilités quant à des limitations moins sévères.

La combinaison, dans un contrat d'emploi, d'une clause de non-concurrence et d'une autre permettant à l'employeur de mettre fin au contrat en tout temps, sans raison, fut jugée contraire à l'ordre public, bien que la clause de non-concurrence en elle-même était raisonnable quant à sa durée, à son étendue et à sa portée territoriale[51]. Dans *Campeau* c. *Terrault*[52], la Cour décida que la possibilité d'un congédiement injustifié faisait perdre son caractère raisonnable à la clause de non-concurrence.

7. *La clause de non-sollicitation*

Les clauses de non-sollicitation visent à empêcher un employé de solliciter la clientèle de son ancien employeur. Pour juger de leur validité, les tribunaux utilisent les mêmes critères d'évaluation que pour les clauses de non-concurrence. Ils examineront plus particulièrement le caractère raisonnable de la période de restriction et la nature des activités prohibées. Il n'est pas nécessaire de délimiter la portée géographique d'une clause de non-sollicitation[53].

L'application d'une clause de non-sollicitation constitue pour l'employé une restriction de moindre envergure que celle d'une clause

---

49. *Elsey* c. *J.G. Collins Inc. Agencies*, [1978] 2 R.C.S. 916; *Produits V-TO Inc.* c. *Bolduc*, [1976] C.S. 1325; voir également *Moore Corporation* c. *Charette*, (1988) 19 C.C.E.L. 277 (C.S.).
50. *Produits Duvernay Ltée* c. *Duguay*, l'honorable Bernard Gratton, D.T.E. 90T-372 (C.S.); *Ref-Com Commercial Inc.* c. *Holcomb*, D.T.E. 91T-989 (C.S.); *P.A. Boutin (1986) Inc.* c. *Julien*, J.E. 90-1118 (C.S.).
51. *Les Aliments Humpty Dumpty Ltée* c. *Gagnon*, [1988] R.J.Q. 1840 (C.S.).
52. [1959] C.S. 449; voir aussi *Morden & Helwig*, [1987] R.J.Q. 1573 (C.S.).
53. *Moore Corporation* c. *Charette*, (1989) 19 C.C.E.L. 277 (C.S.); *Frisco Bay Industries of Canada Ltd.* c. *107410 Canada Inc.*, [1984] R.L. 149 (C.S.); *Caron-Jetté Ltée* c. *Drapeau*, [1943] B.R. 494 (C.A.).

de non-concurrence. Les tribunaux interprètent donc moins sévèrement les clauses de non-sollicitation[54].

Les tribunaux examinent la nature des fonctions et des tâches de l'employé ou la clientèle de la compagnie pour évaluer le caractère raisonnable de la clause[55].

Dans *A.B.C. Sonorisation Inc.* c. *Bigras*[56], la preuve démontrait que le défendeur (l'ancien employé) n'avait pas offert sa carte d'affaires à une cliente de son ancien employeur. En fait, c'était plutôt la cliente qui lui avait demandé sa carte d'affaires, et l'employé n'avait fait qu'accéder à sa demande. Le tribunal jugea que, s'il y avait eu sollicitation, c'était de la part de la cliente et non du défendeur et, par conséquent, qu'il ne pouvait être question de violation de la clause de non-sollicitation[57]. Dans *Nationwide Advertising Inc.* c. *David*[58], la Cour affirma qu'il n'y avait guère de différence entre l'employé qui sollicite d'anciens clients et celui qui les joint par téléphone pour les aviser de son nouvel emploi et ce, davantage encore quand l'entreprise du nouvel employeur est semblable à celle de l'ancien[59].

Quant à la nature des activités interdites, les tribunaux ont clairement établi qu'ils ne donneront effet qu'aux clauses qui déterminent spécifiquement les clients qui ne doivent pas être contactés[60].

Le domaine des assurances fait souvent appel à des clauses restrictives dans les contrats d'emploi. Nos tribunaux ont fréquemment reconnu qu'une telle protection était nécessaire et qu'une clause raisonnable serait exécutoire. Par exemple, l'engagement de ne contacter aucun des détenteurs de police d'assurance dans tous les districts où l'ancien employé avait travaillé pour la compagnie, pour une période de 12 mois et sujet à une amende de 250$, fut reconnu

---

54. *Tapis Sherbrooke Acton Ltée* c. *Acton Ltée*, [1976] C.S. 1123. Voir aussi *L.E.L. Marketing Ltée* c. *Otis*, D.T.E. 89T-1007 (C.S.).
55. *Elsley* c. *J.G. Collins Agencies*, [1978] 2 R.S.C. 914; *Les Aliments Humpty Dumpty Ltée* c. *Gagnon*, [1988] R.J.Q. 1840 (C.S.).
56. J.E. 88-551 (C.P.). On fit la même distinction dans *L.E.L. Marketing Ltée* c. *Otis*, D.T.E. 89T-1007 (C.S.), où une requête en injonction fut rejetée pour les mêmes raisons.
57. Voir également *L.E.L. Marketing Ltée* c. *Otis*, D.T.E. 89T-1007 (C.S.).
58. J.E. 88-1336 (C.S.).
59. Voir aussi *P. Brunet Assurances Inc.* c. *St-Jean*, D.T.E. 90T-922 (C.S.).
60. *Groupe Pétrolier Olco Inc.* c. *Dire*, D.T.E. 92T-51 (C.S.); *Entreprises Omnipac* c. *De Serres*, [1988] R.J.Q. 1951 (C.S.), citant *Lange Co.* c. *Platt*, [1973] C.A. 1068, 1071-1072 (laquelle cite *Herbert Morris* c. *Saxelby*, [1916] A.C. 688).

exécutoire dans *Mutual Life and Citizens Assurance Co.* c. *Picotte*[61]. Dans *Federated Mutual Insurance Co.* c. *Ravary*[62], l'agent d'assurance avait accepté de ne pas solliciter les clients de son ancien employeur à l'intérieur du territoire qui lui avait été assigné et ce, pendant une période de deux ans suivant la fin de son emploi. La clause fut jugée raisonnable quant à la durée, à l'étendue du territoire et à la portée.

Dans *Frisco Bay* c. *107410 Canada Inc.*[63], le tribunal émit une injonction interlocutoire afin de donner effet à une clause de non-sollicitation. L'employé avait accepté, pour une période de trois ans suivant la fin de son emploi, de ne pas solliciter de commandes auprès des anciens clients de son employeur pour des biens et des services similaires à ceux qu'offrait ce dernier. La Cour décida qu'il était légitime pour une compagnie d'exiger d'un employé un engagement à ne pas solliciter les clients de son employeur après la fin de son emploi. Dans un deuxième temps, le tribunal jugea que la clause était raisonnable et émit l'injonction en mentionnant qu'il existait un droit *prima facie* justifiant cette délivrance.

Dans *Caron-Jetté Ltée* c. *Drapeau*[64], un distributeur et vendeur de pain se vit ordonner de payer la pénalité prévue pour avoir violé sa promesse de ne pas contacter les clients de son ancien employeur avec qui il avait fait affaires, pendant une période de 12 mois. La Cour jugea que la clause n'avait en elle-même rien d'oppriment puisque la restriction n'était ni trop large ni trop vague pour être attaquable.

Dans une autre affaire, un ancien employé viola une clause de son contrat d'emploi à l'effet qu'il ne devait pas encourager, directement ou indirectement, les clients de son ancien employeur à mettre fin à leurs relations avec l'ancien employeur. Le contrat d'emploi interdisait à l'employé, qui s'était lui-même lancé en affaires, de recruter des clients et des employés de son ancien employeur. La Cour, jugeant la clause de non-sollicitation déraisonnable puisqu'elle ne prévoyait aucune limite quant à la durée de la restriction ou à la portée territoriale, refusa d'émettre une injonction interlocutoire.

---

61. (1936) 61 B.R. 390 (C.A.). Voir cependant *Mutuelle du Canada* c. *Suppa*, D.T.E. 91T-326 (C.S.) où il fut jugé qu'une interdiction de solliciter tous les détenteurs de police d'assurance de l'employeur était trop large en considérant les connaissances et l'expertise de Suppa.
62. D.T.E. 83T-857 (C.A.).
63. [1984] R.L. 149 (C.S.).
64. [1943] B.R. 494 (C.A.).

8. La clause de non-sollicitation des employés

L'engagement par un employé à ne pas solliciter ou engager des collègues de travail suite à la cessation de son emploi est une autre clause que l'on retrouve fréquemment dans les contrats d'emploi. Cette interdiction vise à s'assurer que des employés possédant des talents ou des connaissances particulières ne seront pas sollicités par d'anciens employés. Encore une fois, une rédaction attentive et l'imposition de limites appropriées seront nécessaires pour éviter qu'une telle clause soit jugée invalide.

9. Les clauses pénales

Lorsqu'un employé ne respecte pas ses engagements, l'employeur peut demander une injonction au tribunal[65]. L'employeur utilise souvent ce recours lorsque les dommages causés par l'ancien employé sont difficilement évaluables[66].

L'employeur peut également entreprendre une action en dommages-intérêts pour bris de contrat. S'il choisit cette voie, il sera toutefois confronté à la lenteur du processus. De plus, il est parfois difficile pour un employeur d'établir avec précision les pertes véritables découlant du bris de contrat.

Les parties peuvent aussi choisir d'insérer une clause pénale dans le contrat d'emploi, ce qui leur permet de déterminer à l'avance le montant des dommages qui devra être versé par l'employé en cas de violation des dispositions du contrat. Il est à noter toutefois que, si les dommages s'avèrent plus considérables que ceux qu'avait prévus la clause pénale, la différence entre ces montants ne sera pas accordée puisqu'une telle clause impose une limite au montant qui peut être réclamé par un employeur.

Dans *Maxime et Michel Haute Coiffure Inc. c. Martino*[67], la Cour décida qu'une coiffeuse qui avait violé son engagement de non-concurrence devait payer la pénalité de 10 000$ prévue au contrat d'emploi. Dans *Campeau c. Terrault*[68], la Cour déclara nulle la clause

---

65. Voir *Société mutuelle d'assurances générales de la Gaspésie et des Îles c. Gignac*, D.T.E. 92T-217 (C.S.).
66. *Viandes Pierre Trottier c. Trottier*, (1990) 29 C.C.E.L. 305 (C.S.); *Guaranteed Pure Milk Co. c. Patry*, [1957] B.R. 54 (C.A.).
67. D.T.E. 87T-68 (C.P.).
68. [1959] C.S. 449. Voir aussi *Morden & Helwig Ltée c. Perreault-Mathieu & Cie*, D.T.E. 87T-575 (C.S.).

pénale qui apparaissait au contrat d'emploi. Elle considéra que la combinaison d'une clause de non-concurrence (qui incluait une pénalité de 2 000$ en cas de non-respect) et d'une autre permettant à l'employeur de mettre fin à la relation avec l'employé sans cause et sur simple avis de 15 jours était contraire à l'ordre public.

Une clause pénale prévoyant un montant d'argent astronomique sera-t-elle écartée par les tribunaux? Le tribunal ordonnera-t-il le paiement des dommages réels ou déclarera-t-il invalide la clause restrictive reliée à une telle pénalité? La décision *Ladouceur, Hamel et Liboiron Ltée* c. *Liboiron*[69] peut servir de précédent pour invalider une clause qui comprend une pénalité exagérée. Dans cette affaire, la pénalité équivalait à 2.6 fois le salaire annuel de l'employé. Ce dernier avait violé sa promesse de ne pas faire concurrence à son ancien employeur pour une période de 20 ans, à l'intérieur d'un rayon de 50 milles. La Cour déclara que la clause était contraire à l'ordre public en raison de sa durée, de son territoire et du montant de la pénalité:

> «Le droit civil et la notion d'ordre public qu'il protège ne peuvent s'accommoder d'une clause aussi étendue dans le temps, l'espace et d'une sanction si radicale que celle que l'on a stipulée en cas de violation.» (p. 500)

10. *La rémunération et les autres avantages*

Dans les contrats d'emploi, les dispositions sur la rémunération traitent habituellement du salaire, des bonis, de la participation aux profits et autres avantages de nature pécuniaire. La fréquence des paiements ainsi que le montant ou la méthode de calcul du montant devraient aussi être spécifiés dans le contrat. Si des augmentations de salaire sont à prévoir, il peut être utile de les mentionner. Les augmentations de salaire peuvent être fixes ou elles peuvent varier selon la performance de l'employé ou de l'employeur. Un employé peut avoir droit, entre autres avantages, à des vacances payées, à des régimes d'assurances ou autres programmes d'avantages sociaux offerts par la compagnie. Le contrat devrait également indiquer clairement les avantages ou la rémunération qui demeurent à la discrétion de l'employeur. En effet, les tribunaux sont fréquemment appelés à trancher des questions relatives à la qualification d'un boni (partie intégrante de la rémunération ou paiement purement discrétionnaire)[70].

---

69. [1977] C.S. 498.
70. Voir le chapitre 16 sur les dommages pécuniaires.

Il est prudent de déterminer à l'avance si un employé aura droit, à son départ, à des commissions sur les ventes, des bonis ou à une participation aux profits calculés selon un prorata.

Dans *Dumas* c. *Aeterna-Vie Cie d'Assurance*[71], la Cour décida qu'il n'était pas contraire à l'ordre public de prévoir dans le contrat d'emploi d'un agent d'assurance qu'il n'aurait pas droit, après son congédiement, aux commissions payables sur le renouvellement de polices. Le tribunal ajouta cependant que, s'il avait été prouvé que l'employeur avait congédié l'employé pour éviter d'avoir à payer ses commissions, il y aurait eu lieu de se pencher sur la question d'abus de droit.

De la même façon, il n'est pas contraire à l'ordre public d'inclure dans un contrat d'emploi une clause prévoyant la perte du droit au boni dans le cas de la résiliation du contrat. Bien qu'une telle disposition puisse être considérée comme une incitation à demeurer avec la compagnie jusqu'à ce que le boni devienne payable, les tribunaux ont statué qu'elle n'empiétait pas sur la liberté d'action d'un individu[72]. Une clause accordant à l'employé le droit à un boni à la fin de l'année fiscale de l'employeur et qui prévoyait également que, en cas de congédiement pour cause, le boni serait calculé selon un prorata, fut interprétée comme donnant droit à un boni au prorata lorsque le contrat était résilié par consentement mutuel avant la fin de l'année fiscale[73].

Les contrats d'emploi prévoient parfois des clauses de revenu différé. Communément désignée comme la clause des «menottes dorées», le but de ce type de dispositions vise à repousser le paiement d'une partie de la rémunération à une date ultérieure, en autant que l'employé soit toujours avec la compagnie, assurant ainsi à l'employeur ses longs et loyaux services. Une telle rémunération peut inclure des bonis, des options d'achat d'actions ou des avantages supplémentaires au régime de retraite. Ces clauses diminuent le risque que des employés-clés quittent prématurément l'entreprise pour se joindre à un concurrent qui tenterait de leur faire miroiter un salaire plus élevé à court terme.

---

71. J.E. 80-910 (C.S.).
72. *Godbout* c. *Transport International Pool (Québec) Ltd.*, [1975] C.S. 808.
73. *CJMS Radio Montréal Ltée* c. *Audette*, [1966] B.R. 756 (C.A.).

11. L'avis de cessation d'emploi et la paie de séparation

En raison de l'apparente inconsistance de la jurisprudence en regard de ce qui constitue une cause juste de congédiement et un préavis raisonnable de fin d'emploi en l'absence de cause, il est souvent préférable de déterminer dès le début de la relation de quelle façon et à quelles conditions prendra fin le contrat d'emploi. Le contrat peut ainsi prévoir le préavis auquel aura droit l'employé congédié suite à une réorganisation administrative, à l'élimination d'un poste ou pour toutes autres raisons qui ne constituent pas une cause légale de congédiement. Le contrat devrait également, exemples à l'appui, stipuler ce qui constitue une cause de congédiement sans préavis ni indemnité. Lorsque les parties rédigent un contrat, elles peuvent choisir d'accroître ou de réduire l'inventaire des situations généralement reconnues par les tribunaux comme justifiant un congédiement immédiat sans indemnité. Par exemple, elles peuvent prévoir que l'employeur pourra congédier un employé sans lui fournir de préavis ou d'indemnité de préavis pour raison de faillite personnelle de l'employé ou suite à la vente de l'entreprise par l'employeur, bien que ces motifs ne constituent pas des causes légales de congédiement. Le contrat peut également prévoir la possibilité pour l'employeur de mettre fin à la relation d'emploi en ne fournissant qu'un court préavis. Ces clauses seront valides si elles n'enfreignent pas de dispositions législatives particulières ou qu'elles ne sont pas contraires à l'ordre public.

Certains contrats écrits stipulent qu'un congédiement pour tout motif autre que la fraude ou le vol donnera droit à une indemnité de cessation d'emploi. De telles clauses devraient être rédigées de façon claire et précise[74].

Si les parties ont établi des modalités à respecter lors de la terminaison de leur relation, les tribunaux les mettront en application[75].

L'employeur qui, conformément à la clause de résiliation, désire ne fournir qu'un court préavis ou ne pas en fournir se doit d'invoquer

---

74. Il a été affirmé dans au moins une décision que, s'il y a motif de congédiement, l'employeur ne sera pas tenu de respecter son obligation contractuelle de fournir un préavis: *F. c. Erb Offset Plates*, [1955] C.S. 245.
75. Voir *Dumas c. Aeterna-Vie Cie d'assurance*, J.E. 80-910 (C.S.); *Sofati Ltée c. Laporte*, [1992] R.J.Q. 321 (C.A.); *Betito c. Nygard International Ltd.*, D.T.E. 92T-1221 (C.S.); *Biron c. Fournier*, [1955] B.R. 588 (C.A.); *Talbot c. Caisse d'Établissement Bellerive*, J.E. 83-62 (C.S.).

cette clause au moment de la terminaison. En effet, l'employeur qui n'invoque cette clause qu'après avoir mis un terme à la relation d'emploi ou qui n'y fait référence que devant les tribunaux aura souvent agi trop tard. Dans une telle situation, les principes généraux de *common law* et du Code civil s'appliqueront quant au processus de terminaison d'emploi[76].

Récemment, dans *Machtinger* c. *Hoj Industries Ltd.*[77], la Cour Suprême a établi qu'une clause prévoyant une période de préavis pour un congédiement sans cause, inférieure au minimum prescrit par la législation ontarienne sur les normes du travail, était nulle et sans effet. Par ailleurs, le tribunal décida que la clause de préavis déclarée nulle ne pouvait être utilisée comme preuve de l'intention des parties et ordonna ainsi un préavis raisonnable. Cette décision établit que le préavis requis par la législation sur les normes du travail devrait constituer l'exigence minimale pour une clause de préavis dans un contrat d'emploi. Nous croyons que ce raisonnement est applicable en vertu du droit québécois concernant les préavis de congédiement prévus par les lois d'ordre public.

Le contrat devrait mentionner la méthode de calcul utilisée par l'employeur pour évaluer l'indemnité qui sera payée à l'employé si celui-ci ne reçoit pas un préavis de congédiement valable. Les questions litigieuses pourront être évitées lorsque la clause spécifie si l'indemnité sera calculée sur la base du salaire de l'employé au moment de son congédiement ou si un boni sera inclus, calculé au prorata de celui que l'employé a reçu au cours de l'année précédente. Le contrat peut prévoir également une indemnité tenant lieu de préavis, payée soit en un seul versement le dernier jour de travail ou en versements égaux et consécutifs étalés sur une période prédéterminée.

Le contrat de travail peut aussi prévoir une obligation de minimiser les dommages. Il peut aussi identifier l'époque où les versements d'indemnité cesseront ou si une portion des montants dus pourra être payée sous forme forfaitaire dans le cas, par exemple, où l'employé trouve un emploi alternatif.

Dans *Côté* c. *Cie Nationale de Forage et Sondage Inc.*[78], Côté fut engagé pour une période de deux ans à la condition que l'employeur

---

76. Voir *Nikanpour* c. *Fenco-Lavalin Inc.*, D.T.E. 88T-573 (C.S.).
77. (1992) 40 C.C.E.L. 1.
78. J.E. 84-1046 (C.S.).

puisse mettre fin à son emploi sur préavis d'un mois si sa conduite ou son travail étaient insatisfaisants. Il fut congédié après 14 mois. La Cour décida que ce type de clause de congédiement devait être interprété restrictivement contre l'employeur. La Cour, ne trouvant aucune preuve d'une cause juste et suffisante de congédiement, ordonna donc le paiement du salaire de l'employé pour le reste du terme.

Finalement, si le contrat stipule qu'un montant sera payé à l'employé lors de son congédiement, il est recommandé de spécifier si le paiement tiendra lieu d'indemnité de préavis ou de paie de séparation. Si le paiement constitue une paie de séparation, l'employeur pourra être tenu de fournir un préavis raisonnable de congédiement en sus de cette prime. En effet, les tribunaux ont décidé que, puisque le préavis est une obligation légale dans le cas d'un congédiement sans cause, l'indemnité tenant lieu de préavis compense pour le préjudice causé par le congédiement brusque. Cette indemnité peut être ajoutée à toute prime de séparation qui, elle, constitue une obligation purement contractuelle visant à récompenser l'employé pour toutes ses années de loyaux services. Par conséquent, il existe certaines clauses qui prévoient que toute prime de séparation implique nécessairement une indemnité tenant lieu de préavis de fin d'emploi.

Le droit d'un employeur d'invoquer une clause de congédiement n'est pas absolu. En effet, une telle clause peut être écartée si l'employé démontre que l'employeur a abusé de son droit[79]. Si l'employeur exerce de mauvaise foi ou de façon malveillante ou déraisonnable son droit en vertu de la clause de congédiement, le tribunal interviendra pour déclarer cette clause nulle et sans effet[80]. Le tribunal déterminera ensuite la période de préavis raisonnable en se basant sur les différents facteurs utilisés pour les contrats à durée indéterminée.

Dans *Macaulay* c. *Imperial Life Assurance Co. of Canada*[81], le contrat de travail d'un gérant de succursale contenait la clause suivante:

---

79. *Quaker Oats Co. of Canada Ltd.* c. *Côté*, [1949] B.R. 389 (C.A.); *Paradis c. Cie Crawley et McCracken Ltée*, D.T.E. 87T-33 (C.P.); *Thorneloe c. C.S.R. Eastern Townships*, D.T.E. 84T-870 (C.P.).
80. Voir *Bazinet c. Radiffusion Mutuelle Ltée*, D.T.E. 85T-640 (C.S.); *Cassane c. Grolier Ltée*, J.E. 79-945 (C.A.).
81. D.T.E. 84T-395 (C.S.).

«L'emploi du gérant de succursale peut prendre fin immédiatement par une décision du gérant de succursale ou de la compagnie, qui remet à l'autre partie un préavis écrit à cet effet.»
(traduction libre)

La compagnie avait justifié sa décision de congédier l'employé
en raison de son incapacité de remplir adéquatement la fonction de
recrutement d'un gérant de succursale. Le tribunal évalua les nombreuses années de service de l'employé, le fait qu'il était estimé de ses
supérieurs, les bons résultats obtenus par sa succursale dans les mois
précédant son congédiement et les félicitations reçues pour son travail. La Cour décida que la façon dont l'employé avait été congédié,
sans aucun préavis ni même indication, était indûment sévère. Toutefois, rien ne laissait croire que la compagnie avait agi de mauvaise
foi. En effet, l'avocat de l'employé n'avait pas mis en cause la bonne
foi de l'employeur ni tenté d'invoquer qu'il avait abusé de ses droits.
Le tribunal en vint à cette conclusion:

«Ayant conclu que la clause de congédiement incluse dans la
lettre de nomination est valide et contraignante, la seule base
légale pour la réclamation du demandeur est que l'agissement
du défendeur en congédiant le demandeur à titre de gérant de
succursale et la manière dont il l'a fait constituent un "abus de
droit".

Le tribunal a déjà conclu qu'il n'y avait eu ni malice ni mauvaise
foi de la part du défendeur. Il a exercé un droit qui pouvait être
lourd de conséquences pour le défendeur (sic), mais auquel il
était entièrement autorisé par contrat. Il l'a fait pour des raisons
pertinentes et de bonne foi.» (p. 7, 8)
(traduction libre)

Le fardeau de prouver une telle malice ou un abus aussi grossier
repose sur l'employé, et les tribunaux considèrent que ce fardeau est
lourd. Dans ce sens, Monsieur le juge Montgomery déclara:

«Je conclus qu'une partie au contrat peut invoquer l'abus de
droit, mais qu'elle doit ensuite prouver un abus grossier se
traduisant par de la mauvaise foi ou de la malice. Ce fardeau
est très lourd et, à ma connaissance, aucune décision de cette
Cour n'a encore donné gain de cause à une partie qui voulait

établir qu'un abus de droit avait été commis dans l'exercice de certains droits en vertu d'un contrat.»[82] (p. 6) (traduction libre)

Dans *Bertrand Gagné Courtier en Assurances Ltée* c. *La Laurentienne*[83], la Cour décida que l'employeur n'avait pas manifesté de mauvaise foi à l'endroit d'un agent démontrant une attitude négative et à la suite d'une série de conflits de personnalité entre les deux parties.

Dans une autre affaire, le tribunal jugea que l'employé avait établi la mauvaise foi de l'employeur en prouvant que la véritable cause de son congédiement, contrairement à ce qu'on lui avait dit, était que l'employeur voulait éviter de payer toute forme de commissions subséquentes[84].

Dans *Marcotte* c. *L'Assomption Cie Mutuelle d'Assurance-Vie*[85], Monsieur le juge André Biron conclut que, puisque la théorie de l'abus de droit était maintenant acceptée en matière contractuelle, l'utilisation par l'employeur d'une clause de congédiement prévoyant un préavis de sept jours constituait en soi un abus de droit. La preuve permit d'établir que, moins de deux mois avant le congédiement de Marcotte, l'employeur avait changé le statut de l'employé avec l'accord de ce dernier. En même temps, il lui avait fait signer un nouveau contrat qui contenait une clause stipulant que l'une ou l'autre des parties pouvait mettre fin au contrat sur préavis de sept jours. La Cour en arriva à la conclusion que l'employeur n'avait jamais eu l'intention de garder Marcotte à son emploi. En effet, la création d'un nouveau poste en faveur de l'employé, la signature du contrat accordant à l'employeur des droits considérables de mettre fin à l'emploi et d'autres faits établis en preuve démontraient clairement que l'employeur avait eu l'intention de se débarrasser de l'employé en minimisant ou éliminant les coûts reliés à une telle action. Selon la Cour, les circonstances particulières de cette affaire révélaient que l'employeur avait agi de mauvaise foi dès la signature du nouveau contrat d'emploi et qu'il avait par la suite congédié l'employé de façon malveillante.

---

82. *Cassane* c. *Grolier Ltée*, J.E. 79-945 (C.A.); *Sofati Ltée* c. *Laporte*, [1992] R.J.Q. 321 (C.A.); *Betito* c. *Nygard International Ltd.*, D.T.E. 92T-1221 (C.S.).
83. J.E. 85-8 (C.S.).
84. *Faule* c. *Sun Life du Canada*, J.E. 84-363 (C.S.).
85. [1981] C.S. 1102.

L'arrêt *Dumas* c. *Aeterna-Vie Cie d'Assurance*[86] semble accepter implicitement les conclusions de l'affaire *Marcotte*. La Cour appliqua la clause de résiliation selon laquelle l'employeur pouvait mettre fin au contrat en donnant à l'employé un préavis de sept jours, mais, en *obiter dictum*, sembla suggérer que l'employé aurait pu faire déclarer nulle la clause de résiliation. Malheureusement, la Cour ne donna aucune explication quant aux motifs qui auraient pu être invoqués pour prononcer l'invalidité.

Plutôt que d'écarter une clause de résiliation pour raison d'invalidité et d'accorder des dommages sur la base d'un préavis raisonnable, certains tribunaux ont accordé une somme globale pour indemniser l'employé victime d'un congédiement abusif. Par exemple, la Cour, dans *Gignac* c. *Radio Futura Ltée*[87], accorda à un vendeur la somme de 4 000$. Son contrat d'emploi, comme celui de tous les autres vendeurs, prévoyait qu'un employé pouvait être congédié avec un préavis de 15 jours s'il n'atteignait pas ses quotas de vente. Moins de deux mois après le renouvellement de son contrat d'emploi, l'employeur congédia Gignac. La Cour jugea que l'employeur avait agi de manière injuste et inéquitable en congédiant l'employé parce qu'il n'avait pas atteint ses quotas de vente. En effet, il fut démontré que plusieurs autres employés avaient également fait défaut de respecter les quotas établis sans pour autant que leur emploi soit menacé.

12. *La protection des employés dans le cas d'une prise de contrôle*

Ces dispositions sont plus communément désignées comme des clauses de «parachute doré» et se retrouvent généralement dans les contrats d'emploi de cadres supérieurs. Elles visent à procurer au cadre supérieur une protection financière dans l'éventualité d'un changement de contrôle de la compagnie, le plus souvent suite à une fusion ou à une prise de contrôle.

Lorsque le contrôle d'une entreprise passe entre de nouvelles mains, il est possible qu'un haut dirigeant perde ses prérogatives. Ses fonctions, son salaire et autres conditions de travail peuvent être modifiées à la baisse, ce qui le force à démissionner. Les clauses de «parachute doré» visent à dédommager l'employé pour toutes ces pertes.

---

86. J.E. 80-910 (C.S.).
87. D.T.E. 86T-205 (C.S.).

En général, deux conditions préalables doivent être rencontrées pour permettre au bénéficiaire de ce genre de clauses de réclamer l'indemnité monétaire prévue.

Le premier élément déclencheur est le changement de contrôle de l'employeur. La notion de changement de contrôle est vaste et doit, par conséquent, être définie au contrat d'une façon précise. Cette définition est essentielle pour permettre à toutes les parties inté-ressées, dont le bénéficiaire, de déterminer si l'acquisition d'actions ou d'actifs, ou la fusion envisagée, ou tout autre changement dans la structure corporative, constitue un changement de contrôle.

Bien que la disposition relative à un changement de contrôle suffise parfois à elle seule à déclencher l'applicabilité de la clause «parachute», elle est habituellement accompagnée d'un second élément, à savoir, la perte d'emploi ou la démission de l'employé en raison de changements unilatéraux dans ses conditions de travail.

13. La clause d'arbitrage

La clause d'arbitrage prévoit essentiellement que les parties à un contrat d'emploi acceptent de soumettre la résolution d'un dif-férend, présent ou futur, à une tierce partie (un ou plusieurs arbi-tres)[88]. Ce type de clause écarte la juridiction des tribunaux de droit commun. Dans le contexte d'un contrat d'emploi, une clause d'arbi-trage empêche les parties d'exercer leur droit de recourir aux tribu-naux en cas de mésentente, puisqu'elles ont accepté de conférer à un arbitre le pouvoir de trancher leurs litiges.

Une clause générale d'arbitrage liant l'employeur et l'employé peut couvrir, entre autres, le règlement de différends ayant trait à la rémunération, aux vacances, au droit d'un employeur de réduire ou d'augmenter les tâches d'un employé ainsi qu'à la détermination d'un préavis raisonnable.

Les parties impliquées dans le processus arbitral auront la possibilité de soumettre à l'arbitre leur preuve et leurs arguments avant que ce dernier ne rende une décision quant à leurs droits respectifs.

En vertu d'une clause d'arbitrage, l'arbitre rend une décision finale qui lie les parties. La demande d'annulation prévue à l'article

---

88. Voir article 1926.1 C.c.

947 du *Code de procédure civile* est le seul recours possible contre cette décision. Ce recours extraordinaire ne sera accordé que dans des circonstances très limitées.

L'arbitrage offre certains avantages par rapport à une action civile:

1. le processus est plus rapide puisqu'on évite les règles de procédures plus complexes des tribunaux ordinaires ainsi que les délais encourus par l'encombrement des rôles;

2. les droits d'appel sont limités;

3. les coûts sont généralement moindres;

4. la confidentialité et la discrétion sont assurées puisque le débat ne se déroule pas en public;

5. il est possible de choisir un arbitre dans le champ d'expertise particulier au litige.

Très peu d'éléments sont requis pour qu'une clause d'arbitrage soit valide. L'entente doit être écrite[89], la clause doit clairement indiquer que les parties ont accepté de soumettre le règlement de leur différend à un arbitre, et les parties doivent reconnaître qu'elles seront liées par la décision de l'arbitre qui sera finale. En effet, la Cour d'appel du Québec décida, dans *Industrial Development and Renovation Organization of Iran* c. *Bertrand*[90], que l'absence de cette troisième condition rendait la clause incomplète et non obligatoire. Certains auteurs sont d'avis que l'interprétation de la Cour d'appel est trop étroite et qu'il suffit aux parties de s'être entendues par écrit à l'effet que leurs différends soient soumis à un arbitre pour qu'une clause d'arbitrage soit valide.

B. Interprétation

Les règles générales d'interprétation de tous contrats, incluant les contrats d'emploi, sont contenues dans le Code civil[91].

L'article 1013 du Code civil stipule que, lorsque l'intention commune des parties à un contrat s'avère douteuse, elle doit être

---

89. Article 1926.3 C.c.
90. (1984) 2 R.D.J. 15 (C.A.).
91. Articles 1013 à 1021 C.c.

déterminée par interprétation plutôt que par le sens littéral des termes du contrat. Cet article confirme un principe de droit québécois à l'effet que la substance a préséance sur la forme. Ainsi, ce n'est pas le titre d'un contrat qui détermine sa nature mais bien l'entente véritable entre les parties. Toutefois, le tribunal doit tenir compte des dispositions formelles du contrat[92].

Le tribunal doit toujours se rappeler que le contrat constitue la loi entre les parties. Le rôle de la cour n'est pas d'établir la loi entre les parties, mais plutôt d'interpréter leur contrat[93].

Le deuxième principe d'interprétation veut que la convention produise certains effets. Ainsi, les expressions susceptibles d'avoir deux sens doivent être prises dans le sens qui s'accorde le mieux avec l'objet du contrat (article 1015 C.c.). De la même manière, lorsqu'une clause est susceptible d'avoir deux significations, le sens qui donne un effet aura préséance sur celui qui n'en produit aucun (article 1014 C.c.)[94].

Troisièmement, le contrat doit être vu dans son ensemble dans le but d'apprécier l'intention globale des parties. On ne doit donc pas interpréter les clauses d'un contrat de façon isolée. L'article 1018 C.c. spécifie que toutes les clauses d'un contrat s'interprètent les unes en fonction des autres, en donnant à chacune le sens qui résulte de l'acte entier.

L'article 1017 C.c. prévoit également qu'«on doit suppléer dans le contrat les clauses qui y sont d'usage quoiqu'elles n'y soient pas exprimées»[95].

Si un doute subsiste toujours quant à l'intention des parties, le contrat sera interprété contre celui qui a stipulé, c'est-à-dire habituellement l'employeur, et en faveur de celui qui a contracté l'obligation[96].

---

92. *Price Brothers* c. *Bergeron*, (1927) 42 B.R. 383 (C.A.).
93. *Pendleton* c. *Deschênes et Fils (1969) Ltée*, D.T.E. 88T-591 (C.S.).
94. *Hughes* c. *Piette*, (1935) 41 R.L. 155 (C.S.); *Chamberlain* c. *Maisonneuve Broadcasting Co.*, D.T.E. 87T-669 (C.S.), p. 8.
95. *Lavigne* c. *Marcoux*, D.T.E. 87T-576 (C.S.); *L'association des architectes de la province de Québec* c. *Sarrazin*, [1969] B.R. 312 (C.A.).
96. Article 1019 C.c. Voir *Petit* c. *Pajar Production Ltée*, D.T.E. 90T-1298 (C.A.); *Ducharme* c. *Construction Fitzpatrick Ltée*, D.T.E. 88T-255 (C.A.); *Télémédia Communications Inc.* c. *Pascau* [1990] R.J.Q. 1090 (C.S.); *Aliments F.B.I. Ltée* c. *Valade*, D.T.E. 87T-889 (C.S.); *CJMS Radio Montréal Ltée* c. *Audette*, [1966] B.R. 195 (C.A.); *Chlipalski* c. *Multipak*, [1985] C.S. 247.

Dans *Nikanpour* c. *Fenco-Lavalin Inc.*[97], la Cour détermina que, lorsque le contrat comporte des clauses contradictoires, la clause la plus favorable à l'employé doit prévaloir.

Enfin, si, après l'application de ces règles, on ne peut décider de l'intention des parties, la Cour pourra tenir compte d'éléments extérieurs au contrat tels que la loi, l'usage, l'équité (article 1024 C.c.) et la conduite des parties pendant et surtout après la conclusion du contrat[98].

Nous avons discuté des clauses qui se retrouvent le plus fréquemment dans les contrats d'emploi. Toutefois, le type de questions pouvant être abordées dans les contrats d'emploi n'est limité que par l'imagination des parties et la légalité de leur objet.

---

97. D.T.E. 88T-573 (C.S.).
98. *Richer* c. *La Mutuelle du Canada, Cie d'assurance sur la vie*, [1987] R.J.Q. 1703 (C.A.); *Trizec Corp. Ltée* c. *Soden*, D.T.E. 87T-90 (C.A.).

CHAPITRE 19

CONCLUSION

Les chapitres précédents ont démontré que bon nombre des obligations qui lient l'employeur et l'employé ne découlent pas de conventions expresses. Les conditions d'emploi, comme le lieu où le travail doit être effectué, les heures durant lesquelles il doit être accompli, les qualifications exigées, les outils et le matériel nécessaires, le type de rémunération et le degré de loyauté requis, se dégagent très souvent d'une entente tacite ou implicite.

La relation d'emploi est l'une des plus importantes relations dans la vie de la plupart des gens et ce, tant au niveau économique que social. Les parties s'engagent toutefois un peu trop hâtivement dans cette relation sans comprendre l'impact que celle-ci aura à long terme sur leur bien-être physique, mental et financier.

Par le passé, bien des employeurs se sentaient dans l'impossibilité d'établir des conditions d'emploi individualisées pour chacun de leurs employés. À leurs yeux, une telle tentative était difficile à réaliser en raison du nombre imposant d'employés au service de leur organisation. Ces employeurs doivent aujourd'hui reconsidérer leur position, celle-ci ne servant pas toujours leurs intérêts.

Les parties au contrat d'emploi réussiront peut-être à éviter de s'engager trop rapidement si elles s'accordent une plus grande période de réflexion. De même, l'élaboration d'un contrat écrit aidera probablement les parties à s'entendre en toute conscience sur des obligations spécifiques qui répondront à leurs besoins.

L'employé et l'employeur devraient, en plus de traiter à l'avance des obligations durant l'existence de la relation d'emploi, déterminer la méthode à utiliser par les parties dans l'éventualité où l'une d'elles désirerait mettre un terme à l'emploi. Il arrive fréquemment que des employés sentent le besoin de quitter une organisation afin d'aller acquérir une expérience ailleurs. En établissant, dès le départ, des dispositions claires et équitables relativement à la cessation d'emploi, on réduit grandement les risques de conflits qui pourraient avoir des effets néfastes tant sur l'employé que sur l'entreprise de l'employeur.

Nous espérons que cet ouvrage constituera un pas vers une meilleure compréhension des divers aspects juridiques de la relation d'emploi.

ANNEXE A

Préavis raisonnables de cessation d'emploi

N.B.: Lorsque la référence au Droit du Travail Express (D.T.E.) ou à la Jurisprudence Express (J.E.) est utilisée, généralement, les deux premiers chiffres représentent l'année où la décision a été publiée.

Les parties	Service	Âge	Poste	Salaire	Préavis
Pilon c. Mitel Corp. D.T.E. 93T-313 (C.S.)	3½ ans	42	Représentant des ventes	266 517/an	6 mois
Transports Kingsway Ltée c. Laperrière D.T.E. 93T-197 (C.S.)	6 ans	51	Secrétaire des ventes	20 500/an	3 mois
Dufour c. Réseau de Télévision Quatre Saisons Inc. D.T.E. 93T-196 (C.S.)	26 mois	50	Coordonatrice de la promotion	42 700/an	4 mois
Pelletier c. Coopérative fédérée de Québec D.T.E. 92T-1350 (C.S.)	5 ans	56	Directeur du marketing	63 534/an	8 mois
Pichet c. Bausch & Lomb Canada Inc. D.T.E. 92T-1223 (C.S.)	3 ans	–	Responsable régionale des ventes	46 725/an	26 sem.
Overing c. Communications Service (C.S.) Inc. D.T.E. 92T-1112 (C.S.)	18 mois	–	Directeur général	35 500/an	3 mois
Saunders c. Devencore Realties Ltée D.T.E. 92T-989 (C.S.)	14 ans	55	Vendeur à commission	61 120/an	2/3 de la moyenne des commissions encaissées dans les 5 dernières années

Les parties	Service	Âge	Poste	Salaire	Préavis
Boyer c. Omicron International Translation Systems Inc. D.T.E. 92T-498 (C.S.)	1 an	–	Administrateur général	52 600/an	12 mois
Daigneault c. Coopexcel Coopérative agricole D.T.E. 92T-450 (C.S.)	5 ans	30	Contremaître	33 800/an	9 mois
Dubé c. Compagnie d'assurances Canadienne générale D.T.E. 92T-419 (C.S.)	29 ans	–	Représentant au marketing	38 000/an	12 mois
Young c. Banque Royale du Canada D.T.E. 92T-395 (C.S.)	–	–	Commis-caissière	16 848/an	3 mois
Blondin c. Pierre-fonds (Ville de) D.T.E. 92T-300 (C.S.)	30 mois	26	Employé à la Ville	25 454/an	4 sem.
Renaud c. Desmarais D.T.E. 92T-149 (C.S.)	2½ mois	–	Vendeur de téléphones cellulaires	36 400/an	5 sem.
Pongs c. Dales Canada Inc. D.T.E. 91T-1288 (C.S.)	11 ans	55	«Assistant-contrôleur»	48 000/an	16 sem.
Choquette c. F.O.I.S.I. Forces Immobilières & Stratégies d'investissement Inc. D.T.E. 91T-1187 (C.S.)	5 mois	–	Directeur des ventes	72 500/an	6 mois
Roy c. Caisse Populaire de Thetford Mines D.T.E. 91T-1133 (C.S.)	18 ans	36	Commis-conseil	28 933/an	6 mois
Lardin c. Lauremat Inc. D.T.E. 91-1024 (C.S.)	10 ans	40	Contrôleur	47 520/an	12 mois
Bourbeau c. Canron Inc. D.T.E. 91T-782 (C.S.)	21 mois	–	Vendeur et entretien d'appareils	35 000/an	10 sem.
Buntain c. Hotel le Président Inc. D.T.E. 91T-617 (C.S.)	17 ans	–	Directeur de l'hôtel	40 000/an	12 mois

Les parties	Service	Âge	Poste	Salaire	Préavis
Domtar Inc. c. St-Germain D.T.E. 91T-604 (C.A.)	3 ans, 5 mois	42	Représentant des ventes	50 000/an	2½ mois
Pierre c. Chez Delmo Inc. D.T.E. 91T-464 (C.Q.)	6 ans	–	Plongeuse	–	4 sem.
Chotanic c. Westinghouse Canada Inc. D.T.E. 91T-328 (C.S.)	1 an, 10 mois	34	Ingénieur	36 544/an	2½ mois
Gignac c. Trust Général du Canada D.T.E. 91T-231 (C.S.)	3 ans, 1 mois	35	Directeur adjoint	36 000/an	8 mois
Petit c. Pagar D.T.E. 90T-1298 (C.A.)	1 an, 1 mois	–	Directeur de production	21 000/an	11 750 $
Lapasin c. Actions Ford Ltd. D.T.E. 90T-1116 (C.S.)	1 an, 7 mois	28	Chef d'équipe du Service des ventes	72 000/an	5 mois
Dion c. Boutique Marie-Claire D.T.E. 90T-1044 (C.S.)	1 jour	–	Gérante, boutique de vêtements	12 000/an	3 mois
Robinson c. Securigest Inc. D.T.E. 90T-1015 (C.S.)	10 mois	–	Médecin	75 000/an	2 mois
Vella c. John Labatt Ltée D.T.E. 90T-1014 (C.S.)	6 ans	–	Directeur général de succursale	70 000/an	1 an
Dupuis c. Centre hospitalier George & Frédéric D.T.E. 90T-868 (C.A.)	8 ans	–	Cadre supérieur	–	1 an
Brosseau c. Villeneuve D.T.E. 90T-850 (C.S.)	–	–	Huissier	24 000/an	6 mois
Morin c. Honeywell Ltée D.T.E. 90T-529 (C.S.)	14 ans	40	Gérant des ventes	38 000/an	6 mois
Chouinard c. Groupe Commerce D.T.E. 90T-528 (C.S.)	30 ans	48	Directeur	36 451/an	1 an

Les parties	Service	Âge	Poste	Salaire	Préavis
Jolicoeur c. Hippodrome Blue Bonnets Inc. D.T.E. 90T-306 (C.S.)	20 ans	50	Vice-président	92 500/an	3 ans
Fournier c. Tout-Rôti Ltée D.T.E. 90T-131 (C.S.)	4 ans	36	Assistante-gérante	15 600/an	3 mois
Stewart c. Standard Broadcasting Corp. D.T.E. 90T-20 (C.S.)	9 ans	42	Directeur général Station radiophonique	100 000/an	1 an
Barth c. B&Z Consultants Inc. D.T.E. 89T-1177 (C.S.)	9 ans	46	Gérant des ventes	23 500/an	13 sem.
Bazinet c. Radiodiffusion Mutuelle Ltée D.T.E. 89T-1081 (C.A.)	13 ans	–	Président et directeur général	166 432/an	6 mois
Proulx c. Automobiles Rallye Ltée D.T.E. 89T-780 (C.S.)	11 ans	56	Contrôleur de la compagnie	54 600/an	14 sem.
Poulin c. Chez Nous des Artistes Inc. D.T.E. 89T-739 (C.S.)	3 ans	–	Directeur général	20 800/an	13 sem.
Surveyer, Nenniger et et Chenevert Inc. c. Thomas D.T.E. 89T-640 (C.A.)	13 ans	–	Ingénieur	63 120/an	7 mois
Quintal c. Fabre-ville International Ltée D.T.E. 89T-552 (C.S.)	3 ans, 11 mois	–	Assistant gérant	12 845/an	2 mois
Toupin c. Ventes Mercury des Laurentides Inc. D.T.E. 89T-445 (C.S.)	6 semaines (après 7 ans chez compétiteur)	45	Directeur des services	29 484/an	3 mois
Girard c. Société de la maison des Sciences et Techniques D.T.E. 89T-330 (C.Q.)	1 an	–	Attaché d'administration	9 756/an	3 mois
Perron c. Cie Minière Québec Cartier D.T.E. 89T-290 (C.S.)	5 ans	46	Contremaître d'entretien de voie ferrée	–	5 mois

Les parties	Service	Âge	Poste	Salaire	Préavis
Rouleau c. Variétés Deschênes Inc. D.T.E. 89T-161 (C.Q.)	29 jrs	–	Employé syndiqué	–	1 sem.
White c. E.D. Eastern Ltd. D.T.E. 89T-141 (C.S.)	32 ans	60	Dessinateur	31 000/an	12 mois
Lemelin c. Transport Intrabec (1986) Inc. D.T.E. 89T-175 (T.A.)	36 ans	–	Superviseur des achats	–	12 mois
De Coster c. Econosult Inc. D.T.E. 89T-119 (C.S.)	6 mois	–	Directeur des Finances	–	1 mois
Carignan c. Infasco Division Ivaco Inc. D.T.E. 89T-118 (C.S.)	4 semaines (9 mois formation)	–	Apprenti -mécanicien	40 132/an	3 sem.
Gerontakos c. Deli-Briskets Inc. D.T.E. 89T-117 (C.S.)	2 ans	–	Co-propriétaire	44 200/an	10 mois
Imprimerie Stellac Inc. c. Plante D.T.E. 89T-116 (C.A.)	3 ans, 4 mois	50	Gérant des ventes	35 000/an	6 mois
Langlois c. Farr Inc. D.T.E. 88T-1005 (C.S.)	8 ans	–	Directeur des Achats	34 430/an	6 mois
Surveyer, Nenniger et Chenevert Inc. c. Jackson D.T.E. 88T-667 (C.A.)	8 ans	56	Vice-président	84 000/an	7 mois
Maheu, Noiseux & Associés c. Ronéo Vickers Canada Ltd. D.T.E. 88T-588 (C.A.)	15 ans	–	Directeur régional	153 956/an	12 mois
Cornil c. Mondia Distribution Inc. D.T.E. 88T-584 (C.S.)	11 ans	43	Directeur commercial	26 000/an	4 mois
Lefrançois c. Crane Canada Inc. D.T.E. 88T-574 (C.S.)	3½ mois (5 ans chez compétiteur)	–	«Manager Office Automation»	38 000/an	6 mois

Les parties	Service	Âge	Poste	Salaire	Préavis
Entreprises de Pipe-line Universel c. Prévost D.T.E. 88T-549 (C.A.)	24 ans	54	Superviseur	40 000/an	6 mois
Société Hôtelière Canadien Pacifique c. Hoeckner D.T.E. 88T-548 (C.A.)	3 mois	–	Directeur Restaurant	30 827/an	10 mois
Benoit c. Squibb Canada Inc. D.T.E. 88T-528 (C.S.)	4 ans	–	Représentant des ventes	29 520/an	3 mois
Deis c. S.N.C. Inc. D.T.E. 88T-527 (C.S.)	11 ans	61	Technicien sénior	50 115/an	5 mois
Drouin c. Electro-lux Canada Ltée, division de Les Produits C.F.C. Ltée D.T.E. 88T-329 (C.A.)	25 ans	49	Vice-président, Directeur de division	60 000/an	12 mois
Vigeant c. Canadian Thermos Products Ltd. D.T.E. 88T-295 (C.S.)	20 ans	51	Représentant des ventes	25 080/an	12 mois
Nyveen c. Russell Food Equipment Ltd. D.T.E. 88T-294 (C.S.)	7 ans	42	Directeur des Ventes	Commis-sions brutes 46 095 $	2½ mois
St-Germain c. Pro-Optic D.T.E. 88T-293 (C.S.)	1 semaine (emploi précé-cédent chez concurrent)	–	Représentant des ventes	18 000/an	3 mois
Barrette c. Wabasso Inc. D.T.E. 88T-256 (C.S.) (33 employés - ferme-ture d'entreprise)	employés ont entre 25 et 40 ans	–	Contremaîtres	–	12 mois
Groupe Promodor Inc. c. Jean D.T.E. 88T-189 (C.A.)	5 ans	–	Directeur général	56 000/an	12 mois
Dumont c. Radio Etchemin D.T.E. 88T-188 (C.S.)	9 ans	–	Animateur de radio	22 724/an	18 jours
Ebacher c. Trois-Rivières D.T.E. 88T-108 (C.S.)	7 ans	53	Directeur du pari mutuel	30 000/an	6 mois

Les parties	Service	Âge	Poste	Salaire	Préavis
Guénette c. Centre Hospitalier St-Jean de Dieu D.T.E. 88T-77 (C.A.)	21 ans	51	Officier de police	–	12 mois
Surveyor, Nenniger & Chenevert c. Short D.T.E. 88T-60 (C.A.)	18 mois	38	Ingénieur	45 000/an	3 mois
Landry c. Deloitte Haskins & Sells D.T.E. 88T-33 (C.S.)	13 ans	–	Gérante de bureau	35 320/an	12 mois
Bérubé c. Marcel E. Savard Inc. D.T.E. 88T-15 (C.P.)	4 ans	41	Caissier en chef	232/sem.	20 sem.
Miron Inc. c. Des Cheneaux D.T.E. 88T-14 (C.A.)	19 mois	35	Chef des communications	22 000/an	6 mois
Surveyor, Nenniger & Chenevert v. Short D.T.E. 88T-4 (C.A.)	18 mois	38	Ingénieur	45 000/an	3 mois
Carle c. Comité Paritaire Vêtements Dame D.T.E. 87T-1010 (C.S.)	5 mois	–	Avocat	35 000/an	6 mois
Loiselle c. Brunet LaSalle Corp. D.T.E. 87T-983 (C.S.)	4 mois	44	Directeur de production	30 000/an	6 mois
Dupuis c. Datagram Inc. D.T.E. 87T-936 (C.S.)	1 an	–	Vice-président	50 000/an	2 mois
Gagnon c. Thetford Trans Ltée D.T.E. 87T-935 (C.S.)	10 ans	–	Directeur	40 000/an	6 mois
Bellerive c. Société Gén. de Service D.T.E. 87T-814 (C.S.)	2 ans, 3 mois	38	Vendeur d'automobiles	34 000/an approximatif	3 mois
Delorme c. Banque Royale Canadian D.T.E. 87T-791 (C.S.)	10 ans	–	Dir. prêts commerciaux	34 500/an	1 an
Mormina c. St-Léonard D.T.E. 87T-757 (C.S.)	2 ans	–	Secrétaire du maire	25 000/an	1 an

Les parties	Service	Âge	Poste	Salaire	Préavis
Caron c. Gilette Canada Inc. D.T.E. 87T-756 (C.S.)	3 ans	–	Préposée à la cafétéria	15 000/an	14 sem.
Turcot c. Conso Graber Inc. D.T.E. 87T-668 (C.S.)	7 mois	40	Représentant des ventes	33 000/an	4 mois
Zocchi c. Wang Cda Ltée D.T.E. 87T-646 (C.S.)	10 ans	31	Directrice de succursale	–	6 mois
Reilly c. Hotels of Distinction (Canada) Inc. Hotel le Grand D.T.E. 87T-645 (C.S.)	2 ans	–	Directeur des ventes et marketing	2 500/ mensuel	37 237$
Morden & H. Ltée c. Perreault & Cie D.T.E. 87T-575 (C.S.)	2 ans, 5 mois	46	Vice-président	30 000/an	1 an
Champagne c. Golf Lévis D.T.E. 87T-548 (C.P.)	10 mois	39	Inspecteur	18 000/an	2 mois
Chagnon c. Coop St-Ferdinand D.T.E. 87T-334 (C.S.)	16 mois	–	Directeur magasin alim.	26 000/an	26 sem.
Marcoux c. Ass. Paralysie C.Q. D.T.E. 87T-211 (C.P.)	2 ans	–	Secrétaire comptable	260/semaine	8 sem.
Désormeaux c. Banque de Montréal D.T.E. 87T-210 (C.S.)	8 ans	–	Directrice adjointe	22 500/an	11 mois
Barabé c. Pilon Inc. D.T.E. 87T-132 (C.S.)	16 mois	–	Représentant des ventes	57 000/an	3 mois
Stock c. Best Form Bra Cda Inc. D.T.E. 87T-47 (C.S.)	40 ans	68	Cadre supérieur	38 845/an	1 an
Booth c. B.G. Checo Int. Ltd. D.T.E. 87T-46 (C.S.)	2 ans	62	Technicien en laboratoire	23 374/an	2 sem.
Dupuis c. Centre Hospitalier GF [1987] R.J.Q. 1157 (C.S.)	8 ans	33	Directeur	46 200/an	1 an

Les parties	Service	Âge	Poste	Salaire	Préavis
Les Industries de Caoutchouc Mondo (Canada) Ltée v. Leblanc [1987] R.J.Q. 1024 (C.A.)	9 mois	–	Directeur du personnel et des ventes	–	5 mois
Watters c. S.A. Brouard Inc. D.T.E. 86T-222 (C.P.)	10 ans	60	Gérant d'entrepôt	16 500/an	6 mois
Deschênes c. CLSC S. de B. D.T.E. 85T-900 (C.S.)	3 ans	–	Coordinateur de C.L.S.C.	25 000/an	4 mois
Arnold c. Pontiac-Buick Ltée D.T.E. 85T-478 (C.P.)	9 ans	50	Gérant des pièces	21 000/an	17 sem.
Douglas c. Fabrigear Ltd. D.T.E. 85T-412 (C.S.)	–	–	Représentant des ventes	24 000/an	3 mois
Prévost c. Ent. Pipe-Line U. Ltée D.T.E. 85T-368 (C.S.)	24 ans	–	Superviseur	40 000/an	26 sem.
Hannan c. G.F. Plomberie & C. Ltée D.T.E. 85T-317 (C.S.)	14 ans	41	Contrôleur	43 000/an	5 mois
Chamlian c. Schok Beton Q. Ltée D.T.E. 85T-290 (C.S.)	11 ans	–	Ingénieur en Chef	39 000/an	8 mois
Baillargeon c. Soc. Assurance D.T.E. 85T-289 (C.S.)	3 ans	39	Directeur général	30 000/an	12 mois
PH. McCarthy T. c. Rajotte D.T.E. 85T-239 (C.A.)	6 ans	–	Directeur des ventes	22 500/an	6 mois
Jean c. Groupe Promodor Inc. D.T.E. 85T-64 (C.S.)	5 ans	51	Directeur général	56 000/an	12 mois
Arbour c. Zurich du Canada D.T.E. 85T-29 (C.S.)	8 ans	–	Surveillant régional	14 000/an	3 mois
Lavigne c. Sidbec Dosco Inc. D.T.E. 85T-4 (C.S.)	15 ans	40	Contrôleur	43 240/an	5 mois

Les parties	Service	Âge	Poste	Salaire	Préavis
Auger c. Albert Dyotte Inc. D.T.E. 85T-2 (C.S.)	9 ans	–	Soumission-naire (non-administr.)	21 000/an	3 mois
Steinberg c. Lecompte J.E. 85-352 (C.A.)	12 ans	48	Superviseur	40 000/an	26 sem.
Chlipalski c. Multipak Ltd. [1985] C.S. 247 J.E. 85-80 (C.S.)	6 ans	54	Inventeur	34 000/an	6 mois
Thorneloe c. C.S.R.E. Townships D.T.E. 84T-870 (C.S.)	4 mois	–	Officier de transport	20 000/an	3 mois
Gagné c. Matériaux Frigon Ltée D.T.E. 84T-869 (C.S.)	2 ans	42	Gérant de magasin	26 000/an	10 sem.
Lemyre c. J.B. Williams CDA D.T.E. 84T-752 (C.S.)	–	–	Contremaître	13 000/an	6 mois
Bergeron c. Emb. Purity Ltée D.T.E. 84T-731 (C.S.)	18 ans	46	Gérant de division	32 000/an	12 mois
Cloutier c. Ingersoll-Rand D.T.E. 84T-673 (C.S.)	3½ ans	–	Directeur ress. humaines	30 000/an	3 mois
Maheu c. Catalytic Ent. Ltd. D.T.E. 84T-636 (C.S.) J.E. 84-679	2 ans	59	Superviseur	34 000/an	8 mois
Labelle c. Experts-Conseil Shawinigan Inc. D.T.E. 84T-547 (C.S.)	8 ans	60	Ingénieur	47 000/an	9 mois
Chisholm c. Bossé, Char. Inc. D.T.E. 84T-513 (C.S.)	6 ans	55	Gérant de magasin	13 000/an	17 sem.
Landry c. Comterm Inc. D.T.E. 84T-410 (C.S.) J.E. 84-451	10 mois	–	Directeur	31 000/an	6 mois
Pouliot c. Texaco Canada D.T.E. 84T-409 (C.S.)	10 mois	30	Commis d'entrepôt	12 000/an	10 sem.

Les parties	Service	Âge	Poste	Salaire	Préavis
Leclerc c. Ronéo Vickers Canada Ltd. D.T.E. 84T-396 (C.S.)	16 ans	–	Directeur régional marketing	34 000/an	6 mois
Plante c. Télé St-François Inc. D.T.E. 84T-239 (C.S.)	5 ans	29	Directeur de la programmation	23 000/an	6 mois
Breeze c. Federal Business Development Bank J.E. 84-963 (C.S.)	25 ans	46	Administrateur-gérant «Assistant Forms Manager»	30 620/an	10 mois
Harkans c. Hercules Canada Ltée J.E. 84-678 (C.S.)	8 ans	39	Responsable Service des ventes	22 020/an	7 mois
Goulet c. Équipement de bureau Astro-Tech Ltée J.E. 84-364 (C.S.)	13 ans	–	Vice-Président	23 400/an	3 mois
Bordeleau c. Union Carbide [1984] C.S. 974	8 ans	35	Contremaître	33 500/an	3 mois
Couture c. Volcano Inc. [1984] C.S. 546	–	35	Relationniste (représentante du marketing)	19 000/an	3 mois
Beauchamp c. Duquette [1984] C.P. 184	5 ans	30	Avocat	21 500/an	4 mois
Roy c. Drain Clain Inc. D.T.E. 83T-831 (C.S.)	6 ans	–	Mécanicien	–	3 mois
Nolan c. Rémi Carrier Inc. D.T.E. 83T-646 (C.S.)	10 semaines	–	Vendeur à commissions	29 000/an	3 mois
Thomas Cook Overseas c. McKee D.T.E. 83T-572 (C.S.)	30 ans	50	Gérant de division	20 000/an	12 mois
MacLellan c. Liné Can. M.O. Ltée D.T.E. 83T-540 (C.S.)	2 ans	55	Gérant des ventes	30 000/an	4 mois
McDuff c. Cenpro Inc. D.T.E. 83T-495 (C.S.)	20 ans	–	Adjoint au directeur des ventes	26 000/an	26 sem.

Les parties	Service	Âge	Poste	Salaire	Préavis
Légaré c. Brasserie Labatt Ltée D.T.E. 83T-368 (C.S.)	20 ans	48	Commis	20 000/an	8 mois
Benson c. Brown Boveri Can. Ltd. D.T.E. 83T-226 (C.S.)	21 ans	59	Contremaître	23 000/an	12 mois
Jasmin c. Jean-Luc Surprenant Inc. J.E. 83-683 (C.S.)	4 mois	–	Contrôleur	33 560/an	6 sem.
Longschamps c. D. Pépin Auto Ltée J.E. 83-495 (C.S.)	8 ans	–	Dir. Services financiers	17 600/an	2 mois
Contant c. Brasserie Labatt Ltée J.E. 83-448 (C.S.)	21 ans	50	Représentant des ventes	26 000/an	5 mois
Renada c. Lachine (Ville de) J.E. 83-368 (C.S.)	5 mois	–	Contremaître	17 000/an	4 mois
Chung c. Surveyer, Nenniger & Chenevert Inc. C.S.M. 500-05-007236-837	9 ans	55	Ingénieur	41 350/an	6 mois
Concettini c. Valbitex Inc. D.T.E. 82T-864 (C.S.)	7 mois	–	Ingénieur	–	2 mois
Drouin c. St-Joseph de Beauce J.E. 82-845 (C.P.)	10 semaines	–	Gérant	13 000/an	5 sem.
Rochette c. Guilbault d'Anjou Ltée J.E. 82-844 (C.S.)	18 mois	–	Analyste en informatique	20 500/an	1 mois
Boivin c. Corp. des Loisirs de Taschereau Inc. J.E. 82-767 (C.P.)	6 semaines	–	Journalier	–	3 sem.
Julien c. P.A. Gouin Ltée J.E. 82-542 (C.S.)	6½ ans	–	Gérant de crédit	19 000/an	9 mois
Jolicoeur c. Lithographe Montréal Ltée [1982] C.S. 230 J.E. 82-273	7 ans	42	Évaluateur	–	3 mois

Les parties	Service	Âge	Poste	Salaire	Préavis
Buchanan c. Hilton Canada Ltd. [1982] C.S. 825	11 ans	–	Infirmière en chef	–	6 mois
Marcotte c. Assomption Cie Mutuelle d'Assurance Vie J.E. 81-1118 (C.S.)	2½ ans	60	Agent d'assurance	26 000/an	6 mois
Vézina c. Fairmont G. Ltd. J.E. 81-1068 (C.S.)	1 an	54	Président	34 000/an	9 mois
Ducharme c. Formules Mun. Ltée J.E. 81-821 (C.S.)	14 ans	64	Directeur général	75 000/an	12 mois
Charest c. Institut Val du Lac J.E. 81-797 (C.S.)	26 ans	49	Psycho-éducateur	25 200/an	30 sem.
Freeme de Wallens c. Visirecords Systems Canada Ltd. J.E. 81-548 (C.S.)	8 mois	–	Gérant de production	20 000/an	3 mois
Bradette c. Desjardins et Paré J.E. 81-519 (C.P.)	8 mois	–	Barman	–	1 sem.
Grossman c. Rosemont Knitting Inc. J.E. 81-123 (C.S.)	14 ans	58	Gérant des ventes	41 400/an	7 mois
Desnoyers c. Mitchell Ind. Ltée J.E. 81-43 (C.S.)	10 semaines	–	Vice-président	25 000/an	3 mois
Careau c. Sogemec Inc. [1981] C.S. 862	18 mois	–	Directeur des ventes	20 000/an	4 mois
Lavigne c. Sabex Internationale Ltée J.E. 80-887 (C.S.)	20 ans	50	Vice-président	75 000/an	12 mois
Charlebois c. Bigelow Canada Ltd. J.E. 80-437 (C.S.)	8 ans	–	Vendeur à commissions	19 000/an	3 mois

Les parties	Service	Âge	Poste	Salaire	Préavis
Chartrand c. Résidence Parc Central du Canada J.E. 79-797 (C.S.)	4 mois	54	Infirmière	212/sem.	1 mois
Couture c. Ent. de Navigation de L'Isle Inc. J.E. 79-160 (C.S.)	Quelque mois	–	Cuisinier	9 000/an	2 sem.
Boucher c. V. Bérol Ltée [1979] C.P. 288	27 jours	–	–	–	1 sem.
RCA Ltd. c. Cohen [1978] C.A. 212	20 jours	–	Ingénieur en électronique	1 100/mois	6 mois
Saul Bondaroff c. Bruck Mills Limited, 21-01-77, C.S. 500-05-012678-767	23 ans	58	–	32 000/an	1 an
Ed. des Rivières c. Poissant [1976] C.P. 397	–	–	Vendeur à commissions	–	–
Roy c. Centre Hospitalier de l'Université Laval [1976] C.S. 1120	–	–	Médecin	–	–
Plamondon c. Comm. Hydro-Électrique de Québec [1976] C.S.105	3 ans	–	Éditeur en chef	–	6 mois
C.S. Cap Mad c. Guillemette [1976] R.D.T. 25 (C.A.)	–	–	Professeur	–	–
Ross-Ellis Ltd. c. McGurrin [1967] B.R. 671 (C.A.)	6 ans	–	Directeur des ventes	12 000/an	3 mois
Columbia Builders Suppliers c. Bartlett [1967] B.R. 111 (C.A.)	4 mois	–	Gérant des ventes	8 500/an	3 mois
Dubois c. J.R. Ouimet Ltée [1959] C.S. 573	7 mois	–	Gérant des ventes	–	3 mois
Asbestos c. Cook [1933] R.C.S. 86 (C.S.C.)	2 ans	–	Assistant gérant	–	3 mois

BIBLIOGRAPHIE

Volumes

AUBRY, C. & C. RAU, *Droit civil francais*, t. 4, Paris.

AUDET, G. & R. BONHOMME, *Le Congédiement en droit québécois*, Cowansville, Éditions Yvon Blais, 1985.

BAUDOUIN, J.-L., *Traité élémentaire de droit civil, Les Obligations*, Montréal, Les Presses de l'Université de Montréal, 1970.

BLOUIN, R. & J. LÉVESQUE, *Contrat individuel de travail*, Direction générale de la recherche, ministère du Travail et de la Main-d'oeuvre, Gouvernement du Québec, 30 juin 1971.

CAMERLYNCK, G.H., «Contrat de Travail», dans G.H. CAMERLYNCK (dir.), *Traité de Droit du Travail*, Paris, Dalloz, 1968.

CAMERLYNCK, G.H., G. LYON-CAEN, J. PELISSIER, *Droit du travail*, 13ᵉ éd., Paris, Dalloz, 1986.

CHRISTIE, I., *Employment Law in Canada*, Toronto, Butterworths, 1980.

COLLECTIF, *Le statut de salarié en milieu de travail*, 40ᵉ congrès des relations industrielles de l'université Laval, Presses de l'Université Laval, Québec, 1985.

D'AOUST, C., *Le contrat individuel de travail en droit québécois*, Montréal, Presses de l'Université de Montréal, 1970.

DELORIMIER, *La bibliothèque du Code civil de la province de Québec*, LLD. vol. XIII, Adieux & Derome, Montréal, 1885.

DION, G., *Dictionnaire canadien des relations du travail*, Québec, Presses de l'Université Laval, 1976.

FARIBAULT, L., *Traité de droit civil du Québec*, t. 11, Montréal, Wilson & Lafleur, 1951.

FREEDMAN, G.H.L., *The Modern Law of Employment*, London, Stevens, 1963.

GAGNON, R.P., *Droit du travail*, Cours de formation professionnelle du Barreau du Québec, t. 8, Montréal, Éditions Yvon Blais, 1985.

GAGNON, R.P., L. LEBEL et P. VERGE, *Droit du travail*, Québec, Presses de l'Université Laval, 1987.

GRONDIN, H., «L'injonction en relations du travail: recours inapproprié ou abusif?», dans *Les relations du travail au Québec: la dynamique du système*, Québec, Presses de l'Université Laval, 1976, p. 25-35.

HOGG, P.W., *Constitutional Law of Canada*, Toronto, Carswell, 1977.

LANGELIER, F., *Cours de droit civil*, t. 5, Montréal, Wilson & Lafleur, 1907.

LEVY-BRUHL, H., *Sociologie du droit*, Collection «Que sais-je», Montréal, Presses de l'Université de Montréal, 1961.

MARX, H., *Les grands arrêts de la jurisprudence constitutionnelle au Canada*, Montréal, Presses de l'Université de Montréal, 1974.

MIGNAULT, P.B., *Le droit civil canadien*, t. 7, Montreal, Wilson & Lafleur, 1906.

MORIN, F., *Rapports collectifs du travail*, Montréal, Les Éditions Thémis Inc., 1982.

NADEAU, A., *Traité de droit civil du Québec*, Montréal, Wilson & Lafleur, 1949.

PIGEON, L.-P., *Rédaction et interprétation des lois*, Québec, Éditeur officiel du Québec, 1978.

PLANIOL, M. et G. RIPERT, *Droit civil français*, t. 11, Paris.

ROUSSEAU, A., «Le contrat individuel de travail» dans N. MALLETTE, *Gestion des relations du travail au Québec*, Montréal, McGraw-Hill, 1982, p. 13.

TROPLONG, M., *Le droit civil expliqué de l'échange et du louage*, Paris, Charles Hingray, 1840.

Articles

BLOUIN, R., «Le rapport de dépendance économique comme norme de qualification du salarié au sens du Code du travail», (1974) 20 *McGill L.J.* 429.

CHALIFOUX, D., «Vers une nouvelle relation commettant préposé», (1984) 44 *R. du B.* 815.

CRÉPEAU, P.-A., «Le contenu obligationnel d'un contrat», (1965) 43 *R. du B. can.* 1.

DOUCET, R., «La résiliation du contrat de travail en droit québécois», (1974) *R.J.T.* 249.

GAGNON, R.P., L. LEBEL et P. VERGE, «Du soi-disant 'contrat de travail'», (1970) 11 *C. de D.* 282.

HANDMAN, S., «The juridical status of an individual work contract in relation to a collective agreement and recourses of an employee», (1979) 39 *R. du B.* 995.

MASSE, C., «L'abus des fonctions dans la relation préposé-commettant en droit civil québécois», (1978) 19 *C. de D.* 595.

MORIN, F., «Pour un titre deuxième au Code du travail portant sur la relation individuelle de travail», (1974) 20 *McGill L.J.* 414.

ROBITAILLE, P., «L'évolution du contrat du travail», (1966) 26 *R. du B.* 314.

ROUSSEAU, A., «La qualification juridique de salarié et l'appartenance à la collectivité professionnelle», (1973) *R.D.T.* 513 et (1974) *R.D.T.* 1.

TOUCHETTE, G. et G. WELLS, «La détermination du statut de salarié», (1966-67) 8 *C. de D.* 309.

TURCOTTE, A., «Évolution jurisprudentielle relative aux règles gouvernant la cessation du contrat individuel de travail», (1978) 33 *R.I.* 544.

VERGE, P., «Le dépassement du contrat individuel de travail à durée déterminée», (1978) 33 *R.I.* 680.

VERGE, P., ««Salariés» selon le Code du travail», (1968) 23 *Relations Industrielles* 165.

MARQUIS
Montmagny, Qc
novembre 1993